Yannik Mahr
Die Praktikantin

atb aufbau taschenbuch

Yannik Mahr arbeitet als Journalist für Zeitungen in Deutschland, Österreich und den USA. Er ist Anfang dreißig und mit einer Kollegin verheiratet. Mahr lebt in der Nähe von Hamburg. Im Aufbau Verlag ist von ihm außerdem »Auf die Knie. Ein Hochzeitsroman« lieferbar.

Als der ehrgeizige Journalist Johann Walder zum Gespräch mit dem Firmengründer von Michelsen Media gerufen wird, glaubt er, am Ziel seiner Träume zu sein. Seine Verlobte Marie, Tochter aus bestem Hause, glaubt das auch und lädt eilig ihre illustren Freunde zu einer spontanen Party, um gebührend auf diesen Karrieresprung anzustoßen. Doch Unternehmenschef Professor Michelsen schickt Walder nicht etwa an die Spitze der renommierten Metro-News mit ihren täglich 800000 Lesern, sondern in die Provinz. Das lässt sich seine ehrgeizige Verlobte natürlich nicht bieten. Vor aller Welt bloßgestellt, gibt sie ihm den Laufpass. Walder, betrogen und verlassen, wird Chefredakteur der Wützener Zeitung, eines Käseblattes, das nicht einmal Seitenzahlen hat. Eben noch im modernsten Newsroom des Landes, sitzt er plötzlich in einem heruntergekommenen Zeitungshaus ohne eigenes Büro – zusammen mit einer Handvoll mehr oder weniger männlicher Redakteure, von denen jeder Einzelne sein Vater sein könnte und die alle nur ein Ziel haben: so wenig wie möglich zu arbeiten. Doch dann betritt die neue Praktikantin Elisabeth die Szene, und mit der hübschen Nachwuchsjournalistin nimmt die turbulente Geschichte erst richtig Fahrt auf …

»Nichts als die Wahrheit, schreiend komisch, herrlich politisch unkorrekt.« Capital

Yannik Mahr

Die Praktikantin

Roman

atb aufbau taschenbuch

ISBN 978-3-7466-2520-1

Aufbau Taschenbuch ist eine Marke der
Aufbau Verlag GmbH & Co. KG

3. Auflage 2010

Umschlaggestaltung Mediabureau Di Stefano, Berlin
unter Verwendung zweier Motive von iStockphoto
Druck und Binden Druckerei C. H. Beck, Nördlingen
Printed in Germany

www.aufbau-taschenbuch.de

Selbstverständlich sind alle Figuren in diesem Roman fiktiv und haben keine Entsprechung in der (Medien-)Welt.

Für meine Frau

Prolog

Mein erster Chef war mit einer Reporterin aus dem Vermischten, Spezialgebiete: Königshäuser und deutsche TV-Stars, verheiratet. Mein zweiter Chef hatte ein Verhältnis mit einer Politikredakteurin. Sie war zwanzig Jahre jünger als er und nutzte die Verbindung nach oben, um drei missliebige Kolleginnen loszuwerden. Mein dritter Chef trennte sich von seiner Frau für eine Volontärin, die ihm durch einen Fehler in einer Reportage über den damaligen Bundesaußenminister aufgefallen war. Sie begann mit folgenden Worten: »Joschka Fischer kann es nicht lassen. Der SPD-Politiker hat schon wieder eine neue Geliebte an seiner Seite.« Aus dem Vorwurf, sie sei »für diesen Job im wahrsten Sinne des Wortes zu grün hinter den Ohren«, wurde nicht einmal ein Jahr später ein Heiratsantrag. Inzwischen sind auch die beiden wieder geschieden.

Du sollst als Chef kein Verhältnis mit einer Untergebenen haben. Auch wenn nichts leichter ist als das: *Never fuck the company* oder wenigstens *Never fuck the same Kostenstelle*. Ist eine goldene Regel. Nur hält sich kaum jemand dran. Weder der stellvertretende Leiter der Wissenschaftsredaktion, der mit der blonden Einzelhandelsexpertin aus der Wirtschaft zusammen ist, noch der Literaturkritiker, der schon die zweite Ehefrau aus seinem Ressort hat. Und den Polizeireporter haben sie neulich beim wilden Fummeln mit einer freien Mitarbeiterin erwischt. In der Kaffeeküche.

Das darf dir als Chef nun wirklich nicht passieren. Und das musst du lernen, solange du noch nicht Chef bist. Sonst ist es zu spät.

EINS

Ich war gut zwei Jahre stellvertretender Chefredakteur, als Professor Michelsen mich zum ersten Mal in seinem rundum mit Mahagoni vertäfelten Büro empfing. Ein Butler in schwarzer Weste stellte ungefragt zwei Gläser frisch gepressten Orangensaft vor uns auf den Tisch. Jeder bei *Michelsen Media* wusste, dass dies das Einzige war, was der Professor im Büro zu sich nahm, und jeder wusste auch warum. *WellFit*, das von Michelsen an seinem siebzigsten Geburtstag gegründete Gesundheitsmagazin, hatte herausgefunden, dass Orangensaft einen Stoff enthält, der Lust auf Sex macht. »Warum O-Saft so geil ist«, stand über dem zwei Seiten langen Text. Der Alte hatte ihn offenbar gelesen. Er trank sein Glas in einem Zug aus, dann sah er mich zum ersten Mal an: »Nun, Herr Walder«, sagte er, »Sie sind lange genug die Nummer zwei gewesen, und es ist Zeit, dass Sie endlich ein eigenes Kommando bekommen. Ein Schiff, das Sie allein steuern. Waren Sie ...« Sein Handy klingelte. »Entschuldigung.«

Ich nickte ihm verständnisvoll zu. Ich hatte so lange auf diesen Moment gewartet, da kam es auf ein paar Minuten nicht mehr an. Gleich würde er sie sagen, die Sätze, die mein Leben verändern würden. »Ich habe Sie schon lange im Blick«, wäre einer davon, »die *Metro-News* brauchen endlich neuen Schwung«, ein anderer, und natürlich mussten die Worte »Chefredakteur« und »Dienstwagen« fallen. Ich trank einen Schluck Orangensaft und hoffte, nicht direkt eine Erektion zu bekommen. Der Butler schenkte sofort nach.

Michelsen telefonierte leise. Offiziell hatte er sich vor fünf Jahren aus dem operativen Geschäft an die Spitze des Aufsichtsrats von *Michelsen Media* zurückgezogen. Vorstandsvorsitzender war seitdem sein Stiefbruder Carl Michelsen-Albrecht. Doch alle wichtigen personellen Entscheidungen traf nach wie vor der Professor, hier oben, im zwölften Stock des MM-Towers. Er legte auf und wandte sich wieder mir zu. Ich hatte schweißnasse Hände.

»Wo waren wir stehengeblieben? Ach ja: Ich wollte von Ihnen wissen, ob Sie schon einmal in Wützen waren.«

Er wollte was?

»Und?«, fragte Michelsen. »Waren Sie schon einmal in Wützen?«

»Nein«, sagte ich.

Eine Lüge. Zwei Wochen zuvor war ich auf einer Bahnfahrt nach Amsterdam gezwungenermaßen dort umgestiegen. Fünf Minuten Wartezeit und eine bange Frage: Wie furchtbar muss es sein, hier zu leben?

»Dann sollten Sie das schnell nachholen. Sie werden nämlich Chefredakteur der Wützener Zeitung.«

»Ich wusste gar nicht, dass wir in Wützen eine Zeitung haben.«

Ich wusste aber, dass ich dort nicht arbeiten wollte.

»Sie sind der richtige Mann dafür, glauben Sie mir. Brauchen ja nicht gleich dort hinzuziehen.«

Es musste noch schlimmer sein, als ich dachte. Das Gespräch ging in eine völlig falsche Richtung.

»Und wie lange?«

»Wie, wie lange?« Michelsen guckte mich an, als hätte ich gerade um eine halbe Million Euro Gehaltserhöhung gebeten.

»Wann komme ich zurück, meine ich?«

Zurück in die Zentrale von MM, zurück zu meinen geliebten *Metro-News*, der großen, wichtigen Tageszeitung in München, die mitten in der Nacht ein Interview mit Edmund Stoiber bekommen würde und die Uli Hoeneß auch privat abonniert hatte. Hier wollte ich Chefredakteur werden, nach all den Jahren als Stellvertreter, Ressortleiter und stellvertretender Ressortleiter, hier hatte ich gerade erst eine Eigentumswohnung gekauft und

Marie am Tag der Schlüsselübergabe einen Heiratsantrag gemacht. Aber es schien nicht der richtige Zeitpunkt zu sein, darüber mit dem Professor zu sprechen. Er reagierte nicht einmal auf meine Frage.

»Sie machen das schon. Das ist Ihre große Chance.«

Die Tür ging auf. Seine Sekretärin. Ich wusste, was jetzt kommen würde. »Professor Michelsen, Sie denken an ihren nächsten Termin? Herr Sieverling wartet bereits.«

Ich stand auf. »Kann ich es mir bis nächste Woche überlegen?«

»Natürlich«, sagte Michelsen und trank sein zweites Glas Orangensaft aus. »Aber ich sag es Ihnen ganz ehrlich: Ich weiß nicht, ob ich Ihnen so ein Angebot in den nächsten zehn Jahren noch einmal machen kann. Rufen Sie mich Montag an!«

Er streckte mir die rechte Hand entgegen. Ich überlegte kurz, sie zu ignorieren, wie es die Bayern-Stars manchmal taten, wenn Jürgen Klinsmann sie in der 74. Minute auswechselte, oder wie der Bayern-Coach selbst gegen die Papiertonne neben dem Schreibtisch des Professors zu treten. Dann ging ich einen Schritt auf ihn zu, drückte kräftig seine Hand und verbeugte mich leicht. Als hätte ich irgendeinen Grund, dankbar zu sein.

»Und, Herr Walder …«

Ich war schon fast an der Glastür angekommen, wo Michelsens Sekretärin hektisch auf ihre Uhr zeigte.

»Ja?«

»Grüßen Sie Ihre Verlobte von mir.«

Meine Verlobte. Das war Marie erst seit jenem Tag, an dem ich den Anruf aus Michelsens Büro bekommen hatte. Es war der 25. März, ein Dienstag. Ich bin an einem Dienstag geboren und deswegen davon überzeugt, dass dieser Tag mein Glückstag ist. Marie und ich waren zu einem Baumarkt vor den Toren Münchens gefahren, um so viel Laminat zu kaufen, wie eben in eine 112 Quadratmeter große Wohnung in Schwabing plus Verschnitt hineinpasst, als mein Blackberry klingelte. Es war Frau

Volkmann, Michelsens Sekretärin: »Herr Walder, Professor Michelsen möchte Sie sehen. Am 2. April, 11 Uhr 15. Bis dann.« Das Gespräch dauerte nicht länger, als Marie ihre Lippen zu einem lautlosen »wer ist denn dran?« formen konnte.

»Das war das Büro von Michelsen. Der Professor will mich sprechen«, sagte ich.

Marie ließ den ausgeklappten Zollstock auf die Füße des verschwitzten Baumarktmitarbeiters fallen, der gerade dabei gewesen war, uns unzählige Paletten eines dunkelbraunen und selbstverständlich unbehandelten Bodenbelags in den Einkaufswagen zu wuchten. Sie zehenspitzte sich auf die Höhe meines Gesichts, um mit beiden Händen meinen Kopf mit sich herunterzuziehen. Ich bekam einen der in der Öffentlichkeit so seltenen Küsse.

»Johann«, sagte Marie, »du hast es geschafft. Endlich wirst du Chefredakteur der Metro-News. Endlich bist du nicht mehr der zweite Mann. Ich bin so stolz auf dich.«

Weil ich für den Termin bei Michelsen auch keine andere Erklärung hatte, weil wir am Abend offiziell die Wohnung übernehmen würden und weil ja nun mal Dienstag war, dachte ich fälschlicherweise, ein passender, größerer Moment würde in meinem Leben nicht mehr kommen. Ich blickte kurz in den Badezimmerspiegel, der schräg gegenüber hing und um dreißig Prozent reduziert war, und zog das Etui von Wempe, das ich sicherheitshalber seit knapp einem Monat immer dabeihatte, aus der Innentasche meines Sakkos. Ich klappte es auf, kniete auf einem Stück ausgerollter Teppichware nieder, streckte Marie den Halbkaräter entgegen und fragte, ob sie meine Frau werden wolle.

»Die Frau des Chefredakteurs der Metro-News?«, fragte sie.

»Die Frau des Chefredakteurs der Metro-News«, sagte ich. »Natürlich.«

Von diesem Moment an nannten wir den 25. März den perfekten Tag. Bis heute.

Ich konnte Marie nicht erreichen. Seit ich Michelsens Büro verlassen hatte, war bei ihr besetzt. Sie hatte sowieso viel telefoniert in den vergangenen Tagen. Mit ihrer Mutter, ihrer Schwester in Berlin, ihrer Schwester in Genf, ihren Freundinnen, ihrem Vater, ihrer ehemaligen Schulkollegin, den Mitgliedern ihrer Tennismannschaft, ihren Ex-Freunden. Allein das Gespräch mit ihrer Mutter am Tag nach dem perfekten Tag hatte über dreieinhalb Stunden gedauert, wobei es nur einen Bruchteil der Zeit darum gegangen war, dass wir heiraten würden. Vor allem sprachen die beiden über meinen beruflichen Aufstieg.

»Ja, Mama, ich habe recht gehabt. Ich habe dem Johann ja immer gesagt, dass er Karriere macht.«

Das hatte sie tatsächlich, gleich nach unserer ersten, leider sehr kurzen gemeinsamen Nacht: »Weißt du eigentlich«, hatte sie mir ins Ohr geflüstert, während sie mit der Bettdecke die flüchtigen Zeugen der vergangenen fünf Minuten von der Innenseite ihres Oberschenkels gewischt hatte, »dass du mal ganz groß rauskommen wirst bei den Metro-News und in München?«

»Warum?«, hatte ich gefragt.

»Weil ich nur mit Männern ins Bett gehe, die was werden«, hatte sie gesagt und das Licht ausgemacht.

Zum Beispiel Chefredakteur der *Wützener Zeitung*? Es war immer noch besetzt. Ich ging kurz in das Büro, das bald nicht mehr meins sein würde, zog den teuren langen braunen Mantel an, den wir, sozusagen im Vorgriff auf mein erstes Chefredakteursgehalt, gekauft hatten, und brach ins Tantris auf. Marie hatte gemeint, dass das Zweisternerestaurant der einzige Ort sei, an dem wir meinen Sprung an die Spitze der *Metro-News* würdig feiern könnten. Ich hatte gehofft, dass es dort einen Kamin geben würde, in dem wir nach dem Dessert David Nicholls' Roman »Ewig Zweiter« rituell verbrennen konnten. Den hatte mir Marie zum 35. Geburtstag geschenkt. »Für meinen Schatz, als kleine Motivation, sich nicht mit der Rolle als ewig Zweiter zufriedenzugeben«, hatte sie als Widmung auf die dritte Seite geschrieben.

Als ich ins Restaurant kam, war sie schon da. Aber Marie wartete nicht an einem Zweier-, sondern an einem Achtertisch. Nur ein Platz, der in der Mitte, war frei. Davor stand ein Namensschild: »Johann Walder, Metro-News, Chefredakteur«. Daneben erhoben sich – jeder ein Glas Champagner in der Hand – Maries Mutter, Maries Schwester aus Berlin, Maries Schwester aus Genf, ihre beste Freundin, ihre zweitbeste Freundin und ihre Doppelpartnerin aus der Tennismannschaft.

»Überraschung«, sagte Marie und strahlte mich an, als sei ich gerade zum Präsidenten der amerikanischen Notenbank ernannt worden und könnte mit einem Stirnrunzeln die Börsen der Welt zusammenbrechen lassen.

»Die habe ich auch«, sagte ich.

ZWEI

Ich hatte Marie vor etwas mehr als vier Jahren auf Sylt kennengelernt. Professor Michelsen flog zwei- bis dreimal im Jahr mit einem festen Stamm von Führungskräften und wenigen ausgelosten Mitarbeitern auf die Insel, weil »der Nordseewind uns die Köpfe freimacht«. Ich war damals gerade neu zu den *MetroNews* gekommen, als stellvertretender Leiter der Politikredaktion, und erhielt die Einladung für die Reise mit meinem Hausausweis: »Professor Michelsen bittet Sie zu einem Workshop mit führenden und auserwählten Mitarbeitern am kommenden Wochenende auf die Insel Sylt.« Später erfuhr ich, dass die Zahl der Auserwählten sich allein danach richtete, wie viele Topmanager verhindert waren. Der Professor wollte die reservierten Flüge und Hotelzimmer nicht umsonst bezahlt haben.

Wir wohnten im *Söl'ring Hof* und trafen uns zu Meetings über Themen wie »Leadership«, »Senden und Empfangen« und »Aktienoptionen contra Tantieme«. Am Nachmittag des ersten Tages mussten wir unter Aufsicht eines Motivationstrainers, den Jürgen Klinsmann dem Professor am Rande eines Champions-League-Spiels in der Allianz-Arena empfohlen hatte, einen Spaziergang des Schweigens machen. Wie der Name schon sagt, war allen außer dem Professor das Reden verboten. Zurück kamen wir auf Tandemrädern. »Damit Sie am eigenen Leib spüren, dass Sie allein nichts sind«, hatte der Professor gesagt und war mit seinem Bruder in einem Höllentempo vorausgefahren. Alle fünf Kilometer gab es eine Verpflegungsstelle mit frisch gepresstem Orangensaft. Wir fuhren so viele Umwege, dass wir erst nach zwanzig Kilometern wieder im Hotel ankamen. Jetzt fehlte uns zum Sprechen die Luft.

Danach hatten wir genau dreißig Minuten Zeit, die dunklen

Anzüge und die Krawatten in der Farbe des Verlagslogos, Lila, anzuziehen, bevor wir von vier konzerneigenen Fahrern zur Sansibar gebracht wurden. Hier sah ich Marie zum ersten Mal. Sie stand wie etwa achtzig andere Gäste, von denen ich mindestens die Hälfte schon einmal in den *Metro-News* oder einem Klatschblatt gesehen hatte, am Strand vor dem Promirestaurant. Die Gesellschaft, zu der uns Michelsen angemeldet hatte, wartete darauf, in drei kleinen Motorbooten über die viel zu wellige Nordsee zur *MS Europa* gebracht zu werden. »Zum Kreuzfahrerdinner«, wie der Professor sagte. »Ein Erlebnis, das Sie nie vergessen werden.«

Das wurde es, weil sich auf der Hinfahrt allein in meinem Boot drei Reisende, darunter einer der bekanntesten TV-Moderatoren Deutschlands, übergeben mussten. Ich sah es kommen und konnte im letzten Moment die junge Frau im hellblauen Abendkleid zur Seite schieben, bevor sich der Quizshowkönig direkt neben ihr erbrach.

»Alles in Ordnung?«, fragte ich.

»Alles in Ordnung«, sagte sie. Vom ersten Moment an hatten Marie und ich die eigenartige Anwandlung gehabt, auf eine Frage mit der Frage zu antworten.

Sie war mit ihrem Vater, dem Vorstand eines großen Versicherungskonzerns, zum Kreuzfahrerdinner gekommen. Wir saßen beim Essen Rücken an Rücken und tanzten nach dem Dessert gemeinsam, als Überraschungsgast Udo Jürgens am Klavier ein Potpourri darbot, das mit »Griechischer Wein« anfing. Wir tranken uns vor der Rückfahrt auf der noch stürmischeren Nordsee Mut an. Diesmal kotzte ich. Was Marie nicht davon abhielt, sich wenig später in den Dünen neben mich zu legen.

Drei

»Die Stadt Wützen liegt am unteren Niederrhein im Nordwesten des Ruhrgebiets und gehört zum Kreis Mesel im Regierungsbezirk Düsseldorf. Sie ist knapp fünfzig Kilometer von der holländischen Grenze entfernt. Nächste größere Städte sind Duisburg, Bottrop und Rheinberg. Das Stadtgebiet ist in die fünf Stadtteile Innenstadt, Flohhügel, Anderbruch, Miesacker und Depinghof unterteilt. Ausgangspunkt der historischen Entwicklung Wützens wird eine Motte gewesen sein, ein Wohnhügel mit Graben und Schutzwall, an der Stelle …«

»Ist ja gut, Eva.«

Maries Schwester hatte Wützen in ihrem Blackberry gegoogelt und war dabei, mitten im Tantris laut aus Wikipedia vorzulesen. Jetzt war sie offensichtlich auf www.wuetzen.de gelandet.

»Hört mal, was hier steht: Wützen ist eine überschaubare, beschauliche Stadt mit 62458 überwiegend netten Menschen. Wo bei uns …«

Ich nahm Eva das Gerät aus der Hand.

»Es reicht.«

»Lassen Sie sie doch, Johann«, sagte Maries Mutter. »Ich würde zu gern wissen, in welcher Umgebung meine Enkelkinder aufwachsen müssen, nur weil ihr Vater …«

»Jetzt fangen Sie nicht auch noch an.« Maries Mutter hatte mir trotz Verlobung bisher nicht das Du angeboten. »Schatz, willst du nicht auch mal was sagen?«

Es war das erste Mal, seit ich das böse Wort *Wützen* ausgesprochen hatte, dass Marie von ihrem leeren Champagnerglas aufsah. Sie schaute mich an, als hätte ich ihr gerade eine Affäre mit sämtlichen Mitgliedern ihrer Tennismannschaft gebeichtet, drehte sich langsam auf ihrem Stuhl herum und erwischte gerade noch den Kellner, der am Tisch vorbeischleichen wollte.

»Können wir zahlen, bitte?«

Die Feier, die keine war, kostete mich 170 Euro. Ich gab kein Trinkgeld.

»Was hast du gemacht? Was hast du dem Alten gesagt? Wie kann man nur so dumm sein, und …«

»Marie, ich kann doch nichts dafür, dass …«

»Da bist du kurz davor, Chefredakteur der Metro-News zu werden, nach all den Jahren in der zweiten, dritten und was weiß ich wievielten Reihe, und was machst du? Du versaust es. Hast du eine Affäre mit Michelsens Frau gehabt oder mit seiner Sekretärin oder warum schickt er dich in die Verbannung? Wützen, das kann echt nicht dein Ernst sein, Johann.«

Sie hatte kurz nach unserer Ankunft in der Wohnung eine Flasche Gin aufgemacht und begonnen, direkt daraus zu trinken. Ich versuchte zu antworten, aber sie wollte mich nicht hören.

»Hast du ihm nicht gesagt, dass wir gerade erst eine Wohnung in München gekauft haben? Dass wir in der Marienkirche heiraten wollen? Und dass du bei den Metro-News sowieso seit Monaten die ganze Arbeit machst, nie weniger als sechzig Stunden in der Woche, und Wenninger nicht mal mehr zum Interview mit dem Ministerpräsidenten mitgekommen ist, diese faule Sau.«

Wenninger war der Chefredakteur der *Metro-News*. Mein Vorgänger. Hatte ich zumindest bis vor wenigen Stunden gedacht.

»Wie stellst du dir das jetzt vor, Johann? Sollen wir das hier alles wieder verkaufen, das Laminat und die Einbauküche rausreißen, um auf einen idyllischen Bauernhof nach Wützen zu ziehen, in das beschauliche Städtchen mit den überwiegend netten Menschen? Willst du künftig im Wützener Stadttheater viertklassige Musikanten sehen, statt die Stones im Olympiastadion? Und dich abends mit dem Landfrauenverband treffen statt mit Seehofer, schön im Dorfkrug? Johann, du hast doch Michelsen hoffentlich gesagt, dass das für dich nicht in Frage kommt und du eher kündigst, als dahin zu gehen, oder?«

»Na ja, nicht so direkt. Ich habe mir Bedenkzeit ausgebeten ...«

»Ich fass es nicht. Was gibt es da zu bedenken? Wir gehen natürlich nicht da hin. Wir bleiben in München. Ich bleibe in München, Johann.«

Die Ginflasche war halb leer. Marie hatte sich ihren kurzen, dunkelblauen Rock ausgezogen. Darunter trug sie einen winzigen, durchsichtigen String, den ich noch nie gesehen hatte.

»Ja, guck nur, du Versager. Den habe ich mir extra für heute Abend gekauft. Das wäre eine deiner Belohnungen gewesen, wenn du dich nicht so dämlich angestellt hättest.«

Sie riss sich die auf wundersame Weise miteinander verbundenen Fädchen von der Hüfte und schleuderte sie in meine Richtung. Jetzt sah ich nur nackte Haut.

»Du bleibst heute Nacht hier im Wohnzimmer. Ich schlafe nicht in einem Bett mit einem Verlierer.«

Wir sahen uns erst am nächsten Morgen wieder. Als ich die Augen aufschlug, stand Marie mit der dunkelblauen Longchamp-Tasche, die ich ihr zum Geburtstag geschenkt hatte, vor dem Sofa.

»Ich fahre zu meiner Mutter, Johann. Ich glaube, es ist besser, wenn wir uns eine Zeitlang nicht sehen. Du kannst dich ja melden, wenn du die Sache mit Michelsen geregelt hast. Oder wenn du mir sonst etwas erklären willst.«

Ich war noch nicht ganz wach. »Was sollte ich dir sonst erklären wollen, Marie?«

»Vielleicht, was Michelsen davon abhält, dich zum Chefredakteur der Metro-News zu machen? Bist du einer der Volontärinnen an den Rock gegangen? Oder hast du Kameras auf dem Frauenklo versteckt? Ihr Männer könnt so widerlich sein ...«

»Marie, was soll das. Bist du ...«

»Was soll was?« Ihre Augen waren rot, ihr Lidstrich über beide Wangen verteilt, die Lippen trocken. Sie hatte Mundgeruch. »Was soll was, Johann? Ich habe die ganze Nacht darüber nachgedacht, warum Michelsen dich in dieses Wützen schickt. Es gibt keinen anderen Grund, als dass du dir irgendetwas hast zuschulden kommen lassen und schnell weg musst aus München, und ...«

»Glaubst du wirklich, ich könnte ...«

»Ich weiß nicht mehr, was ich glauben soll, Johann. Ich weiß nur, wie dich die jungen Redakteurinnen und Praktikantinnen immer angehimmelt haben, auf euren Weihnachtsfeiern und so. Und ich weiß, dass die alles dafür tun würden, um weiter nach oben zu kommen. Hat ja mehr als ein Mal in der Nacht dein Blackberry geklingelt ...«

»Weil ich Chefredakteursbereitschaft hatte ...«

»... und eines dieser jungen Dinger war dran. Du kannst mir viel erzählen, Johann. Aber ich will es jetzt nicht hören. Kläre deine Angelegenheiten, und dann sehen wir weiter. Oder eben nicht. Mir auch egal.«

Erst jetzt sah ich, dass Marie den Verlobungsring nicht mehr trug.

»Wo ist der Ring, Marie?«

Sie nahm die Tasche vom Boden, drehte sich um und rannte zur Wohnungstür. Die Tür knallte zu, bevor ich es auch nur in den Flur geschafft hatte. Ich überlegte kurz, ob ich ihr hinterherlaufen sollte, aber das hätte lächerlich ausgesehen mit nichts als einer grünen Boxershorts am Körper. Ich griff zum Handy, tippte Maries Nummer ein und hörte Martin Luther King »I have a dream« aus dem Schlafzimmer rufen. Marie hatte sich den umjubelten Satz als Klingelton auf ihr Mobiltelefon geladen und das unter der historischen Deutschlandkarte vergessen, ein Geschenk ihrer Mutter zum Einzug. Dort fand ich auch, was ich an meiner Verlobten vermisst hatte. Irgendwo in Nordrhein-Westfalen hing an einer Stecknadel mit rotem Kopf der Verlobungsring.

Vier

Ich kann nicht streiten. Wann immer es Ärger gibt, bin ich derjenige, der zugeschlagene Türen öffnet, endlose Entschuldigungen auf Anrufbeantworter oder Mailboxen spricht, Merci-Schokolade verschickt oder gleich Rosen. Die Frage nach der Schuld, für die meisten Menschen das Wichtigste, ist mir dabei egal. Ich nehme sie gern komplett auf mich, solange nur schnell alles wieder gut ist und alle sich, also mich, wieder liebhaben.

Die Festnetznummer von Maries Mutter fand ich im Telefonbuch.

»Guten Tag. Hier ist der Münchner Anschluss 25 44 76. Leider ist im Moment niemand erreichbar. Bitte hinterlassen Sie Ihre Nachricht nach dem Pieps. – Pieps.«

»Hallo, Frau Böhmer, hier ist Johann. Ich weiß nicht, ob Marie schon bei Ihnen angekommen ist. Aber sagen Sie ihr doch bitte, dass sie mich dringend zurückrufen möchte und dass mir alles sehr leidtut. Ich werde …« Der nächste Pieps, diesmal länger und lauter. Das Band musste voll sein. Ich rief noch einmal an. Diesmal sprang der AB gar nicht erst an. Hatte die Mutter ein Handy? Wahrscheinlich, aber die Nummer hatte sie mir nie gegeben. Ich wusste ja nicht einmal, wo sie wohnte. Marie-Eva Böhmer hatte es abgelehnt, ihren künftigen Schwiegersohn zu Hause zu empfangen, solange er nur ihr künftiger Schwiegersohn war.

Auf der Suche nach einer Handynummer von Maries Mutter wühlte ich mich durch die Stapel von Papier auf unserem neuen Schreibtisch, in den wir eigentlich genau nach den Vorschriften von Werner Tiki Küstenmachers »Simplify your life« Ordnung hatten bringen wollen, es angesichts der Aufregung der vergangenen Tage aber nicht geschafft hatten. Ich fand verschiedene

Kopien der ersten Kapitel von Maries Diplomarbeit – habe ich überhaupt schon erzählt, dass sie Betriebswirtschaftslehre studierte und in diesem Jahr endlich fertig werden wollte, nach vierzehn Semestern? –, vier verschiedene Angebote für Hochzeitsfeiern, den Kaufvertrag für die Wohnung und die noch offene Rechnung über die Maklercourtage, eine achtseitige Übersicht über die erschreckende Entwicklung meines Privatmandatdepots bei der Deutschen Bank, sechs Flyer verschiedener Asia-Imbisse (»Das probieren müssen!«) und den letzten Newsletter von Professor Michelsen. Seit er irgendwo gehört hatte, wie wichtig ein regelmäßiger Meinungsaustausch mit den Führungskräften ist – »Es darf eigentlich keine Woche vergehen, in der Sie Ihre Meinung nicht gegen meine austauschen«, hatte er einmal im kleinen Kreis und, Anführungszeichen unten, im Scherz, Anführungszeichen oben, gesagt –, schickte er jeden Monat die »Post vom Aufsichtsrat« raus. Die neue Ausgabe hatte ich noch nicht gelesen.

Liebe Kolleginnen, liebe Kollegen,

heute möchte ich mit Ihnen über die drei wichtigsten Werte sprechen, die es für Führungskräfte aller Couleur in unserem Hause gibt. Erstens: Loyalität. Zweitens: Loyalität. Und drittens, Sie werden es ahnen: Loyalität. Loyalität zu diesem meinem und Ihrem Unternehmen und seinen Zielen, Loyalität gegenüber den direkten Vorgesetzten, aber auch und vor allem gegenüber den Aktionären.

Nur wer sich selbst zurückstellt hinter den Interessen des Verlages, wer bereit ist, unbequeme Aufgaben zu übernehmen und der Firma dort zu dienen, wo sie ihn braucht – nur der wird bei uns wirklich erfolgreich sein und seinen Weg machen können. Fragen Sie nicht, was wir für Sie tun können, sondern fragen Sie, was Sie für das Unternehmen tun können. Tragen Sie diese Kultur in alle Ihre Bereiche hinein. Sie muss in der Zentrale in München genau-

so gelebt werden wie bei unseren TV-Sendern in Köln und den vielen kleinen Lokalzeitungen, an denen wir die Mehrheit haben oder maßgeblich beteiligt sind.

Wützen Sie Ihre Chance, das Unternehmen nach vorn zu bringen. Denn nur das bringt auch Sie nach vorn. In diesem Sinne: Bleiben Sie loyal.

Ihr Professor Michelsen

Wützen Sie Ihre Chance? Konnte ich nach den Rückschlägen der vergangenen Tage nicht einmal mehr richtig lesen? Bekam ich angesichts der drohenden Zwangsversetzung in die Kleinstadt Wahrnehmungsstörungen grotesken Ausmaßes? Doch da stand es, als wolle die »Post vom Aufsichtsrat« mir ein Zeichen geben: *Wützen Sie Ihre Chance!* Hatte der Professor eigens für mich diesen Fehler einbauen lassen, damit ich an höhere Mächte glaubte und sofort alle Verbindungen in München abbrach, um mein Glück in der tiefsten aller Provinzen zu finden? Oder hatte die Volkmann auf ihrer schmalen Tastatur einfach nur zwei Zeilen zu hoch und ein paar Tasten zu weit nach links gegriffen?

Egal, wie: Die Botschaft war angekommen. Michelsen wollte mich testen, mich und meine natürlich nicht enden wollende Loyalität zu ihm und seinem Unternehmen. Wützen war die Generalprobe vor meiner Uraufführung bei den *Metro-News*. Nur einmal Demut zeigen, tiefe und unverbrüchliche Verbundenheit, ein halbes Jahr, ein Jahr vielleicht. Ohne Murren ans Ende der Welt gehen, die Arbeit machen, die der Professor von mir verlangte. Und dann: Chefredakteur bei den *Metro-News*, als Vertrauensmann des Verlegers, als einer der wenigen, auf die er sich verlassen kann. Ich habe verstanden, Professor Michelsen, dachte ich, als Martin Luther King schon wieder einen Traum hatte.

Ich nahm Maries Handy vom Tisch, sah auf dem Display ein Foto ihrer Mutter und eine Nummer aufblinken. Ich Idiot! Vorsichtig drückte ich auf die Taste mit dem grünen Hörer, als könnte mich die Mutter dabei sehen, wie ich, der versagende Schwiegersohn, verbotenerweise an das Handy ihrer Tochter ging.

»Hallo«, sagte ich mit leiser und verstellter Stimme.

»Marie, wo bist du?«, fragte ihre Mutter, ohne eine Antwort abzuwarten. »Der Zug nach Genf fährt in fünfzehn Minuten, ich bin schon am Gleis. Wo bleibst du denn, du wolltest doch längst da sein? Hast du überhaupt ein Ticket? Marie, nun sag doch mal was! Marie ...«

Ich war schon längst im Treppenhaus.

»Frau Böhmer, hier ist Johann. Marie hat ihr Handy zu Hause vergessen. Sie darf nicht wegfahren, ich habe für alles eine Erklärung, sagen Sie ihr das. Sie soll auf mich warten, ich bin in zehn Minuten da. Haben Sie verstanden?«

»Johann«, die Stimme klang, als hätte ihr gerade ein Polizeibeamter erklärt, dass ihr Ex-Mann ihre beiden Töchter erst vergewaltigt und dann zerstückelt habe, »Sie ... was erlauben Sie sich? Wie kommen Sie an Maries Handy? Was wollen Sie ihr erklären nach dieser Blamage vor ihren besten Freunden und engsten Verwandten? Nichts werde ich ihr ausrichten, gar nichts. Soll ich Ihnen was verraten: Meine Tochter steht nicht auf Verlierer.«

Danach brach die Verbindung ab, was mir ganz recht war, weil ich dem thailändischen Taxifahrer sagen musste, dass er mich so schnell wie möglich zum Hauptbahnhof bringen sollte.

»Ich muss in zehn Minuten da sein.«

»Das schaffen is schwierig«, sagte er.

»Versuchen Sie es. Stellen Sie sich vor, wir wären in Bangkok.«

Dort brauchten die Taxifahrer für ähnliche Entfernungen nicht einmal sechs Minuten, zumindest, wenn die Straßen einigermaßen frei waren.

»Anschnallen bitte«, sagte er. »Driving is a dangerous game.«

Elf Minuten später waren wir da. Ich warf dem Fahrer einen Zwanzigeuroschein nach vorn, er fragte allen Ernstes, ob ich eine Quittung bräuchte. Auf dem Weg in den Bahnhof stolperte ich über eine rote Leine, an der ein Rauhaardackel hing, und verlor dadurch wertvolle Sekunden. Der Zug nach Genf fuhr auf Gleis sieben in genau einer Minute ab. Ich drückte im Laufen auf die Wahlwiederholungstaste des Handys, genau so, wie ich es während der Fahrt bestimmt zehnmal gemacht hatte. Doch Maries Mutter ging nicht ran. Noch zwanzig Sekunden, noch 200 Meter. »Zurückbleiben, bitte.« Die Deutsche Bahn war pünktlich, das konnte nicht sein. Die Türen schlossen sich, ein dicker Schaffner rief mir zu: »Zu spät, junger Mann, wir fahren los.« Ich lief weiter, vorbei an der zweiten Klasse, wo Marie und ihre Mutter nicht einmal sitzen würden, wenn es dafür die komplette »Sex and the city«-Edition auf DVD als Prämie gäbe, bis zu den zwei Wagen der ersten Klasse. Da waren sie, tatsächlich, hinter dem zweiten Fenster. Ich klopfte an die Scheibe, winkte, zeigte auf die »Post vom Aufsichtsrat«, die ich die ganze Zeit in der Hand gehalten hatte, und schrie, so laut ich konnte: »Loyalität, Marie, Loyalität.« Der Zug wurde immer schneller, ich lief nebenher.

»Marie, ich kann dir alles erklären«, ich atmete schwer, hatte aber immerhin das Gefühl, dass sie mich beobachtete.

»Wützen ist nur eine Probe. Der Professor …«, ich konnte sehen, wie sie sich leicht nach vorn beugte, als müsste sie etwas aufschreiben.

»Der Professor will mich nur testen und …« Der ICE wurde immer schneller, der Bahnsteig immer weniger. Noch 20 Meter, noch 15, noch zehn.

»Marie«, brüllte ich. Sie hielt ein Stück Papier ans Fenster, auf dem ich nur »Handy« und »an meine Schwester« lesen konnte. Dann knallte ich mit der rechten Schulter gegen einen Pfeiler, der offensichtlich das Ende des Bahnsteigs markierte. Das Letzte, was ich von Marie sah, war ihr Mobiltelefon, das auf die Gleise fiel und vom Waggon mit der Nummer 21 zermalmt wurde.

In den Tagen danach habe ich alles probiert, um sie irgendwie doch noch zu erreichen. Ich habe bei ihrer Schwester in

Genf angerufen, die mir nur sagte, Marie wolle nicht mit mir sprechen und müsste sich voll auf ihre Diplomarbeit konzentrieren. Ich habe ihr fünfundzwanzig E-Mails und drei normale Briefe geschrieben, habe die »Post vom Aufsichtsrat« mitgeschickt und versucht, ihr meine Theorie von der plötzlichen Versetzung zu erklären: »Wenn ich das jetzt klaglos mache, Marie, dann werde ich in ein oder zwei Jahren Chefredakteur der Metro-News. Ganz bestimmt. Und wir müssen ja auch nicht nach Wützen ziehen, wenn du nicht willst, und können die Wohnung in München behalten und am Wochenende pendeln. Melde dich doch bitte, ich vermisse dich so. IL Dein Johann.« (IL steht für In Liebe, aber das nur am Rande.) Sie reagierte nicht, selbst dann nicht, als ich ihr eine Videobotschaft schickte, genau so, wie sie es in ihrer Lieblingsfernsehsendung »Frauentausch« immer machten.

Dafür rief Frau Volkmann an, die Frau, die N und W verwechselt hatte. »Herr Walder, Professor Michelsen möchte Sie noch einmal sprechen.«

Es war im Unternehmen legendär, dass ein Telefonat mit dem Verleger niemals länger als eine Minute dauerte. Ein langjähriger Chefredakteur hatte es einmal auf neunundfünfzig Sekunden gebracht, aber nur, weil der Professor einen Hustenanfall bekommen hatte.

»Michelsen hier, Herr Walder. Haben Sie über mein Angebot nachgedacht?«

Ich wusste, was ich zu sagen hatte.

»Ich freue mich sehr über Ihr Vertrauen, Herr Professor Michelsen. Ich möchte die Herausforderung gern annehmen und meine Chance wützen, ich meine natürlich nützen.«

Er reagierte auf unser geheimes Codewort leider nicht.

»Gut«, sagte Michelsen. »Den Rest regelt Herr Volkerts.«

Das war sein Bürochef.

»Gut«, sagte ich einfach auch. »Und noch einmal vielen Dank für das Vertrauen.«

»Viel Spaß in Wützen, Herr Walder.«

35 Sekunden, nicht schlecht.

Am Abend bekam ich eine SMS von Marie. Offensichtlich hatte sie ein neues Handy. Die Nachricht bestand nur aus vier Worten:

»Bleibt es bei Wützen?«

»Ich liebe Dich«, tippte ich zurück.

»Ich lasse nächste Woche meine Sachen aus der Wohnung holen«, schrieb sie.

Es war die letzte Nachricht, die ich für eine lange Zeit von ihr erhalten sollte.

Fünf

Zwei Wochen später fuhr ich das erste Mal nach Wützen. Volkerts hatte mich ursprünglich von München aus mitnehmen wollen, musste dann aber schon ein paar Tage vorher in die Gegend. Wir vereinbarten, uns direkt in Wützen zu treffen, wo er mich in Vertretung des Professors, der natürlich niemals dort gewesen war, der Redaktion vorstellen wollte.

Ich nahm die Bahn, fuhr mit dem ICE von München nach Duisburg und von dort in einem aus nur zwei Waggons bestehenden Regionalzug weiter. Mit jeder neuen Station kam ich mir wie in einem dieser beliebten Vorher-Nachher-Experimente vor, wobei es in meinem Fall eher vom Nachher zum Vorher ging. Ich hatte das Gefühl, mich zurückzuentwickeln, kleiner zu werden, genau wie die Stationen, an denen wir hielten. Nach gut fünf Stunden war ich am Ziel.

Wützens Bahnhof mit seinen immerhin vier Gleisen kannte ich ja schon, der mit Graffiti beschmierte Fußgängertunnel hätte auch unter der Leipziger Straße in Berlin verlaufen können. Drei Mal wurde ich von ziemlich verlotterten Jugendlichen angesprochen, ob ich eine Fahrkarte zu verschenken hätte. Vor der Station stand Volkerts. Er hatte darauf bestanden, mich dort abzuholen.

»Guten Tag, Herr Walder. Hatten Sie eine gute Reise? Wollen wir gleich in die Redaktion gehen? Oder wollen Sie erst mal noch was essen?«

Nein, ich wollte nicht »erst mal noch was essen«. Ich wollte meinen neuen Job antreten. Je eher daran, desto eher davon, sagten meine norddeutschen Freunde. Nur was begonnen hat, kann auch zu Ende gehen. In diesem Sinne konnte ich gar nicht schnell genug anfangen.

»Lassen Sie uns gleich in die Redaktion fahren.«

»Gehen, Herr Walder, gehen. Wützen ist eine Stadt der kurzen Wege«, sagte Volkerts. »Das ist ganz anders als in München.«

Nein, wirklich? Am Ende gab es hier auch keinen Viktualienmarkt.

»Was wissen Sie eigentlich über die Redaktion, Herr Walder?« Volkerts ließ mich gar nicht erst antworten. »Professor Michelsen hat Ihnen bestimmt gesagt, dass der Laden hier nicht ganz einfach ist. Die Truppe ist leicht männerlastig, etwas überaltert und seit Jahrzehnten in dieser Konstellation zusammen. Da gibt es natürlich die eine oder andere Spannung.«

Volkerts war in etwa so ehrlich wie eine Reiseverkehrskauffrau, die Alaska als Land mit ganzjährig mildem Klima und herrlich weißen Sandstränden beschreibt.

»Aber Sie werden es ja gleich selbst sehen. Da sind wir.«

Hätte er es nicht gesagt, ich hätte es nicht geglaubt. Wir standen vor einem achtgeschossigen Haus, das zur Straße hin mehrere große Balkone hatte und gerade erst neu gestrichen worden sein musste. Die graue Farbe war so gleichmäßig wie trist und endete unterhalb eines schwarzen, flachen Daches. Im Erdgeschoss war die Geschäftsstelle der *Wützener Zeitung* untergebracht. Eine ältere Dame diktierte einer Angestellten gerade den Text für eine Anzeige in die Schreibmaschine. Der Computer, der danebenstand, war aus.

»Wollen wir hochgehen?«, fragte Volkerts. »Die Redaktion ist im zweiten Stock.«

»Gern«, sagte ich, rückte die Krawatte zurecht und zerrte meinen schweren Samsonite die schmale Treppe hoch. Als wir oben ankamen, wollte ich von Volkerts wissen, ob ich den Koffer kurz in meinem Büro abstellen könnte.

»Äh, na ja«, er wirkte unsicher, »Sie können den Koffer gern hier stehen lassen. Den klaut schon keiner.«

Übersetzt hieß das, aber das sollte ich erst später herausbekommen: Ich hatte kein eigenes Büro. Um Geld zu sparen, war die *Wützener Zeitung* vor einem Jahr aus den oberen fünf in die unteren drei Etagen gezogen. Für die Redaktion gab es jetzt nur noch einen Großraum.

»Hier muss einiges getan werden«, sagte Volkerts, bevor er in diesen vorausging. »Aber sonst wäre ein Mann wie Sie ja auch nicht hier.«

Der Erste, den ich kennenlernte, war mein Stellvertreter. Herbert Grainer, um die fünzig, fast zwei Meter groß und stark kurzsichtig. Er trug eine dicke, goldumrandete Brille und einen dunkelbraunen Cordanzug, alles von *Gucci*. Als er mich sah, griff er in die Schublade seines Schreibtisches, nahm eine kleine Sprühdose heraus und führte sie zum Mund. Odol.

»Wir hatten schon befürchtet, dass der Verlag den Laden hier dichtmacht«, sagte er, und es roch nach Minze. »Aber jetzt, wo Sie da sind, geht es wohl doch weiter. Na ja.« Grainer, Kürzel rain, hatte sich um den Posten des Chefredakteurs beworben, lange bevor der bisherige Chef in den Ruhestand gegangen war. »Er wollte den Job unbedingt«, hatte mir Volkerts erzählt, als wir in München das schmale Personaltableau der *Wützener Zeitung* durchgegangen waren. »Genau wie zwei andere Kollegen.« Ich wollte ihn nicht. Journalistenpech.

Mein nächster Mitarbeiter hieß wie der Frühling, roch aber wie der Erfinder von Klosterfrau Melissengeist – ich sollte ihn niemals nüchtern erleben. Martin Lenz saß an einem Schreibtisch, auf dem sich Hunderte ausgerissene Zeitungsseiten, Pressemitteilungen und Fotos wie Wolkenkratzer türmten. Er hob kurz die rechte Hand, an deren Zeigefinger die Kuppe fehlte, und murmelte etwas, das wie »Willkommen mein Waller« klang und wohl »Willkommen, Herr Walder« heißen sollte.

Robin Batz war der Spezialist für Lokalpolitik. Er trug weiße Tennissocken zur schwarzen Jeans und dem ebenfalls schwarzen, bis oben hin zugeknöpften Hemd. Er hatte eine Glatze und war so konservativ, dass der zugegebenermaßen schwule GAL-Bürgermeister bei unserem ersten Treffen über ihn sagte: »Rechts neben Herrn Batz kommt nur noch die Wand.« Er schlug die Hacken zusammen, als er mir die Hand gab, und drückte sie, als ginge es nicht darum, den neuen Chef zu begrüßen, sondern eine Orange auszuquetschen. Auf seinem Computer stand ein Deutschlandfähnchen.

Sportredakteur Kalle Peperdieck hatte sich neben seinem Schreibtisch einen Extraschrank aufstellen lassen, in dem er zwei Paar von seiner Frau gehäkelte Redaktionspantoffeln, ein Dutzend Hemden und einen Fön verwahrte. Er schwitzte stark und wischte sich mit einem Taschentuch die Innenfläche seiner Hand trocken, bevor er sie mir, an seinem gewaltigen Bauch vorbei, entgegenstreckte. Peperdieck war gerade einen Meter sechzig groß und sah aus, als würde er jeden Moment nach vorn fallen. Weil er immer sonntags arbeiten musste (»dieser blöde Amateurfußball«), kam er am Freitag gar nicht erst in die Redaktion: »Die Sonnabendausgabe mache ich schon am Donnerstag, da haben Sie doch nichts dagegen, oder?«, fragte er mich, kaum dass wir uns zehn Minuten kannten.

Die einzige Frau in der Redaktion war eigentlich keine. Rita Bolzen wog wohl an die hundert Kilo, hatte kurze, graue Haare und einen Damenoberlippen-, der bei mir als Dreitagebart durchgegangen wäre. Um den Hals trug sie eine silberne Kette, an der eine Brille und ein Vergrößerungsglas baumelten. Auf ihrer Brust haftete ein kleiner roter *ver.di*-Anstecker. Rita Bolzen war Vorsitzende der Ortsgruppe Wützen und natürlich Betriebsratsvorsitzende der Zeitung. Meiner Zeitung.

Alle arbeiteten genau die tariflich vereinbarten 35 Stunden in der Woche. Was darüber hinausging, wurde so sorgfältig wie nichts anderes im elektronischen »Arbeits- und Mehrarbeitszeiterfassungssystem«, kurz AMAZ, vermerkt, aufgerundet und abgebummelt. »Wenn Sie daran etwas ändern«, hatte Rita Bolzen gleich bei der Begrüßung zu mir gesagt, »sehen wir uns vor dem Arbeitsgericht wieder.« Hinterher hatte sie Lenz, der gerade dabei gewesen war, die fünfte Flasche des Volkert'schen

Begrüßungschampagners aufzumachen, zugeraunt: »Dem Walder, dem habe ich gleich gesagt, wo's langgeht. Der soll nicht glauben, dass wir uns so einem Typ mit Nadelstreifenanzug und gegelten Haaren ergeben. Wenn er Ärger will, kann er Ärger haben.« Lenz hatte zustimmend gerülpst.

Ja, ich wusch meine Haare nicht nur täglich, was für die Bolzen sicherlich Provokation genug gewesen wäre, ich schmierte auch eine Walnuss große Portion Gel hinein. Und zwar schon lange bevor das bei den Trainees und Executive-Trainees und Vorstandsassistentenschnöseln aller Firmen dieses Landes Mode und zum Inbegriff für den renditeorientierten Karrieristen wurde. Ohne Gel sahen meine Haare einfach scheiße aus, wie ein geplatztes Kopfkissen. Für den Notfall hatte ich immer eine Tube im Schreibtisch, gleich neben den Plänen mit dem Honorarbudget, das mein Vorgänger in den vergangenen zwölf Monaten um sechzig Prozent überzogen hatte. Gemerkt hatte es offenbar niemand.

»Herr Walder?« Frau Schmidt. Die hätte ich fast vergessen. Christine Schmidt war die Sekretärin, die wir uns mit der Anzeigenabteilung teilen mussten. Sie sammelte unter anderem die Tagesordnungspunkte für die sogenannten Verlagskonferenzen. Bei der ersten, an der ich teilnahm, gab es allerdings nur einen: »Die Anmietung eines Dixi-Klos angesichts der kurzfristig nicht zu behebenden Verstopfungen der Redaktionstoiletten.« Ich hätte noch ein paar mehr gehabt. Zum Beispiel: Einführung einer täglichen Redaktionskonferenz. Einführung von Seitenzahlen, auch täglich. Kündigung der Lieferverträge mit dem Getränkemarkt Schoppenhauer, die unseren Etat um 200 Euro die Woche (so viel kostete die Redaktionsration an Bier und Wodka) entlasten würden. Um nur die wichtigsten zu nennen.

»Eine junge Frau hat heute diese Bewerbung für ein Praktikum abgegeben«, sagte Frau Schmidt. »Ihr Vorgänger hat zuletzt keine Praktikanten mehr genommen. Soll ich gleich absagen?«

Ja, klar. Was sollten wir auch mit jungen Frauen? Die hätten nur die seit Jahrzehnten eingespielte Männer-Redaktions-WG durcheinandergebracht, diese Fortsetzung des Stammtisches mit scheinbar journalistischen Mitteln. Was sollte eine junge Frau hier? Nicht, dass die Herren sich noch auf normale Umgangsformen besinnen müssten, nicht, dass Kalle Peperdieck, dem Sportchef, vor Schreck die Redaktionspantoffeln aus den Händen fielen oder Martin Lenz der Flachmann aus der Tasche. Frauen? Jung? Bei denen?

»Geben Sie her. Ich muss mir die Bewerbung zumindest mal ansehen.«

»Wenn Sie absagen wollen: Ich habe da so ein Formblatt, das müssen Sie nicht einmal unterschreiben«, sagte Frau Schmidt.

»Ich melde mich bei Ihnen.«

Sechs

Wenn ich meine früheren Chefs um eines beneidet hatte, dann um das Recht, Praktikanten auswählen zu dürfen. Die Kriterien dafür waren so simpel, wie es männliche Führungskräfte sind, die keine Zeit haben, dicke Bewerbungsmappen durchzulesen. Mädchen wurden anhand des Fotos bewertet, Jungs nach ihren Hobbys und Vorlieben. Ich habe nur einmal einen Redaktionsleiter erlebt, der ernsthaft die Arbeitsproben einer möglichen Praktikantin gelesen hat. Es war der Chef eines bayerischen Wochenblattes, der pro Jahr nur etwa drei Bewerbungen bekam.

Alle anderen brauchten zwischen zehn Sekunden und zwei Minuten, um die journalistischen Fähigkeiten der Kandidatinnen beurteilen zu können. Blonde Haare, ein leicht von unten nach oben gehender Blick, ein sanftes Lächeln und die Andeutung eines Dekolletés waren die wichtigsten Eigenschaften einer Praktikantin. Wirklich geschafft hatte sie es, wenn der Chef ihre Mappe unter seinen engsten Vertrauten herumgehen ließ.

»Schaut mal, die kommt in den Sommerferien zu uns. Möchte jemand seinen Urlaub umbuchen?«, hatte mein Vorgesetzter die Mitglieder der Politikredaktion beim *Volksboten* einmal gefragt, der Zeitung, bei der ich vor den *Metro-News* gewesen war. Einer der Kollegen hatte sich wirklich gemeldet. Die Mappe der jungen Frau lag bis drei Tage vor Beginn ihres Praktikums auf seinem Schreibtisch. Dann sagte sie ab, weil sie ein Volontariat bei *Michelsen Media* bekommen hatte.

Erstaunlicherweise gibt es immer mehr weibliche als männliche Praktikanten. Das liegt zum einen an dem beschriebenen Auswahlverfahren, zum anderen daran, dass sich viel mehr junge Frauen als junge Männer bewerben. Womit die Geschlechterverteilung bei Praktikanten sich umgekehrt zu jener bei Redakteuren verhält, zumindest bei den Zeitungen, die ich kenne. Was wiederum der Grund dafür ist, dass es so oft zu Verbindungen zwischen den beiden, sagen wir mal, Berufsgruppen kommt.

Ich habe alle denkbaren Konstellationen erlebt. Den Politikchef, der aus der Praktikantin eine Redakteurin machte, um sie sechs Monate später zu heiraten; den Volontärsvater, der sich von Praktikantinnen bei der Besprechung ihrer Texte in seinem Büro den Nacken massieren ließ; den Chefreporter, der eine Praktikantin auf eine Dienstreise mitnahm, statt zweier Einzel- aber ein Doppelzimmer gebucht hatte. Immerhin schwärzte sie ihn nach drei Nächten beim Betriebsrat an.

Ich hatte mir vorgenommen, als Chef mindestens so viele Männer wie Frauen zu nehmen, ich meine: zu beschäftigen, mir wenigstens die Anschreiben der Bewerbungen gründlich durchzulesen und am Ende jedem Praktikanten und jeder Praktikantin ein langes, persönliches Zeugnis zu schreiben. Eines, das dem ganzen Menschen gerecht wird und das ihm auf seinem weiteren Lebensweg wirklich hilft. (Heute habe ich ein Standardblatt, das ich nur um einige wichtige Formulierungen ergänze: »zu unserer vollen« oder »zu unserer vollsten Zufriedenheit« etwa. Meist lasse ich die Praktikanten ihre Zeugnisse selbst schreiben.)

Auch deshalb hatte ich mir die Bewerbung mit nach Hause genommen. Vor allem aber, weil ich es nach sechs Stunden nicht mehr in meiner neuen Redaktion aushielt. Rita Bolzen hatte mich aus ihrem kleinen Fotoraum, dem einzigen Einzelbüro, derart streng beobachtet, dass ich zuletzt befürchtete, mein Gel und mein Nadelstreifenanzug könnten gegen mehrere Paragraphen des Betriebsverfassungsgesetzes verstoßen. Grainer war den halben Nachmittag um mich herumgeschwänzelt, hatte mir seine Strategie des Zeitungsmachens erklärt (»schneller, näher, kompetenter«) und gemeint, dass wir »möglichst bald ein Bier zusammen trinken« müssten, »ohne die anderen«. Lenz hatte die letzte Champagnerflasche allein geleert und starrte, als ich ging, seit etwa anderthalb Stunden auf eine vor ihm liegende Seite. »Er hat heute Spätdienst«, raunte Grainer mir zu, als ich gegen kurz nach 17 Uhr die Redaktion verließ. Volkerts hatte mir gesagt, dass hier sowieso meist nicht viel länger gearbeitet würde, »nur keine Überstunden, aber das wissen Sie ja sicher«.

Es war noch hell, als ich, den Koffer in der einen, die Bewerbung und einen Stadtplan in der anderen Hand, durch die Straßen Wützens zu der Wohnung ging, die Frau Schmidt für mich angemietet hatte. Sie hatte den Weg dorthin auf dem kleinen Faltblatt, das die *Wützener Zeitung* jährlich in einer Auflage von zehntausend Stück herausgab, eingezeichnet. Die wichtigsten Häuser waren mit grünen Punkten markiert. Ich ging an der Kleiderkammer des Deutschen Roten Kreuzes und an der »Goldenen Krone«, einer »echt deutschen« Gaststätte, vorbei, in der ich durch die gelben Fenster meinen Sportchef vor einem Glas Bier zu sehen glaubte. Seinen Namen hatte ich schon wieder vergessen.

Am Schwimmbad, der Wützen-Therme, musste ich rechts in die wichtigste Einkaufsstraße der Stadt einbiegen. Sie hieß Leopoldstraße, was ich etwa so witzig fand wie den Zeitungsständer der »Tabak-Theke«, an dem meine Zeitung fast komplett von den *Metro-News* verdeckt wurde. Ich konnte nicht anders, hielt an und sorgte für die richtige Ordnung.

Mein Rollkoffer ließ sich nur schwer über den grau-schwarzen Klinker ziehen, der so angeordnet war, dass die einzelnen Steine aus der Luft gesehen das Motto der Stadt ergaben: *Wützen heißt Leben*. Wobei ich mich fragte, wer die Leopoldstraße eigentlich aus der Luft sah. Vielleicht die Besucher der Kaufhalle, wenn sie vom Restaurant im dritten Stock auf die Einkaufstraße hinunterblickten. Zwischen 17 Uhr 30 und 18 Uhr 30 gab es »Zwei Bocki mit Kartoffelsalat für nur 3,50 Euro«.

Vor der Kaufhalle, die auf dem Stadtplan gleich drei grüne Punkte hatte, war von Frau Schmidt ein dicker Pfeil nach rechts eingezeichnet worden, der den Namen der Straße fast verdeckte:

...sweg konnte ich lesen, und viel mehr war auch auf dem echten Schild nicht zu erkennen, auf dem ein Wützener Graffitisprayer sein Tag hinterlassen hatte.

Im Heussweg 75 sollte ich wohnen, direkt über einem Esoterikladen, der *Welt von Buddha und Shiva*. Die Inhaberin war eine Freundin von Frau Schmidt und vermietete seit Jahren ein kleines Apartment über ihrem Geschäft, meist an Bauunternehmen und deren Handwerker. »Sie können da so lange bleiben, wie Sie wollen«, hatte Frau Schmidt gesagt. »Ist nicht groß, aber ganz besonders eingerichtet.«

Als ich die Tür zu der *Welt von Buddha und Shiva* öffnete, klingelten Dutzende kleine Glöckchen, die an einer langen Kette von der Decke baumelten. Mit dem Koffer schabte ich nur knapp an einem liegenden, goldenen Gautama vorbei und konnte gerade noch vor einer Wand mit kleinen Glaselefanten und schwarzen Holzkröten stoppen. Dahinter stand eine hagere, runzlige Frau mit einer Brille, die mich sehr stark an jene von John Lennon erinnerte.

»Sawasdee kah«, sagte sie.

»Sawasdee was?«, fragte ich.

»Das ist Thailändisch und heißt so viel wie Herzlich willkommen. Waren Sie schon einmal in Thailand?«

Ich war müde und wollte meinen Koffer loswerden.

»Nein. Mein Name ist Johann Walder, ich komme wegen des Apartments. Frau Schmidt schickt mich.«

Ich hörte mich an wie ein kleiner Junge, der für seinen Vater ein alkoholhaltiges Medikament beim Apotheker abholen soll.

»Ach, Sie sind das, der neue Chef der Wünzigen.«

»Der was?«

»Der Wünzigen. So nennen wir hier die Wützener Zeitung. Weil sie doch so klein ist und weil meist so wenig drinsteht.« Die John-Lennon-Brille kicherte. »Aber das kann unter Ihnen ja anders werden. Kommen Sie, ich zeige Ihnen Ihr Zimmer. Ich bin übrigens Irma van Daggelsen.«

Frau van Daggelsen ging mit mir aus dem Laden heraus, rechts in ein schmales Treppenhaus und dann bis unters Dach.

»Das ist es. Klein, aber Ihres«, sagte sie. »Und ausgeräuchert habe ich es auch schon.«

»Sie haben bitte was?«, fragte ich.

»Ich habe in allen Ecken Räucherstäbchen abgebrannt, um den Raum energetisch zu reinigen. Die ideale Position des Betts habe ich ausgependelt, um den Fernseher liegen spezielle Steine, die die Strahlung abschirmen. Sie werden hier gut schlafen, Herr Dr. Walder.«

»Nur Walder.«

»Oh«, sagte Frau van Daggelsen. »Entschuldigung, Ihr Vorgänger hatte, glaube ich, promoviert.«

Vielen Dank für die Blumen.

Das Apartment war winzig, auf einen Flur, der im Wesentlichen aus einem braunen Ikea-Schrank bestand, wie auch Marie einen in ihrer alten Wohnung gehabt hatte, folgte ein Raum mit einem Futon, einem hellbraunen Holztisch mit drei verschiedenen Buddhastatuen, zwei Sesseln, die von chinesischen Papierschirmchen beschützt wurden, und einem Fernseher, der aussah, als stehe er auf einer Steinlandschaft. Hinter einem Paravent befand sich die Küchenzeile, von dem vierteiligen Fenster ließen sich nur der schmale rechte Teil und die obere Luke öffnen. Auf der Fensterbank standen vier Bonsaibäume, die nach meiner Selbsteinschätzung in spätestens einer Woche eingegangen sein dürften. Dafür gab es im Badezimmer immerhin eine Badewanne. Es roch nach Lemongras.

»Das ist ein besonderer Service des Hauses. Jeden Tag ein neuer Duft, Herr Dr., ich meine, Herr Walder. Wenn Sie sonst noch was brauchen: Ich bin morgens ab 10 Uhr im Laden.«

»Vielen Dank. Ich würde jetzt gern erst mal auspacken.«

»Natürlich. Ruhen Sie sich aus. Die Fahrt aus München war bestimmt sehr anstrengend. Mir wäre das viel zu weit.« Meine Vermieterin legte den Haustürschlüssel in eine schwarze Schale, auf deren Rand die Hindugöttin Shiva thronte, und streckte mir ihre knochige Hand entgegen: »Auf gute Nachbarschaft dann.«

»Ja, danke.«

Als sie die Tür hinter sich zugemacht hatte, ließ ich mich auf das ausgependelte Bett fallen und sah zum ersten Mal, dass auf die Zimmerdecke eine Tempelanlage gemalt war. Vor zwei Pagoden saß ein gigantischer Buddha mit gütigem Lächeln. Er sah gelassen aus, gleichmütig und ruhig. Er war das Gegenteil von mir in diesem Augenblick.

Ich überlegte, ob ich den Koffer auspacken oder erst den Steine-Fernseher anmachen sollte, als mein Blick auf die dunkelblaue Mappe fiel, die ich auf einen der weißen Sessel gelegt hatte. Die Bewerbung der Praktikantin. Ich hatte sie vor lauter Weihrauch und Lemongras vergessen.

Natürlich hätte ich die Bewerbung nicht lesen müssen, um zu wissen, dass ich die Praktikantin nehmen würde. Die Erfahrungen des ersten Tages, die Hoffnung auf ein zu schreibendes Zeugnis, auf ein junges Gesicht im trostlosen Redaktionshaus und auf Kollegen, die aus Anstand wenigstens einmal in der Woche das Hemd wechselten, reichte. Trotzdem klappte ich die Mappe auf, vermied bewusst den Blick auf das große Foto und begann, wie ich es mir so lange vorgenommen hatte, unvoreingenommen das Anschreiben zu lesen. »Sehr geehrter Herr Walser«, stand da, ein kleiner Fehler, der angesichts der damit vielleicht gewollten Anspielung auf den berühmten Schriftsteller aber zu verzeihen war, »mein Name ist Elisabeth Renner, ich bin sechsundzwanzig Jahre alt und würde bei Ihnen gern ein Praktikum machen.«

An dieser Stelle hielt ich es doch für angemessen, mir einen optischen Eindruck von der Frau zu verschaffen, von der ich nun immerhin das Wichtigste wusste. Das beigeheftete Bild hatte ein Fotograf unter Zuhilfenahme einer Windmaschine gemacht. Frau Renners braune Haare zogen stark nach rechts. Sie trug auf dem Foto ein Polohemd mit hochgestelltem Kragen, zu neunundneunzig Prozent von Ralph Lauren. Die Collegeschuhe konnte man nicht sehen, aber fühlen. Hobbys: Klavier, Reiten, Segeln. Eine Arzttochter, was sonst.

»Ursprünglich hatte ich geplant zu promovieren, doch nach ersten praktischen Erfahrungen bei einer deutschen Zeitung in Polen interessiere ich mich für den Journalismus. Ich komme aus Wützen und werde in den nächsten Monaten hier bei meinen Eltern wohnen. Mein Vater ist Arzt.« Und meine Polohemden kosten 69 Euro. Wusste ich doch alles längst. Der Brief endete »mit vorzüglicher Hochachtung«, einer Formulierung, die selbst meine Urgroßmutter nicht mehr verwendet hätte. Elisabeth Renner hatte noch vier Texte aus der *Warschauer Wochenzeitung* beigelegt, die offensichtlich in Deutsch erschien.

Ich musste sie nicht lesen. Schließlich war ich Chef. Ich schaute noch einmal auf das Foto. Es war tatsächlich eines dieser Bilder, mit denen man Vorfreude in der Redaktion schüren und Urlaubsanträge hinauszögern könnte. Was ich natürlich nicht vorhatte. Ich würde Frau Renner einfach nur eine E-Mail schreiben.

»Liebe Frau Renner«, tippte ich in mein Blackberry, das hoffentlich trotz strahlenabsorbierender Steine dort draußen im dunklen Wützen noch auf einen Empfänger treffen würde, »kommen Sie doch einfach in den nächsten Tagen einmal vorbei. Mit besten Grüßen, Johann Walder, Chefredakteur.«

Sieben

Es muss an einem Donnerstag gewesen sein, als sie das erste Mal in die Redaktion kam. Ich war seit etwa zwei Wochen in Wützen, hatte mich beim Bürgermeister und dem Chef der Industrie- und Handelskammer vorgestellt und ansonsten gestaunt, mit wie wenig Arbeit man täglich eine Zeitung machen kann. Mein Stellvertreter hatte mir angeboten, so lange die Geschäfte zu führen, bis ich mich eingelebt hätte und alle Abläufe kennen würde. »Lassen Sie sich ruhig Zeit, Herr Walder. Hier ticken die Uhren halt anders als in München«, hatte Grainer gesagt. Trotzdem hatte ich gegen seinen Widerstand (»Das ist alles zu kompliziert, glauben Sie mir. Da gibt es große technische Probleme«) und gegen die Warnungen von Frau Schmidt (»Das schafft die Druckerei nicht«) gleich am zweiten Tag die erste Veränderung vorgenommen. In einem fast revolutionären Akt und ohne den Betriebsrat vorher zu informieren, hatte ich der *Wützener Zeitung* Seitenzahlen verpasst. Dafür genügte ein Anruf in der Druckerei.

Donnerstags war der Jour fixe von Chefredaktion und Betriebsrat. Seit zweiundvierzig Jahren, immer um 12 Uhr, auch wenn es nichts zu besprechen gab oder das Rathaus brennen sollte. »Ähm«, sagte Rita Bolzen und trottete mit Frau Schmidt, die die Treffen in Steno zu protokollieren hatte, voraus ins Besprechungszimmer, das in Wirklichkeit ein Lagerraum mit durchgelegenem Sofa war, auf dem Lenz allein seit meinem Arbeitsantritt vier versoffene Nächte verbracht hatte. Der Chefredakteur, also ich, trottete hinterher.

»Wir freuen uns, dass sich der Verlag entschlossen hat, mit einem Mann aus München die lange Tradition der Zeitung in Wützen fortzusetzen, und dass er damit weiter auf diesen Standort setzt«, sagte Bolzen, während sie durch ihre geblümte Bluse hindurch ihren Büstenhalter zurechtschnippte. »Es hat ja auch bereits die ersten Veränderungen gegeben, über die der Betriebsrat zwar nicht informiert wurde, die er aber gern nachträglich billigt. Die Einführung von Seitenzahlen ist ein richtiger Schritt gewesen, sie sind auch aus unserer Sicht für eine Tageszeitung ein unverzichtbares Element. Wir haben seit Jahren für Seitenzahlen gekämpft und waren immer sehr verwundert, dass diese aus technischen Gründen angeblich nicht gedruckt werden konnten.«

Ich auch, und wie.

»Außerdem freuen wir uns, dass unsere Zeitung aktueller geworden ist.«

Tatsächlich hatten in der Vergangenheit zwischen einer Ratssitzung und dem Artikel darüber bis zu acht Wochen gelegen und zwei neue Sitzungen.

»Dennoch möchten wir an dieser Stelle auf die deutlich gestiegene Arbeitsverdichtung bei den Kolleginnen und Kollegen hinweisen, über die es bereits erste Beschwerden gegeben hat.«

Frau Schmidt sah ernst von ihrem Stenoblock auf. Rita Bolzen setzte zum nächsten Satzmonster an: »Wir registrieren mit Sorge die Zunahme der Überstunden und die Ausdehnung der Arbeitszeit bis in die späten Abendstunden hinein.«

Am Mittwoch war der letzte meiner Redakteure statt wie gewohnt um 18 Uhr erst um 18 Uhr 10 nach Hause gegangen. Ein Skandal.

»Wir hoffen, dass dies nicht zur Regel wird, Herr Walder.«

Ich hätte auch gern etwas gesagt, quatsch, ich wäre gern laut schreiend aus dem Raum gerannt. Doch ich durfte nicht. Dies waren die Minuten des Betriebsrats.

»Ich möchte Sie zudem darüber informieren«, sagte Rita Bolzen, »dass ich in meiner Funktion als Betriebsratsvorsitzende in der kommenden Woche eine Fortbildung zum Thema ›Frauen im Spannungsfeld zwischen Führung und Verführung‹ besuchen werde.«

»Aber …«

»Kein aber, Herr Walder. Laut Betriebsverfassungsgesetz haben Sie mindestens eine Fortbildung pro Jahr zu akzeptieren und die Kosten dafür zu tragen. In diesem Fall sind es 1440 Euro. Außerdem beantrage ich in meiner Funktion als Fotografin eine neue digitale Ausrüstung, für die ich bereits ein äußerst günstiges Angebot eingeholt habe.«

Das Angebot stammte von ihrem Bruder, der den kleinen Laden »Foto-Bolzen« in der Wützener Innenstadt betrieb, und belief sich auf die stolze Summe von 8800 Euro. Bei Media-Markt gab es das gleiche Equipment für weniger als die Hälfte. Aber nicht einmal das Geld hatten wir.

Am Dienstag hatte ich zum ersten Mal den vorläufigen Abschluss für das vergangene Geschäftsjahr gesehen. Die Auflage war um fünf Prozent auf nur noch dreizehntausenddreihundertfünfundvierzig Exemplare pro Tag gesunken, der Umsatz um 200000 auf knapp 3 Millionen Euro. Die *Wützener Zeitung* machte seit Jahren hohe Verluste. Volkerts hatte mir die genaue Aufstellung als Anhang einer Mail geschickt: »Professor Michelsen sagt, dass Sie daraus möglichst schnell eine schwarze Null machen sollten. Brauchen Sie denn da draußen überhaupt so viele Redakteure? Ein paar mehr freie Mitarbeiter tun's doch auch. Beste Grüße.« Vielleicht hätte ich die E-Mail einfach aus Versehen an die Bolzen weiterleiten sollen, von wegen »Frauen zwischen Führung und Verführung« und »gestiegene Arbeitsverdichtung«.

»War es das?«

»Ja, das war es«, sagte Rita Bolzen, und als ich aufsprang: »Moment, Herr Walder, ich würde Sie gern noch in einer anderen Sache unter vier Augen sprechen.« Frau Schmidt guckte, als würde die Bolzen mir gleich einen Heiratsantrag machen. Natürlich wäre sie am liebsten hier geblieben, jetzt, wo es hinter dem Stenoblock endlich spannend zu werden versprach. Doch statt zu protestieren, sagte sie nur: »Ich muss sowieso wieder an die Arbeit.« Tatsächlich musste sie ins *Bistro Bianco*, wo sie jeden Tag so gegen halb eins ein Gläschen Prosecco mit Lenz trank. Oder gleich die ganze Flasche.

»Was gibt es noch, Frau Bolzen?«

»Herr Walder, ich habe einen furchtbaren Verdacht.«

Auf einmal klang ihre Stimme anders. Nicht so schneidig, nicht so dunkel. Sie beugte sich leicht zu mir herüber, so dass ich ihren wieder aufsässig gewordenen rechten BH-Träger sehen konnte. Mehr zum Glück nicht.

»Bitte?«

»Ich glaube, einer der Kollegen manipuliert meine Kamera.«

Ich verstand nichts mehr.

»Vielleicht ist Ihnen ja aufgefallen, dass in den vergangenen Tagen ein paar meiner Bilder leicht unscharf waren.«

Ja, das war mir aufgefallen. Es war ungefähr die Hälfte.

»Ich habe nun heute festgestellt, dass eine Grundeinstellung an meiner Kamera verändert worden ist. Das sind ungeheure Anschuldigungen, ich weiß, aber ich werde nicht eher ruhen, bis der Täter gefunden ist.«

»Frau Bolzen …«

»Lassen Sie mich nur machen, Herr Walder. Ich weiß, wo meine Feinde sind. Es gibt viele, die finden, der Betriebsrat habe nicht stark genug dagegen gekämpft, dass uns einfach einer wie Sie vor die Nase gesetzt wurde. Ich weiß auch, die Herren würden mich lieber heute als morgen von hier weghaben, damit sie endlich in Ruhe ihre frauenfeindlichen Zoten reißen können. Aber diese menschenverachtende Form der Rache lasse ich mir nicht gefallen.« Bolzens Gesicht glühte, als sie zischte: »Und noch was: Ich fordere ab sofort ein absolutes Rauchverbot in allen Redaktionsräumen.«

Das ging gegen Batz, Lenz und Peperdieck, von denen einer immer rauchte. Sollten sie an Bolzens Kamera geschraubt haben?

»Ich kümmere mich darum«, sagte ich und flüchtete, bevor sie mich auffordern konnte, die *Wützener Zeitung* in *WützenerIn-*

nen Zeitung umzubenennen. Selbstverständlich war Rita Bolzen auch Gleichstellungsbeauftragte in der Redaktion, wenn auch selbst ernannt.

Ich hätte die Tür des Besprechungszimmers am liebsten zugeknallt, wenn das Risiko nicht so groß gewesen wäre, dass sie sofort auseinanderfiel und vom Handwerksbetrieb Schmidt, der dem Mann von Frau Schmidt gehörte, für horrende Stundensätze repariert werden musste.

Auf dem Gang stand eine Unbekannte. Anscheinend war sie über die Hintertür (»Bitte immer abschließen!«) vom Hof her in den zweiten Stock gekommen.

»Entschuldigung«, sagte sie und drehte sich zu mir um. »Ich suche Herrn Walder.«

Ich sah auf einen stilisierten Polospieler und auf Collegeschuhe. Meine Praktikantin war da.

»Sie müssen Frau Renner sein. Ich bin Johann Walder.«

»Angenehm«, sagte sie.

Das war wohl der gesprochene Bruder von »mit vorzüglicher Hochachtung«. Ich erklärte ihr, dass mein Büro gerade renoviert werde (was sollte sie denken, wenn sie erfuhr, dass ich keines hatte?), und bat sie stattdessen in den Konferenzraum, der sich ganz am Ende des Großraums befand. Die Kollegen hätten komisch geguckt, wenn sie nicht alle längst in der Mittagspause gewesen wären. In den vergangenen Jahrzehnten hatte sicherlich kein menschliches Wesen unter dreißig diesen Bereich betreten. Eine Frau schon gar nicht.

»Möchten Sie etwas trinken?«, fragte ich.

»Nein, vielen Dank.«

Ein Glück, denn der Kühlschrank im Flur war abgeschlossen. Einen Schlüssel hatte nur Frau Schmidt, und die war noch Prosecco süffeln.

»Stört es Sie, wenn ich das Sakko ausziehe?«

Im Konferenzraum war es viel zu warm, weil sich die Heizungen seit vier Tagen nicht mehr herunterregeln ließen. Herr

Schmidt hatte versprochen, etwas dagegen zu tun, wenn wir seine letzten drei Rechnungen bezahlen würden.

»Aber nein, natürlich nicht«, sagte Elisabeth Renner.

Ich wartete, bis sie sich gesetzt hatte, weil mir Marie einmal gesagt hatte, das gehöre zu den Essentials einer guten Erziehung, nahm dann schräg gegenüber Platz und konnte gerade noch den Reflex unterdrücken, meine ungeputzten, braunen Schuhe auf den Tisch zu knallen. Eine Haltung, die ich bei meinen Chefredakteuren immer so bewundert hatte.

Wie selbstverständlich hatte ich mich auf den großen Ledersessel an der Spitze des langen, weißen Konferenztisches gesetzt. Elisabeth Renner hatte vorsichtig einen der alten Holzstühle hervorgezogen und ihre braune Tasche über die Lehne gehängt. Ich sagte so etwas wie: »Schön, Sie kennenzulernen« und: »Prima, dass Sie es so schnell einrichten konnten« und bemerkte dabei, dass ich seit mehr als einem Monat mit keiner jungen Frau mehr allein in einem Raum gesessen hatte. Die letzte war Marie gewesen, bevor sie mich und die gemeinsame Wohnung verlassen hatte. Danach hatte ich meine Zeit erst größtenteils allein und dann mit dem Buddha an der Zimmerdecke verbracht. Einmal war Frau van Daggelsen mit einem Stück selbst gebackenem Karotten-Ingwer-Kuchen zu mir unters Dach gekommen. Doch Elisabeth Renner war die erste echte Frau, die ich seit dem Ende des Marie-Zeitalters traf.

Sie hatte die braunen Haare zu einem Zopf zusammengebunden, trug zur hellblauen Jeans ein orangefarbenes Polohemd, eben Ralph Lauren. Sie hatte ein ziemlich braunes Gesicht mit charakteristischen Leberflecken im rechten Ohrläppchen, an der Nase und kurz unterhalb des Kehlkopfes. Vielleicht sollte ich mal etwas sagen.

»Sie wollen also Journalistin werden?«

»Das weiß ich noch nicht«, sagte Frau Renner. »Ich habe nur in Polen ein Praktikum bei einer deutschen Zeitung gemacht und dabei festgestellt, dass Schreiben mir großen Spaß bereitet.«

Mir nicht, aber das musste sie nicht wissen. Schreiben ist eine unendliche Qual, gerade für eine Tageszeitung, gerade in Wützen.

»Ich hatte kurz davor mein Studium beendet, Geschichte und englische Literatur, aber das haben Sie ja aus meiner Bewerbung erfahren. Mein Prof. hat mir angeboten, das ...«

An diesem Punkt verlor ich den Anschluss. Ich blickte auf Elisabeth Renners Lippen, ich wusste, dass sie etwas sagte, aber es kam nicht in dem dafür zuständigen Teil meines Gehirns an. Sie sah fast genauso aus wie auf dem Foto. Das ist nicht selbstverständlich bei Praktikantinnen. Oft waren zwischen Bild und Wirklichkeit so große Unterschiede, dass die Chefs in meinen früheren Redaktionen sich arglistig getäuscht fühlten. Einer hatte zu einer vielleicht gerade zwanzigjährigen Praktikantin zur Begrüßung pikiert gesagt: »Auf dem Foto in der Bewerbung sahen Sie aber ganz anders aus.« »Wie meinen Sie das?«, hatte die junge Dame gefragt. »Anders halt«, hatte mein Chef gesagt, und es hörte sich genau an wie besser. Zwei Tage später musste sie gehen, weil angeblich kein Arbeitsplatz für sie frei war.

»... und dann bin ich also für drei Monate nach Polen.«

»Wieso gerade nach Polen?« Ich war wieder im Gespräch.

»Mein Freund arbeitet dort.«

Gut. Sie hatte einen Freund. Sehr gut. Ich hatte bisher erst zwei Praktikantinnen erlebt, die sich trotz eines Freundes ein Verhältnis in der Redaktion geleistet hatten. Jetzt bloß keine privaten Fragen.

»Bleibt Ihr Freund noch länger in Polen?«

»Ja, mindestens noch ein Jahr. Wir können uns nur alle vier bis acht Wochen sehen.«

Auch gut. Immerhin hatte sie Zeit. Um viel zu arbeiten. Sehr gut. Sie sah sehr gut aus. Eigentlich noch besser als auf dem Foto, auf dem mir die lustigen Grübchen gar nicht aufgefallen waren, und jünger vor allem. Viel jünger als sechsundzwanzig.

»Wann wollen Sie denn mit dem Praktikum bei uns anfangen?«

»Ich, äh, ich habe Ihnen erst einmal noch weitere Textproben von mir mitgebracht, aus Polen, aber auch aus der Zeit bei meiner Schülerzeitung.«

Offensichtlich ging ihr das Gespräch zu schnell. Ich nahm die sauber ausgeschnittenen Artikel, blätterte einen Augenblick darin herum und nickte hin und wieder mit dem Kopf. Was ich las, war furchtbar, aber das würde ich nicht in das fröhliche Gesicht gegenüber sagen. Ich tat, als würde ich mich in einen Text über die Probleme deutscher Arbeitnehmer in einem Callcenter in der Nähe von Warschau vertiefen, als sich Elisabeth Renner zu mir beugte und auf das Foto neben dem Artikel zeigte: »Das habe ich gemacht. Ich musste in Polen auch fotografieren. Die Überschrift ist ebenfalls von mir.«

Sie roch nach diesem Parfüm, von dem mir Marie erzählt hatte, dass ihm Sexualhormone beigemischt seien. Wahrscheinlich wusste Elisabeth Renner das nicht. Sie war genauso freundlich wie unschuldig, ein liebes Mädchen, das hoffentlich bei keinem meiner Redakteure Beschützerinstinkte wecken würde, die schnell zu ganz anderen Instinkten mutieren konnten. Gefeit ist man davor nie, selbst wenn man alt, verheiratet oder versoffen ist. Oder alles zusammen. Ich war wieder mit einer Frage dran.

»Können Sie mir die Texte hierlassen, damit ich sie mir heute Abend in Ruhe durchlesen kann?«

»Natürlich.«

Natürlich habe ich sie nie gelesen. Ich hatte meine Entscheidung längst getroffen. Elisabeth Renner war genau das, was mir fehlte – in der Redaktion, meine ich. Ein Lichtblick, im plattesten Sinne des Wortes. Zwei, drei von ihrer Sorte, und die Arbeit würde vielleicht wieder Spaß machen und Rita Bolzen einmal in der Woche lachen. Trotzdem durfte ich mir meine Begeisterung nicht anmerken lassen. Ich wollte ein Chef sein, der auf Distanz bleibt. Auch wenn mir die Nähe zu dieser Frau von Anfang an guttat.

»Ich würde sagen, wir versuchen es mal miteinander, Frau Renner. Wie lange wollen Sie bleiben, sechs Wochen oder lieber acht?«

»Eigentlich habe ich nur vier Wochen Zeit, Herr Walder. Danach habe ich schon die Zusage für ein Praktikum beim *Badischen Kurier*. Außerdem habe ich auch noch eine längere Segelreise mit meinem Freund geplant.«

»Und dann?«

»Das weiß ich noch nicht. Wie sind Sie denn Journalist geworden?«

Da war sie, die Lieblingsfrage all derer, die glauben, Karriere gemacht zu haben. Die Chance, von einem Aufstieg zu erzählen, gegen den die Geschichte vom Garagenbesitzer zum Internetmillionär eine kurze Meldung in der Wirtschaft ist. Aber gleich würden die Kollegen aus der Mittagspause und Frau Schmidt aus dem *Bistro Bianco* kommen. Ich wollte nicht, dass sie mich so mit Elisabeth sahen. Mit Frau Renner, meine ich.

»Das ist eine längere Geschichte. Die kann ich Ihnen ja mal erzählen, wenn ich ein bisschen mehr Zeit habe. Wollen Sie am Montag anfangen?«

»Wenn das geht.«

»Sonst würde ich ja nicht fragen.«

Acht

Oma hatte mir den Zeitungsausschnitt auf den Schreibtisch in meinem Kinderzimmer gelegt. Sie riss oft Artikel aus, von denen sie glaubte, dass sie mich interessieren könnten. Meist ging es ums Kinderkriegen, manchmal waren Buchtipps dabei, selten Rezepte. Immer schrieb Oma etwas in ihrer kleinen, sauberen Handschrift an den Rand: »Hast Du davon schon gehört?« »Das musst Du unbedingt lesen.« »Erzähl mir mal, wie es geschmeckt hat.«

Der neue Artikel stammte aus der *Wützener Zeitung*, Oma hatte den oberen Teil der Seite gleich mit ausgerissen. Es war die Seite sechs, und ich wunderte mich, weil wir uns in der Familie immer darüber lustig gemacht hatten, dass sich unser Heimatblatt nicht einmal Seitenzahlen leisten konnte. Auf einmal waren sie da.

Die Überschrift hieß »Wützener Zeitung mit neuem Chefredakteur«, und darunter sah ich das leicht unscharfe Foto eines vielleicht fünfunddreißig, sechsunddreißig Jahre alten Mannes mit stark gegelten Haaren und einem missglückten Dreitagebart.

»Johann Walder ist ab sofort neuer Chefredakteur der Wützener Zeitung. Er tritt die Nachfolge von Willi Struck an, der nach fast zwei Jahrzehnten in den wohlverdienten Ruhestand gegangen ist. Johann Walder kommt aus München nach Wützen. Dort war er zuvor unter anderem Politikchef und stellvertretender Chefredakteur der *Metro-News*. ›Ich freue mich sehr auf die neue Aufgabe in Wützen und bei der Wützener Zeitung‹, sagt Walder. ›Ich glaube, dass man gerade in kleineren Einheiten sehr viel bewegen kann, und sehe den nächsten Monaten mit großen Erwartungen entgegen.«

Das Foto sendete eine andere Botschaft.

»Guck mal, Mausi, die haben einen Neuen. Vielleicht kriegste jetzt dort ein Praktikum«, hatte Oma danebengeschrieben. Sie würde mich noch Mausi nennen, wenn ich selbst schon Kinder hätte.

Ich hatte mich zum ersten Mal vor etwa einem halben Jahr bei der *Wützener Zeitung* für ein Praktikum beworben. Damals bekam ich einen standardisierten Absagebrief, in dem sogar ein anderer Name stand: »Sehr geehrte Frau Kruse, vielen Dank für Ihr Interesse an unserer Zeitung. Es tut uns leid, wir nehmen grundsätzlich keine Praktikanten.« Mein Vater fragte noch einmal bei einem Redakteur nach, der bei ihm Patient war, aber die Antwort blieb die gleiche. Früher hätte es in der Redaktion immer mehrere Praktikanten geben, jetzt wolle der Chefredakteur keine mehr. Vielleicht, hatte mein Vater gesagt, weil er an ihnen sehen würde, wie alt er geworden ist. Er war vierundsechzig.

Für mich war die Absage ärgerlich, weil ich fest damit gerechnet hatte, bei der *Wützener Zeitung* ein Praktikum machen zu können, und weil ich damals angesichts der letzten Prüfungen im Studium keine Zeit hatte, mich um etwas anderes zu kümmern. Martin hatte sich gefreut. Er wollte nämlich unbedingt, dass ich nach dem Ende meines Studiums für ein paar Wochen zu ihm nach Polen kam, wo er für die Unternehmensgruppe seines Vaters ein Callcenter mit deutschsprachigen Angestellten aufbaute. Der Familie gehörte eine mittelgroße Versandhauskette, die langfristig telefonische Bestellungen und Beschwerden komplett über die Außenstelle in der Nähe Warschaus abwickeln wollte. Dort waren die Löhne nur etwa halb so hoch wie in Deutschland.

Ich hatte keine Lust, bis Martin mir über den polnischen Geschäftspartner, den sein Vater pro forma am Callcenter beteiligt hatte, den Kontakt zu einer deutschen Zeitung in Warschau herstellte. Dort bekam ich nach einer kurzen Mailanfrage sofort die Zusage für ein Praktikum. Martin war glücklich, ich zog für fast drei Monate in sein unfassbar billiges Penthouse und arbeitete in der Redaktion, die leider nur aus einer Sekretärin und dem Chefredakteur bestand. So nett der am Anfang wirkte, so aufdringlich wurde er mit der Zeit. Erzählte mir stundenlang von seiner Frau, die sich gerade von ihm getrennt hatte und mit dem zweijährigen Sohn zurück nach Deutschland gegangen war. Legte mir bei der Besprechung von Texten gern die Hand auf die Schulter, tätschelte mir einmal sogar die Wange. Ich war es aus meiner Zeit als Kellnerin in einem Bistro in Wützen gewohnt, angebaggert zu werden, zuallererst vom Chef. Aber hier in Polen, abends allein in der Redaktion, war das etwas anderes. Es hörte erst auf, als Martin mich regelmäßig abholte.

Trotzdem hatte mir die Arbeit Spaß gemacht, die Recherche, die Interviews mit so vielen unterschiedlichen Menschen und das Schreiben. Als ich aus Polen nach Wützen zurückkam, hatte ich zum ersten Mal in meinem Leben einen Berufswunsch. Ich wollte Journalistin werden.

Doch es war schwer, überhaupt in die Branche hineinzukommen. Ich hatte mich bei fast fünfzig Zeitungen und Zeitschriften für ein Praktikum beworben, bei den meisten Absagen erhalten oder war auf eines der nächsten Jahre vertröstet worden. Den Platz beim *Badischen Kurier* hatte ich einem Bewerber zu verdanken, der anderswo ein Volontariat zugesagt bekommen hatte. Aber dort konnte ich erst in vier Wochen anfangen. So lange war ich gezwungen, wieder in mein altes Kinderzimmer zu ziehen. Denn weder in Warschau noch beim *Badischen Kurier* noch sonst in irgendeinem Praktikum gab es Geld zu verdienen. Ich war ein Teil dieser Generation, über die in der *Zeit* und im *Spiegel* seitenlange Dossiers standen. Wann immer ich über die gut ausgebildeten jungen Deutschen las, die die Uni mit Prädikatsexamen verlassen hatten und danach statt eines ordentlich bezahlten Jobs nur gar nicht bezahlte Praktikumsplätze bekamen – Zitat eines Soziologen: »Und das sind die, die Glück haben« –, sah ich mich: sechsundzwanzig Jahre alt, abgeschlossenes Geschichts- und Literaturstudium mit der Note 1,3, das Angebot für eine Doktorandenstelle immer noch irgendwo in einem meiner Ordner. Andere waren in diesem Alter längst verheiratet, meine Schulfreundin Anne, die eine Lehre als Groß- und Außenhandelskauffrau gemacht hatte, hatte sogar ein Kind. Ich lebte von meinen Ersparnissen, die zu nicht unwesentlichen Teilen aus den Zinsen und Zinseszinsen des Geldes bestanden, das ich zu meiner Konfirmation bekommen hatte, und von den 400 Euro, die mir mein Vater jeden Monat überwies. Während des Studiums hatte ich in einer Vierer-WG in einem Münchner Vorort gelebt, jetzt blieb mir nichts anderes übrig, als wieder bei meinen Eltern unterzuschlüpfen. Zum Glück hatten die mein Kinderzimmer nicht vermietet. Selbst die Wohnung von Urgroßmutter war noch so, als würde sie dort leben. Dabei war sie vor fast acht Jahren mit vierundneunzig gestorben. »Wir brauchen den Platz nicht, Mausi«, sagte mein Vater immer, wenn ich ihn darauf ansprach. »Deshalb lassen wir alles so, wie es ist.« Und meine Oma, die sich früher mit Urgroßmutter die eine Hälfte unseres Hauses geteilt hatte, wollte auf keinen Fall, dass über ihr ein Fremder einzog.

Sie war jetzt fünfundachtzig, stand jeden Morgen um 6 Uhr auf, machte Gymnastik zu TV-Sendungen, die ich nicht einmal vom Namen her kannte, und las danach jedes einzelne Wort, das in der *Wützener Zeitung* stand. Als Erstes die Todesanzeigen.

Ohne sie wäre ich nicht auf die Idee gekommen, mich dort noch einmal zu bewerben. Nun war die *Wützener Zeitung* nicht die *Metro-News* oder der *Tages-Merkur*, von denen ich innerhalb von zweiundsiebzig Stunden Absagen bekommen hatte. Aber ein Mitglied der Generation Praktikum muss nehmen, was es bekommt. Mit jedem Praktikum wächst nicht nur der Lebenslauf, sondern auch die Chance auf einen echten Arbeitsplatz und ein Gehalt. Ich musste mich bei Oma bedanken und ihr von Herrn Walder erzählen.

Sie war mit Mama im Garten. Die beiden drehten mir ihre Hinterteile zu, hatten die Rücken nach vorn gekrümmt und auf dem Stuhl zwischen sich eine Packung Toastbrot liegen, das *Stiftung Warentest* mit »Gut« beurteilt hatte. »Ja komm, ja komm«, zwitscherte meine Mutter, und meine Oma sagte mit einer etwas klareren Stimme: »Er traut sich nicht, sie muss immer alles holen.«

Das Entenpaar konnte ich erst sehen, als ich an meiner sich plötzlich nach hinten bewegenden Mutter rechts vorbeisprang und dabei an eine Harke stieß, die umfiel und einen Blumentopf vom Gartentisch fegte. Er zerbrach, die Enten schnatterten aufgeregt, tapsten zwei, drei Schritte und flogen davon.

»Mausi«, meine Mutter war wirklich empört, »was machst du denn für einen Krach? Jetzt sind die beiden weg. Dabei waren die so niedlich.«

»Entschuldigung. Ich konnte ja nicht ahnen, dass ihr Enten füttert.« Ich hätte es schon ahnen können: Mama und Oma hatten eine Schwäche für Tiere. In unserem Garten lebten acht Kaninchen, ein Huhn und ein Hahn, zwei Gänse und drei Hunde. Daniela, meine beste Freundin aus Kinderzeiten, hatte ihren Eltern einmal auf die Frage, wo sie denn zum Spielen hinwolle, geantwortet: »Zu den Renners, in den Zoo.« Daran hatte sich wenig geändert.

»Wie gesagt: Entschuldigung. Ich wollte mich nur kurz bei Oma bedanken und vom Bewerbungsgespräch bei der Wünzigen erzählen.«

»Ist es gut gelaufen, Mausi? Ich hab dir so die Daumen gedrückt«, sagte Oma und stupste mit ihren braunen Schuhen ein Stück Entenkot von ihrer Terrasse.

»Ich kann da Montag anfangen.«

»Wenn das kein Grund für ein Sektchen ist«, sagte Mama.

Den tranken die beiden jeden Mittag, auch völlig ohne Grund, wenn Mama das Essen für meinen Vater vorbereitete. Diesmal stellte sie drei Gläser auf den Küchentisch.

»Nun sag schon, wie war es?«

»Ich habe fast eine Dreiviertelstunde mit dem neuen Chefredakteur, dem Herrn Walder, zusammengesessen. Fand ich ganz schön lang für ein Gespräch mit einer Praktikantin. Aber der schien nichts anderes vorzuhaben. Du, Mama, der ist noch nicht mal vierzig und schon Chefredakteur.«

»Muss ja ein tüchtiger junger Mann sein«, sagte Oma. »Obwohl ich ihn auf dem Foto nicht so sympathisch fand.«

»Zu mir war er wirklich nett. Der wirkte teilweise sogar etwas unsicher, hat einmal minutenlang gar nichts gesagt und schien mit den Gedanken ganz woanders.«

»Und hast du auch gleich die anderen Leute dort kennengelernt?«, fragte Mama.

»Da war niemand anders«, sagte ich. »Nur der Herr Walder und ich. Als ich kam, habe ich eine ältere, ziemlich dicke Frau im Flur verschwinden sehen. Sonst waren wir die ganze Zeit allein.«

»Hat der Herr Walder denn schon eine Wohnung hier?«

Oma wollte das nur wissen, weil sie selbst Wohnungen vermietete.

»Das hat er nicht erzählt, und ich habe ihn natürlich nicht gefragt. Das gehört sich doch nicht bei einem Bewerbungsgespräch.«

»Ich mein ja nur. Wenn er was sucht …«

»… werde ich ihm bestimmt nicht deine Nummer geben, Oma. Der ist jetzt mein Chef.«

»Ist das so ein ganz Großer mit dunklen Haaren und hellblauen Augen? Ich glaub, ich hab den neulich in der Welt von Buddha und Shiva gesehen und mich schon gewundert, weil ich dort doch eigentlich alle kenne«, sagte Mama. Sie sammelte Buddhafiguren.

»Ja, groß ist er, bestimmt eins neunzig. Aber auf seine Augenfarbe habe echt nicht geachtet. Das Einzige, was mir aufgefallen ist, sind seine Hände. Der hat kleinere Hände als ich, Mama.«

Einen Hang zu einer Altherrenfigur hatte er auch und ziemlich weiße Haut. Aber das sagte ich meiner Mutter lieber nicht. Sonst würde sie mich wieder beiseite nehmen und mir einen Vortrag darüber halten, andere Menschen nicht immer nur nach dem Aussehen zu beurteilen.

NEUN

Ich hätte Elisabeth Renner natürlich auch fragen können, ob sie nicht gleich morgen mit ihrem, selbstverständlich unbezahlten, Praktikum beginnen wolle. Doch das hatte ich bewusst nicht getan. Denn erst am Montag wollte ich das Grainer'sche Interregnum endgültig beenden. Für diesen Tag hatte ich eine Art Strategiekonferenz geplant. Und Frau Renner war ein Teil dieser Strategie.

Ich hatte auch die ein Dutzend freien Mitarbeiter eingeladen, die für uns arbeiteten und ohne die es kaum gelungen wäre, jeden Tag zwischen vier und acht lokale Zeitungsseiten zu füllen. Der Rest, also die große Politik, Wirtschaft, Kultur, das Vermischte und der Sport, kam seit langem von einer Mantelredaktion aus München, die außer uns noch zehn andere Zeitungen in der Region belieferte. Aber das war jetzt nicht mein Thema. Ich eröffnete die Sitzung um Punkt 10 Uhr.

»Liebe Kollegen, ich hatte Ihnen bei meinem Amtsantritt versprochen, nicht zu schnell große Veränderungen an der Zeitung vorzunehmen.« Hatte ich das wirklich? Egal. Batz kam als Letzter in den Konferenzraum, wie immer. »Ich hatte ein wichtiges Telefonat mit dem CDU-Kreisvorsitzenden«, sagte er, sah Elisabeth, stutzte und setzte sich auf den Platz neben ihr. Es war der Einzige, der leer geblieben war. Obwohl sich Frau Renner, wie von mir nicht anders erwartet, brav jedem einzelnen Redakteur und auch jedem freien Mitarbeiter vorgestellt und selbst auf das kaum zu verstehende »Ichbinderlenz« mit einem »sehr erfreut, Sie kennenzulernen« geantwortet hatte, hatte sich niemand an ihre Seite getraut. Batz blieb nichts anderes übrig. Es hätte doof ausgesehen, wenn er als Einziger stehen geblieben wäre.

Ich machte weiter: »Aber angesichts der sinkenden Auflagenzahlen müssen wir dringend mehr tun, wenn wir in zwölf Monaten noch alle hier sitzen wollen.« Ich guckte zu Rita Bolzen rüber. Sie schaute stur an mir vorbei, direkt auf das enge, gelbe Shirt von Elisabeth, das die Fotografin wahrscheinlich sowohl als Störung des Betriebsfriedens als auch als Angriff auf die Frauenbewegung verstand. Die Bolzen trug ausnahmslos weite Pullover oder Blusen und darüber heute eine Art Sakko mit dem kleinen, roten *Ver.di*-Anstecker.

»Den Sport möchte ich bitten, künftig alle Fußballergebnisse schon am Montag im Blatt zu haben.« Was für eine Forderung! Das wäre in etwa so, als würde ein Chefarzt von seinem Assistenten verlangen, er möge erst einen Schnitt zwischen Unterleib und Bauchdecke machen, bevor er den Blinddarm des Patienten entfernt. Peperdieck schnappte trotzdem nach Luft. Bisher hatte er sämtliche Spiele und Tabellen auf die Woche verteilt, um täglich seine anderthalb Seiten voll zu kriegen und möglichst schon gegen 15 Uhr aus der Redaktion verschwinden zu können. Ein paar seiner Sportreporter murrten. Hatte ich erwähnt, dass selbstverständlich auch alle freien Mitarbeiter männlichen Geschlechts waren? Die meisten waren Lokalredakteure im Ruhestand, denen die üppigen Bezüge vom Presseversorgungswerk offensichtlich nicht reichten. Sie schrieben für 20 Cent pro Zeile.

»Von Herrn Batz erwarte ich, dass er sich verstärkt um Interviews mit bekannten Politikern kümmert. Und die sollten nicht nur aus der CDU kommen.« Batz wollte etwas sagen, ich ließ ihn nicht.

»Der Kollege Lenz wird die Rolle eines Leseranwalts übernehmen.« Den hatte inzwischen fast jede Zeitung, weil man dadurch leicht an gute Geschichten kam. Ob Ärger mit der Telekom oder den Nachbarn, ob der Bürgermeister im Halteverbot steht oder der Landtagsabgeordnete seine Schwägerin als Assistentin beschäftigt: Bei unserem Leseranwalt würden in Zukunft jede Menge Fälle landen, aus denen sich etwas machen ließ. Ich hoffte nur, dass sich niemand mit Alkoholproblemen an Lenz wenden würde.

»Künftig wird es außerdem eine Leserbrief- und Meinungsseite geben, eine Glosse, für die wir noch gemeinsam einen Namen suchen müssen, und Wützens Top-5. Also etwa die fünf besten Mittagstische, die fünf schönsten Spaziergänge, die fünf interessantesten Bücher über Wützen und so weiter.« Hoffentlich gab es überhaupt eins.

»Sie wissen, was ich meine.«

Peperdieck sackte in seinem Stuhl zusammen, zwei freie Mitarbeiter machten sich Notizen, Rita Bolzens Kopf war so rot wie ihr Gewerkschaftspin.

»Herr Walder, bei allem Respekt, aber das ist wirklich nicht zu schaf…«

»Vor allem werden wir wieder mehr junge Leute in der Redaktion beschäftigen«, fuhr ich fort. »Sie verstehen sicher alle, dass wir in der momentanen Lage keine zusätzlichen Redakteursstellen schaffen können …«

»Dabei bräuchten wir mindestens doppelt so viele Leute, wenn wir …«

Ich unterbrach die Betriebsratsvorsitzende ein zweites Mal.

»… aber dafür werden wir uns verstärkt um die Ausbildung hoffnungsvoller Talente kümmern. Die Wützener Zeitung kann und wird ein Sprungbrett in den Journalismus werden, das verspreche ich, und dafür werde ich alles tun.«

Ich hatte am Vorabend ein Porträt über Barack Obama und die Kunst seiner Change-we-can-believe-in-Rhetorik gesehen und musste jetzt aufpassen, nicht zu übertreiben. Dies war nicht Washington, und der einzige Wechsel, an den ich glauben wollte, war der von Wützen zurück nach München.

»Ich bin fest davon überzeugt, dass sich mit Hilfe neuer Gesichter auch das Gesicht der Zeitung verändern wird«, sagte ich. »Wir alle, und da schließe ich mich mit ein, brauchen neue Impulse, und zwar gerade von Leuten, die nicht so alt sind wie wir.« Und vor allem nicht wie ihr, hätte ich gern hinzugefügt, als ich in die müden Augenpaare sah, hinter denen sich zusammen mehr als vierhundert Jahre journalistische Erfahrung verbargen. Mit Betonung auf dem letzten Wort.

»Wir beginnen unsere Verjüngungskur heute. Sie haben Elisabeth Renner, unsere neue Praktikantin, ja vorhin schon kennengelernt. Frau Renner, wollen Sie sich kurz vorstellen?«

Als sie zu reden anfing, war ich überrascht, wie selbstbewusst und sicher sie auftrat. Sie stockte auch nicht, als Batz' Handy klingelte und er aus dem Raum rannte, als würde Helmut Kohl wegen eines Exklusivinterviews anrufen. Es irritierte sie weder, wie Peperdieck und Bolzen auf ihren Ausschnitt starrten, beide aus zutiefst unterschiedlichen Motiven, noch dass die Betriebsratsvorsitzende mantraartig vor sich hin murmelte, die Beschäftigung von Praktikanten sei mitbestimmungspflichtig. Elisabeth erzählte einfach in weniger als zwei Minuten ihr Leben, erwähnte ihren Vater, der zu den bekanntesten Ärzten der Stadt gehörte, und ihre Oma, die die örtliche Kleiderkammer leitete. Zum Schluss sagte sie: »Ich freue mich sehr, in dieser Redaktion arbeiten zu dürfen, und hoffe, viel von Ihnen lernen zu können.«

Michelsens Rhetoriktrainer wäre zufrieden gewesen.

Ich schlug vor, dass die Praktikantin in den ersten Tagen ein paar Kollegen bei ihren Terminen begleiten sollte, und erklärte mich bereit, den Anfang zu machen: »Am Nachmittag treffe ich den Vorsitzenden der Mittelstandsunion, da können Sie gerne mitkommen.« Was blieb ihr übrig? Sie nickte. Wir kamen zu den Themen des Tages.

Der große Protest, auf den ich mit einer Mischung aus Aufbruchstimmung (»Wir werden eine der besten Lokalzeitungen Deutschlands«) und Untergangsbeschwörungen (»Ich will nicht als der Chefredakteur in die Geschichte eingehen, unter dessen Führung diese Zeitung eingestellt wurde«) reagieren wollte, war überraschenderweise ausgeblieben. Na gut, ich hatte ihn schon in den Anfängen unterdrückt und Rita Bolzens Dauermurmeln schlicht überhört. Als ich den Konferenzraum verlassen wollte, hielt mich Grainer am Sakkoärmel fest.

»Herr Walder, haben Sie ein paar Minuten für mich?«

Eigentlich nicht, eigentlich wollte ich Elisabeth Renner erzählen, welcher wichtige Mann sie heute Nachmittag erwartete, mit welchen Tricks ich ihm ein paar exklusive Neuigkeiten entlocken würde und worauf sie dabei achten sollte. Aber Grainer war mein Stellvertreter. Und der Mann, dem ich den Job weggenommen hatte, auf den er dreißig Jahre gewartet hatte.

»Für Sie habe ich doch immer Zeit.«

»Gut.«

Grainer flüsterte fast. Ich setzte mich wieder auf den Ledersessel am Kopf des Tisches. Darauf hatte er gewartet. Er rückte mit seinem Stuhl so nah an mich heran, dass sein Kinn fast meine Nase berührte. Wahrscheinlich konnte er mich erst jetzt richtig sehen. Zum Glück hatte er kurz vorher Odol genommen. Bevor er wieder etwas sagte, legte mir mein gut fünfzehn Jahre älterer Stellvertreter väterlich den Arm mit den falschen schwarzen Gucci-Manschetten auf die Schulter.

»Als Erstes finde ich, dass sich der Chefredakteur und sein Stellvertreter duzen sollten, um den besonderen Zusammenhalt der Führungskräfte gegenüber den Kollegen zu demonstrieren. Da ich der Ältere bin, möchte ich Ihnen das Du anbieten. Ich heiße Herbert.«

Ich hatte meinen Namen vergessen.

»Na gut, Herbert. Du weißt ja, wie ich heiße.« 5:0 für ihn. Eigentlich war das Spiel zu Ende.

»Ich wollte dir nur sagen, lieber Johann, dass ich die meisten deiner Ideen schon früher vorgeschlagen habe. Doch der alte Chef hat nur seinen Ruhestand im Kopf gehabt, und die Kollegen sind nun mal stinkend faul oder können nicht journalistisch denken.«

Er selbst sei der Einzige, der schon mehrfach Preise mit seinen Geschichten gewonnen habe. (Zum Beispiel einen vom Tierschutzverein für »Die beste Reportage des Jahres 1996/Kategorie Hauskatzen«. In der Jury hatte unter anderen seine Schwester gesessen, die Gründerin des Vereins.) Nur er wisse, wie man eine erfolgreiche Zeitung macht: »Es ist eine Schande, Johann, dass ich mich bisher mit meinen Konzepten nicht durchsetzen konnte. Es wäre nie so weit gekommen, wie es jetzt gekommen ist. Schließlich hatten wir mal eine Auflage von mehr als 25 000.«

Damals gab es noch zwei Fernsehprogramme.

»Aber vor einer Sache muss ich dich warnen, Johann.«

Er nannte meinen Namen so oft, wie Rita Bolzen aus dem Betriebsverfassungsgesetz zitierte.

»Nämlich?«

»Wir müssen aufpassen, dass Batz mit seiner CDU-Propaganda und diesen ganzen Wirtschaftsthemen nicht mehr Platz in der Zeitung bekommt. Das ist gefährlich in einer Stadt, in der Friedrich Engels einmal zur Kur war und die seit Jahren von einer grün-roten Mehrheit regiert wird. Sehr gefährlich, Johann. Der Bürgermeister hat …«

»Was hat der Bürgermeister?«

»Der Bürgermeister hat auch schon kritisiert, dass wir uns von den Schwarzen instrumentalisieren lassen. Der Bürgermeister hat …«

Es reichte.

»Weißt du, was der Bürgermeister hat?«, sagte ich so laut, dass er den Abstand zwischen uns wieder auf eine Gucci-Gürtellänge vergrößerte. »Er hat sei Jahren kein Abonnement der einzigen Lokalzeitung, die in seiner Stadt erscheint. Weil er die Wützener Zeitung langweilig, inaktuell und stupide findet. Das macht mir Sorgen, nicht irgendein CDU-Text von Batz.«

Grainer zuckte. War ich zu hart gewesen? Ganz so hatte sich der Bürgermeister bei unserem ersten gemeinsamen Treffen nicht geäußert. Natürlich lese er die *Wützener Zeitung*, hatte er gesagt, was bliebe ihm anderes übrig. Aber da er die Wünzige täglich auf seinem Schreibtisch im Büro liegen habe, müsse er sie nicht auch noch privat abonnieren. Dafür sei sie einfach nicht interessant genug.

»Das dazu.«

Grainer sagte nichts mehr. Er war schon sauer gewesen, dass ich mich ohne ihn mit dem Bürgermeister getroffen hatte. Normalerweise ließ er keinen anderen aus der Redaktion an ihn heran. Bernhard Bluhm (GAL) war Stellvertreter-, nicht Chefsache. Zumindest in der Vergangenheit. Mein Vorgänger hatte den Mann im Rathaus geschnitten, weil der seinen einzigen Sohn angebaggert hatte. Die Welt war klein, vor allem in Wützen.

Ich musste das Thema wechseln.

»Herr Grainer, ich meine natürlich, Herbert, wie findest du eigentlich die Praktikantin? Macht doch einen guten Eindruck, oder?«

Er reagierte nicht auf die Frage.

»Ich glaube, du musst zu von Alsleben, Johann«, sagte mein neuer Duzfreund, zog seine grüne Fliege zurecht und verließ ohne ein weiteres Wort den Konferenzraum.

Baron Heinrich von Alsleben war der wichtigste Mann der Stadt. Vor fünfzehn Jahren hatte der Chef der Wützener Wurst AG die zwei größten Konkurrenten in der Region und dazu noch eine Schlachtereikette mit dreißig Filialen übernommen. Inzwischen machte sein Unternehmen einen Umsatz von mehr als einer halben Milliarde Euro. Von Alsleben war Governor des Rotary-Distrikts geworden, Vorsitzender der Mittelstandsunion, Präsident des Wützener SV, Ehrenvorsitzender der CDU Wützen und Mitglied des Ordens der ehrlichen Kaufleute, von denen es in der Stadt immerhin neun gab. Außerdem galt er als engster Vertrauter der wichtigsten Politiker des Landes.

»Der Baron hat die größte Sammlung von Miniaturmühlen in Deutschland«, erzählte ich, warum auch immer, Elisabeth Renner, als wir auf dem Weg in die Wurstzentrale waren, die von der Redaktion zu Fuß in weniger als fünf Minuten zu erreichen war.

Wie fast alles in Wützen. »Ich treffe mich regelmäßig mit ihm, weil er als einer der am besten informierten Männer des Landes gilt.« Und weil ich das eine Mal, das wir uns bisher gesehen hatten, einen großen Koffer mit Salami, geräuchertem Schinken und Grillwürsten bekommen hatte, den ich heute natürlich entrüstet ablehnen würde. Solche Geschenke nehmen Redakteure nicht an, Chefredakteure schon gar nicht. Das verstößt komplett gegen das journalistische Ethos. (Der zwanzigprozentige Journalistenrabatt beim Kauf eines Neuwagens tut das auch und der Fünfzig-Prozent-Nachlass bei Air Berlin sowieso. Aber das ist ein anderes Thema, siehe www.journalistenrabatte.de.)

»Herr Walder, schön, Sie so schnell wiederzusehen. Ich habe schon gehört, dass Sie nicht allein kommen.«

Woher wusste der Alte, dass ich eine Praktikantin mitbringe? Oder sollte ich besser sagen: eine hübsche junge Frau?

»Baron von Alsleben, darf ich Ihnen Elisabeth Renner vorstellen? Sie macht zurzeit ein Praktikum bei uns und begleitet meine Kollegen und mich bei verschiedenen Terminen.«

»Ich bin erfreut, Sie kennenzulernen«, sagte der Baron und verbeugte sich leicht. »Frau Renner, darf ich Ihnen den Mantel abnehmen?«

Das dürfte ihr gefallen haben. Fehlte nur noch, dass er ihr einen Handkuss gab.

»Was wollen Sie trinken?«

»Ich …« Oh, ich war wohl noch gar nicht dran.

»Ich hätte gern ein Wasser.«

»Gern. Und Sie, Herr Walder?«

»Ich nehme alles, was Sie haben, nur nicht einen von ihren Super-Salami-Snacks. Der lag mir noch zwei Tage nach unserem letzten Treffen schwer im Magen.«

»320 Kalorien, lieber Walder. 1,85 Euro das Stück. Der erfolgreichste Fleischsnack Deutschlands. Wollen Sie einmal kosten, Frau Renner?«

»Ja, gern.«

Es waren die vorletzten zwei Worte, die meine Praktikantin bei von Alsleben sagte. Das letzte war »Wiedersehen«. Dazwischen redete ausschließlich der Baron. Er, der sonst eher verschlossen und vorsichtig mit der Weitergabe von Informationen war, plauderte über das Gespräch, das er kurz zuvor mit dem CDU-Ministerpräsidenten, einem alten Freund, gehabt und bei dem ihm dieser drei wichtige Veränderungen des Kabinetts mitgeteilt hatte.

»Eigentlich darf ich die ja gerade Ihnen nicht sagen, Herr Walder. Aber wo Sie schon mal mit einer so netten Begleitung gekommen sind: Also, der Wirtschaftsminister soll …«

Als meine Praktikantin und ich nach einer Stunde von Alslebens Büro verließen, konnte ich immer noch nicht glauben, dass der Baron uns die Namen von Ministern genannt hatte, die wahrscheinlich selbst noch nicht wussten, dass sie nicht mehr lange welche sein würden. Morgen würden wir damit die Nachrichtenlage im Land bestimmen. Erstmals würde das kleine Lokalblatt als Quelle einer wichtigen Geschichte in den großen Tageszeitungen der Region erwähnt werden, vielleicht sogar in den *Metro-News*. Und im Fernsehen. »Das ist allein Ihr Verdienst. Wenn Sie nicht dabei gewesen wären, hätte er bestimmt nicht einen Namen verraten«, sagte ich zu Frau Renner.

»Aber Herr Walder«, sagte sie. »Ich habe doch einfach nur dagesessen und zugehört. Ich habe doch gar nichts gemacht.«

»Manchmal reicht das.« Wenn man kullernde braune Augen hat und lange Beine. Sagte ich natürlich nicht und dachte es auch nur ein bisschen.

Als wir zurück in der Redaktion waren, rief der Baron an. »Da haben Sie aber eine nette neue Mitarbeiterin, Herr Walder«, sagte er. »Was die für gescheite Fragen gestellt hat. Aus der wird noch mal was.«

ZEHN

An: Martin.Bosse@gmx.de
Betreff: Nachricht aus Wützen

Hallo Schatz,
ich traue mich nicht, dich anzurufen, weil ich dem Chef genau gegenübersitze, an einem freien Schreibtisch. Die ersten Stunden in der Redaktion waren komisch. Ich musste mich in der Konferenz selbst vorstellen, hatte vorher aber schon jeden Redakteur mit Handschlag begrüßt, wie es sich gehört. Die meisten haben mir nicht einmal in die Augen geschaut. Die sind alle über fünfzig, einer stank total nach Alkohol, ein anderer hat mir die ganze Zeit auf die Titten geglotzt, einer läuft mit Pantoffeln durch die Redaktion. Die einzige Frau sieht aus wie ein Mann. Der Walder ist mit Abstand der Jüngste und passt mit seiner Art hierher, wie ein Bulgari-Geschäft in die Wützener Innenstadt passen würde.

Küsschen Elisabeth

An: Elisabeth Renner
Betreff: Re: Nachricht aus Wützen

Hey Süssie,
klingt ja gruselig … Dem Typen, der dir auf den Busen geguckt hat, hetze ich demnächst die polnische Zigarettenmafia auf den Hals, versprochen! Was macht dieser Walder eigentlich in Wützen? Wie kommt so'n junger Typ dahin? Haste nicht erzählt, dass der vorher bei den *Metro-News* in München war? Vielleicht haben die den strafversetzt, weil er dort in die Kasse gegriffen hat? Oder weil er unschuldige Praktikantinnen belästigt hat … Pass bloß auf, jetzt kann ich dich nicht immer abends abholen. Hat der Walder denn 'ne Frau?

An: Martin.Bosse@gmx.de
Betreff: Re: Re: Nachricht aus Wützen

Bist wohl ein bisschen eifersüchtig, was? Süüüüß ... Ich hab den Walder mal gegoogelt, aber nichts Besonderes über den gefunden. Und ich kann ihn ja schlecht fragen, ob er verheiratet ist oder so. Auf jeden Fall trägt er keinen Ehering.

An: Elisabeth Renner
Betreff: Re: Re: Re: Nachricht aus Wützen

Ach, so genau hast du ihn dir also schon angeguckt ...

An: Martin.Bosse@gmx.de
Betreff: Re: Re: Re: Re: Nachricht aus Wützen

Ist mir nur aufgefallen, weil der für einen Mann seiner Größe – der ist bestimmt über 1,90 – extrem kleine Hände hat. Und du weißt ja: Ich hasse kleine Hände ...

An: Elisabeth Renner
Betreff: Re: Re: Re: Re: Re: Nachricht aus Wützen

Das muss nichts heißen: Bei mir fandest du am Anfang ja auch ein ganz bestimmtes Körperteil nicht so toll ... Und vielleicht ist das ja so'n ganz gefährlicher Praktikantinnennizer J

An: Martin.Bosse@gmx.de
Betreff: Re: Re: Re: Re: Re: Re: Nachricht aus Wützen

Du bist ein Spinner! Der Walder ist fast vierzig, hat total blasse Haut und schon nen Bauchansatz. Ich glaube nicht, dass Praktikantinnen auf so einen abfahren, nur weil der Chef ist. Ich schon gar nicht. Muss jetzt abbrechen, er will mich auf einen Termin mitnehmen ... Ach ja: Und das »ganz bestimmte Körperteil« fand ich nur deshalb nicht toll, weil es mir nen bisschen Angst gemacht hat. Zu klein wie Walders Hände ist das auf jeden Fall nicht ... Mist, ich muss los ...

An: Elisabeth Renner
Betreff: Re: Re: Re: Re: Re: Re: Re: Nachricht aus Wützen

Und immer auf die Hände achten!

An: Martin.Bosse@gmx.de
Betreff: Bin wieder da

War fast anderthalb Stunden mit Walder bei Baron von Alsleben, weißt du, diesem Typen aus der Wurstdynastie. Ich hab während des ganzen Interviews nicht ein Wort gesagt. Dachte, das gehört sich nicht. Der Walder hat mich trotzdem hinterher voll gelobt, hat so was gesagt, dass er ohne meine Hilfe niemals so viel rausbekommen hätte. Komische Sache …

An: Elisabeth Renner
Betreff: Re: Bin wieder da

Warum hat er dich überhaupt mitgenommen? Wollte wohl mal zeigen, was für ein toller Typ er ist, oder was?

An: Martin.Bosse@gmx.de
Betreff: Re: Re: Bin wieder da

Quatsch, das hat der einfach nur nett gemeint, damit ich nicht den ganzen Tag untätig in der Redaktion rumsitze. War ja auch ganz interessant, kam mir halt nur wie so ein kleines Dummchen vor. Wie eine Praktikantin eben …

An: Elisabeth Renner
Betreff: Re: Re: Re: Bin wieder da

Immerhin die Praktikantin des Chefredakteurs …

An: Martin.Bosse@gmx.de
Betreff: Re: Re: Re: Re: Bin wieder da

Du bist doof. Muss aufhören zu schreiben, die Kollegen haben mir alle möglichen Pressemitteilungen hingelegt, aus denen ich Meldungen machen soll. Und für morgen früh habe ich schon drei Termine. Den letzten habe ich von dem Kollegen mit der Fahne bekommen, ich glaube, der heißt Lenz. Der hat mir eine Einladung für eine Pressekonferenz um 9 Uhr gegeben und sich voll gefreut, dass ich da hingehe. Weißt du, was der gesagt hat: »Dann kann ich endlich mal ausschlafen …« Es geht um vier Chöre, die mit einem 24-Stunden-Konzert Geld für den Wiederaufbau des Tierheims sammeln. Das Katzenhaus ist nämlich vor vier Wochen abgebrannt.

An: Elisabeth Renner
Betreff: Re: Re: Re: Re: Re: Bin wieder da

Scheinen ja echte Workaholics zu sein, deine Kollegen! Viel Spaß bei den Muschis!

An: Martin Bosse
Betreff: Re: Re: Re: Re: Re: Re: Bin wieder da

Schwein. Bis später.

Elf

Eine Woche nachdem Elisabeth (ich sprach sie inzwischen mit dem Vornamen an, blieb aber natürlich beim Sie) ihre erste Geschichte veröffentlicht hatte, musste ich für drei Tage mit dem Vorstand der Sparkasse Wützen zum Sparkassentag nach München. Die Praktikantin hatte einen schönen Text über die katastrophalen Zustände im Tierheim geschrieben. Nach einem Brand mussten vierzig Katzen auf einer Fläche von siebzig Quadratmetern leben, Gitter an Gitter mit fast fünfundzwanzig Hunden. Die herzzerreißende Geschichte bescherte uns im Einzelverkauf ein Auflagenplus von fünf Prozent. Es ist immer das Gleiche. In Umfragen verdammen die Leser, auch unsere, die Berichterstattung von Unglücken, Verbrechen und Nachbarschaftsstreitereien, wünschen sich dafür mehr Politik und positive Nachrichten. Nur kaufen sie das Blatt leider nicht, wenn auf Seite eins in 52-Punkt eine Schlagzeile wie »Viel Platz für Katzen und Hunde« steht. Bei »Chaos im Tierheim« zahlen sie dagegen einen Euro für eine Zeitung, die nur zwanzig Seiten hat (wir mussten Papier sparen!). Good news are no news.

Nach ihrem zweiten Bericht über das Benefizkonzert, das immerhin 3 500 Euro für den Neubau des abgebrannten Katzenhauses brachte, musste ich mir um Arbeit für Elisabeth keine Gedanken mehr machen. Die Kollegen setzten sie ein, wo sie nur konnten. Allen voran Peperdieck, der es stets verabscheut hatte, die Redaktionspantoffeln gegen Straßenschuhe zu tauschen und für eine Recherche die Redaktion zu verlassen. Das sei unjournalistisch, soll er einmal bei einer der von mir so gefürchteten, weil jeweils eine Viertelstunde dauernden Raucherpausen auf einem der Balkone gesagt haben. Alle Umstehenden hatten genickt.

Elisabeth konnte es nur recht sein. »Ich hätte nie gedacht, dass ich hier so viel machen kann«, sagte sie, als ich sie am vierten Tag nach ihren ersten Eindrücken fragte. Obwohl ehrenamtlich tätig, schien die Praktikantin richtig glücklich bei uns zu sein. Sie strahlte fast mehr als die immer noch defekte Heizung im Konferenzraum und konnte nicht genug Aufgaben bekommen. Viel Arbeit für gar kein Geld, der ideale Reporter. Zehn davon, und ich würde bei meinen Tantiemen das Maximum erreichen.

Viel wichtiger aber war etwas anderes. Seit Elisabeth da war, ging ich gern in die Redaktion. Die mauligen Gesichter der Kollegen verschwanden hinter ihrer Fröhlichkeit, Rita Bolzens Gestöhne über die, Zitat, »unmenschliche Arbeitsbelastung« hinter ihrem Lachen. Das Klima hatte sich spürbar verändert, auch, weil ihr Pheromonparfüm den Geruch aus Männerschweiß und Alkohol übertünchte. Zumindest zeitweise.

»Elisabeth, ich bin erst Ende der Woche wieder da. Machen Sie weiter so«, sagte ich zu meiner Praktikantin deshalb, bevor ich losfuhr, und merkte gar nicht, dass sie die Einzige war, von der ich mich verabschiedete.

»Natürlich«, sagte sie, lachte kurz zu mir herüber und tippte dann schneller weiter, als Grainer um Punkt 5 Uhr seine Sachen zusammenpackte. Was schon etwas heißen sollte.

Elisabeth war nicht der einzige Grund, dass ich die Reise nach München mit einem komischen Gefühl antrat. Zum ersten Mal nach der Strategiekonferenz ließ ich das Blatt unter der Leitung meines Stellvertreters wieder für längere Zeit allein. Und das ausgerechnet in einer Phase, in der die Änderungen Erfolge zeigten und es mit der Auflage langsam nach oben ging.

Aber ich konnte die Einladung des Sparkassen-Chefs nicht ablehnen. Erstens machten die von ihm geschalteten Anzeigen knapp ein Fünftel der gesamten Werbung unseres Blattes aus, zweitens waren drei Übernachtungen in einer Suite im Hilton so schlecht nun auch wieder nicht.

Ich hatte nicht erzählt, dass ich noch eine Wohnung in München hatte, war in einer Tagungspause aber trotzdem dorthin gefahren. Das erste Mal seit meinem Arbeitsbeginn in Wützen. Offensichtlich war Marie in der Zwischenzeit hier gewesen. Sie hatte ihre Bücher und Bilder, sämtliche Klamotten, zwei Sessel, den Schreibtisch und den Fernseher mitgenommen. Irgendwer musste ihr geholfen haben. Ich suchte nach einer Nachricht, nach einem Brief auf dem Bett, auf dem nur noch eine Decke und ein Kissen lagen, nach einem Zettel am Kühlschrank. Ich fand nichts. Das Einzige, was von Marie in der Wohnung geblieben war, war der Verlobungsring auf der Deutschlandkarte. Der Anblick tat mir immer noch weh. Ich schmiss die restlichen Lebensmittel aus dem Kühlschrank weg, zog den Stecker raus und verließ die Wohnung nach nicht einmal einer halben Stunde wieder. Im Hilton fühlte ich mich wohler.

Als ich drei Tage, zwölf Geldanlagevorträge und einen Theaterbesuch später zurück nach Wützen und in die Redaktion kam, war Elisabeth nicht da.

»Ich habe sie nach Hause geschickt. Wir hatten heute nichts für sie zu tun«, sagte Grainer auf meine leicht vorwurfsvolle Frage, wo denn die Praktikantin sei. (Vielleicht hätte ich mich erst erkundigen sollen, ob irgendetwas Wichtiges passiert war. Was soll's, man muss Prioritäten setzen.) »Ansonsten gab es keine Probleme. Wir sind jeden Tag rechtzeitig fertig geworden, Johann.« Rechtzeitig fertig geworden zu sein war für mich nun zwar kein ausgesprochenes Indiz für bestechende journalistische Qualität, aber ich sagte erst mal nichts.

Grainer hatte sich offenbar während meiner Abwesenheit an meinen Schreibtisch gesetzt, sein Kaffeebecher mit Sternzeichenmotiv (Skorpion: »Der geborene Anführer. Er sagt, wo es langgeht. Die anderen folgen.«) stand noch neben dem Bildschirm, außerdem war der Sitz niedriger. Ich pumpte ihn wieder hoch.

»Und, wie war es mit den Sparkassen-Fritzen?«, fragte mein Stellvertreter.

»Die würden in Kooperation mit uns gern viermal im Jahr eine große Finanzbeilage herausgeben.«

»Das können wir nun wirklich nicht auch noch machen, Herr Walder, wirklich nicht.« Rita Bolzen, wer sonst. Sie hörte leider immer nur die Sätze, die sie nicht hören sollte.

»Die sollen Anzeigen schalten und uns nicht ständig mit Pressemitteilungen zumüllen.« Peperdieck, natürlich. Fehlte von den notorischen Nörglern nur noch Batz. Aber der sagte nichts. Von meinem Platz aus konnte ich ihn nur von hinten sehen. Und seinen Bildschirmschoner: ein sabberndes Pferd mit dem Gesicht von Grainer.

Zwölf

»Herr Walder?«

»Ja?« Ich war gerade dabei, den morgigen Aufmacher über eine alte Dame zu redigieren, der von den Behörden Haus und Grundstück weggenommen werden sollten. Eine schwierige Geschichte.

»Hätten Sie ein paar Minuten für uns?« Batz und Peperdieck standen vor meinem Tisch. Es muss kurz nach fünf gewesen sein, Grainer war gerade gegangen.

»Was gibt es denn?«

»Das würden wir gern mit Ihnen im Konferenzraum besprechen.«

Batz setzte sich rechts, Peperdieck links von mir hin.

»Dürfen wir rauchen?«

»Sie wissen doch, dass Frau Bolzen ein absolutes Rauchverbot im ganzen Gebäude durchgesetzt hat.«

»Aber es ist doch keiner mehr da.«

Außer den vier Putzfrauen natürlich, von denen eine gerade über meinen Schreibtisch wischte und dabei die halb volle Cola-Zero-Flasche umschmiss. Ich musste mit Volkerts dringend darüber reden, dass wir das Damenquartett in den hellgrauen Jogginganzügen nicht jeden Abend brauchten und dass mir viermal sechs in Rechnung gestellte Arbeitsstunden für dreihundert Quadratmeter Grundfläche reichlich viel erschienen. Hatte ich gesagt, dass die Reinigungskräfte zum Dienstleistungsimperium des Herrn Schmidt gehörten?

»Na gut, rauchen Sie.«

»Wir wollen mit Ihnen über Ihren Stellvertreter sprechen«, sagte Batz.

»Über Ihren Duzfreund«, ergänzte Peperdieck.

»Über Herrn Grainer?«, fragte ich.

»Genau, über den«, kam es unisono von beiden.

Dann redete Batz die nächsten zwanzig Minuten fast allein, und zum ersten Mal wurde mir bewusst, dass mich seine Stimme an ein dunkles Kapitel deutscher Geschichte erinnerte. Er schnaubte wie Hitler. Peperdieck rauchte und nickte dazu, einmal grunzte er. Ich hatte gewusst, dass Grainer Batz nicht besonders schätzte, und natürlich auch gemerkt, dass das auf Gegenseitigkeit beruhte. Muss vielleicht so sein bei Lokalredakteuren, vor allem, wenn sich der eine mit seinen Kommentaren am äußersten linken und der andere am äußersten rechten Rand bewegt. Dass Batz Grainer hasste wie Osama Bin Laden George Bush, hatte ich allerdings nicht geahnt.

»Sie kennen Herbert noch nicht lange, aber Sie müssen doch längst gemerkt haben, dass er hier der mit Abstand schlechteste Journalist ist. Spielt den großen Stellvertreter und kann noch nicht einmal einen Kommentar von einer Nacherzählung unterscheiden.«

Batz fletschte die Zähne.

»Wissen Sie eigentlich, was der vorher war? Biokostausfahrer! Dann hat er angeblich ein Aufbaustudium an einer Fernuni gemacht. Schließlich hat ihn sein Schwager hier in der Redaktion untergebracht, weil dessen Frau die Cousine vom alten Ludolf war.«

Das war der ehemalige Verlagsleiter.

»Ihr Vorgänger hat Grainer einfach ignoriert. Seit Sie sich mit ihm duzen, glaubt er endgültig, der Größte zu sein. Sie hätten mal sehen sollen, wie der uns behandelt hat, als Sie nicht da waren. Hat jedem zwei Seiten auf den Tisch geknallt und nur gesagt: ›Sieh zu, wie du sie voll kriegst. Bis fünf, verstanden? Wir essen heute zeitig.‹ Dann hat er sich an Ihren Schreibtisch gesetzt und mit dem Bürgermeister verbinden lassen, um ihm zu erzählen, dass er ganz allein das Blatt macht und Ihr volles Vertrauen genießt. Es war so lächerlich. Am Nachmittag ist er zum

Diktat ins Rathaus verschwunden und um kurz nach vier nach Hause gegangen. Da hatten wir noch nicht einmal die Hälfte der Zeitung fertig.«

Batz zündete sich die nächste Zigarette an. Mir tränten allmählich die Augen.

»Es reicht ihm offensichtlich nicht, dass die ganze Stadt über seine Texte lacht. In der CDU nennen sie ihn nur ›die heiße Quelle‹. Sie wissen schon, weil der Bürgermeister …« Er machte eine Bewegung, die wohl andeuten sollte, dass ein Mann sich einem anderen von hinten nähert.

»Grainer ist doch nicht mehr als die ferngesteuerte Verkündigungsmaschine des Bürgermeisters und der GAL. Die CDU …«

»Für die Sie seit zehn Jahren in irgendwelchen Orts- und Kreisvorständen sitzen.« Ich wagte es, Batz das erste Mal zu unterbrechen.

»Woher wissen Sie das? Natürlich, das hat Grainer Ihnen erzählt, wer sonst. Der hat ja nur Angst, dass jetzt auch mal eine andere Partei ins Blatt kommt und er die Gnade des Bürgermeisters verliert. Jetzt, wo Sie da sind.«

»Wieso, wo ich da bin?«

»Na ja, man sieht Ihnen Ihre politische Einstellung doch an.«

Wenn er wüsste: Nicht jeder, der sich morgens deodoriert und einen dunkelblauen Anzug anzieht, ist gleich ein strammer Konservativer.

»Mir ist egal, was Sie wählen, Herr Walder. Aber wie Grainer sich hier aufführt, das ist mir nicht egal. Uns allen nicht. Wir haben den und seine grauenvollen Texte jetzt vierhundertdreiundzwanzig Jahre stillschweigend ertragen, weil er uns wenigstens nichts zu sagen hatte. Aber wenn sich das jetzt ändert, gehen wir auf die Barrikaden. Wir fordern Sie auf, ein Machtwort zu sprechen oder Grainer am besten gleich seines Postens zu entheben.«

Wir? Peperdieck nickte nicht einmal mehr, sondern starrte nur noch auf seine Schuhe. Die Putzfrauen ließen eine Proseccoflasche kreisen. Hatten sie einen Zweitschlüssel zu den Vorräten von Frau Schmidt?

»Nun übertreiben Sie mal nicht, Herr Batz. So schlimm wird es schon nicht gewesen sein. Und schuldlos sind Sie an Grainers Verhalten auch nicht. Oder meinen Sie, es freut ihn, wenn er sieht, dass Sie sein Gesicht auf ein Pferd montiert haben?«

»Der kann froh sein, dass ich nicht ein Warzenschwein genommen habe.«

»Ist gut, Herr Batz. Es reicht. Auf dem Niveau sollten wir uns nicht weiter unterhalten.«

Ich stand auf.

»Vielleicht sollten Sie lieber mal mit Ihrer Praktikantin über Grainer sprechen, Herr Walder«, sagte Batz. Jetzt nickte Peperdieck wieder.

Was hatte Elisabeth mit dem Krieg zwischen den Dreien zu tun?

Ich wollte sie ungern aus der Redaktion anrufen. Eigentlich wollte ich sie gar nicht anrufen, weil sich das für einen Chef nicht gehört. Es sei denn, er hat einen konkreten Auftrag.

Hatte ich einen konkreten Auftrag? Irgendeinen Termin, zu dem ich sie morgen vor der Konferenz schicken konnte? Für den ich sie deshalb noch heute anrufen musste? In der Liste stand für 9 Uhr nur eine Pressekonferenz im Rathaus. Der Bürgermeister wollte ein neues Hilfekonzept für die Angehörigen von homosexuellen Menschen in finanziellen Nöten vorstellen. Grainer hatte schon sein Zeichen dahintergesetzt. Rain. Er ging zu allem, was der Bürgermeister machte. Jedes Mal rief Batz ihm hinterher: »Na, wieder zum Diktat ins Rathaus?«

Ich musste ihn rauskriegen aus dem Plan. Was wahrscheinlich gar nicht so einfach war. Ich erreichte ihn auf seinem Handy.

»Herbert?«

»Johann? Was gibt's? Konntest du die Zeitungen der vergangenen Tage schon durchsehen? Ich hoffe, du bist mit meiner Leistung …«

»Ja, ja, alles gut, Herbert. So gut, dass ich dich fragen wollte, ob du morgen nicht mal frei machen willst. Hast ja jetzt drei Tage am Stück Blatt gemacht.«

»Na ja, das stimmt, aber morgen ist das Pressegespräch beim Bürgermeister, da muss ich doch hin. «

»Da finden wir schon einen Ersatz. Notfalls gehe ich selbst.«

»Aber wirklich, Johann. Nicht, dass wir dort fehlen. Das macht keinen guten Eindruck. Du weißt ja, der Bürgermeister ist eh nicht so gut auf uns zu sprechen.«

»Ich weiß, Herbert. Mach dir einen schönen freien Tag.«

Ich rief Elisabeth erst an, als ich zu Hause war. Leider fand ich in der Bewerbungsmappe, die immer noch auf dem kleinen Beistelltisch neben dem Fernseher lag, nur eine Festnetznummer. Es musste die ihrer Eltern sein. Ich nahm das Telefon mit der extralangen Schnur, das Frau van Daggelsen mir besorgt hatte, zog es zum Bett, legte mich hin und wählte. Der Deckenbuddha schaute irgendwie abschätzig zu mir herunter. Als wolle er sagen, dass es nicht gut für das Karma eines Chefredakteurs sei, wenn er seine Praktikantin nach 21 Uhr privat anruft. Aber ich musste wissen, was Batz mit seiner Anspielung gemeint hatte.

Es war besetzt. Ich versuchte es eine halbe Stunde später wieder. Immer noch. Fünfzehn Minuten. Der Deckenbuddha grinste blöd. Zehn Minuten. Ich zündete eines der Räucherstäbchen an, die mir Frau van Daggelsen jeden Tag ins Zimmer legte. Heute mit Zimtgeruch. Fünf Minuten. Endlich.

»Elisabeth Renner.«

»Johann Walder, guten Abend, Elisabeth. Entschuldigen Sie, dass ich so spät noch störe.« Ich spürte, dass ich rot wurde.

»Oh, Herr Walder, das macht gar nichts. Schön, dass Sie wieder da sind.«

Schön, dass ich wieder da bin?

»Ah ja, das finde ich auch.«

Großartige Antwort. Schnell zum Geschäftlichen.

»Ich wollte nur fragen, ob Sie morgen früh einen Termin wahrnehmen können.«

»Natürlich, sehr gern. In den vergangenen Tagen habe ich ja keine Termine mehr bekommen.«

»Wie bitte?«

»Herr Grainer meinte, dass erst einmal die fest angestellten Redakteure ausgelastet sein müssten, bevor es sich lohne, eine Praktikantin loszuschicken. Meine Themenvorschläge fand er auch nicht gut.«

»Was hatten Sie denn vorgeschlagen?«

»Mein Bruder hat mir erzählt, dass die letzte Videothek in der Innenstadt schließen muss, weil gleich um die Ecke seit vier Wochen ein DVD-Automat steht.«

»Das ist doch eine gute Geschichte. Warum wollte Herr Grainer die nicht?«

»Er fand, dass sei zu viel Werbung für die Firma, die den DVD-Automaten aufgestellt hat. Und ...«

»Was und?«

»Und mein zweites Thema fand er auch doof.«

»Nämlich?«

»Ich wollte den Bürgermeister einen Arbeitstag lang begleiten und gucken, was der genau macht.«

»Dagegen hatte Grainer was?«

»Der ist fast ausgeflippt. Wie ich mir einbilden könnte, dass der Bürgermeister eine Praktikantin einen Tag lang an seiner Seite dulden würde. Diese Geschichte könne, wenn überhaupt, nur er schreiben. Später habe ich mitbekommen, dass er mit dem Sekretär des Bürgermeisters einen Termin gemacht hat.«

Das Stadtoberhaupt hielt sich einen heterosexuellen Mann im Vorzimmer. Ganz bewusst und mit reichlich Schadenfreude.

»Da muss ich mich ja fast für meinen Stellvertreter entschuldigen. Aber Sie sind nicht die Einzige, die mit ihm Ärger hatte.«

»Ich weiß. Er hat sich schon in der ersten Konferenz, in der Sie nicht da waren, heftig mit Herrn Batz und Herrn Peperdieck angelegt. Herr Batz hat gefragt, ob wir nicht mal einen Starschnitt von Schnucki machen könnten – er meinte, glaube ich, den Bürgermeister –, und Grainer hat zurückgeblökt, er sei ja nur sauer, dass die CDU bei der letzten Bürgermeisterwahl wieder verloren habe, er könne sich seine dämlichen Bemerkungen sparen. Außerdem hat er ihn aufgefordert, umgehend seinen Bildschirmschoner zu ändern. Sonst würde er zum Betriebsrat gehen.«

Das Pferd.

»Sie Arme, da haben Sie ja schnell die andere Seite dieser Redaktion erlebt.«

»Na ja, ich glaube, das lag nur daran, dass Sie nicht da waren. Wenn Sie da sind, ist die Stimmung ganz anders. Da macht es richtig Spaß, viel zu arbeiten.«

Der Zimtgeruch nahm mir fast die Luft.

»Gut, dann gehen Sie bitte morgen um 9 Uhr ins Rathaus. Da lernen Sie den Bürgermeister gleich mal kennen. Und denken Sie sich bloß weiter so gute Themen aus.«

»Gern, Herr Walder. Wenn Sie einmal eine Idee für mich haben, immer her damit. Ich mache alles.«

»Ich denke mal drüber nach.« Ich musste schnell darüber nachdenken. Ich wollte noch nicht aufhören, noch nicht wieder allein sein mit dem Deckenbuddha. Es war schön, mit ihr zu telefonieren. Hoffentlich fragte die Mutter nicht, mit wem sie jetzt schon fast zehn Minuten sprach. Was sollte sie sagen? »Mama, das ist nur mein Chef. Das ist doch ganz normal, dass der mich gegen halb zehn anruft. Das macht der mit allen Praktikantinnen.« Ich sah mich schon vor dem Arbeitsgericht. Anklage: fernmündliche Unzucht mit Abhängigen.

»Herr Walder, sind Sie noch dran?«

»Natürlich, Elisabeth, natürlich. Ich hätte vielleicht eventuell wirklich eine besondere Idee für Sie.«

Was für eine Formulierung: »hätte vielleicht eventuell wirklich«, doppelte Einschränkung mit abschließender Bestärkung des Möglichen im Konjunktiv. Was hatte mein Deutschlehrer bei der Abiturprüfung zu mir gesagt: »Johann, wenn ich Ihnen einen Rat geben darf: Machen Sie später im Beruf nichts, was mit der deutschen Sprache zu tun hat.« Hatte er doch recht gehabt?

Ich musste Zeit gewinnen. Ich wollte noch ein wenig ihre Stimme hören, die Stimme eines Menschen, der geduscht und weiblich war. Es war komisch, sich mit jemandem zu siezen, der gerade einmal acht Jahre jünger war. Sie hätte meine Freundin sein können. Ich meine natürlich *eine* Freundin.

»Ich habe da schon länger ein Projekt im Kopf, aber dafür bisher nicht den richtigen Autor gefunden, Elisabeth.«

Genau. Nur welches?

»Wissen Sie, die meisten der Kollegen scheuen ja längere Recherchen und den Kontakt zu Menschen.«

Eigentliche ideale Eigenschaften für Journalisten.

»Ich traue den angestaubten Herren in meiner neuen Redaktion nicht zu, dass sie das Projekt so machen, wie ich mir das vorstelle. Habe ich Ihnen eigentlich erzählt, dass ich noch gar nicht so lange bei der Wützener Zeitung bin?«

»Erzählt haben Sie das nicht, aber ich habe ein bisschen gegoogelt. Sie waren doch vorher bei den Metro-News?«

Sie. Googelt. Mich. Ich brauchte dringend eine Idee.

»Ja, stimmt. Aber da war ich nur Stellvertreter. Ich wollte endlich allein für etwas verantwortlich sein.«

Zwar nicht für die *Wützener Zeitung*, aber das musste die Praktikantin ja nicht wissen. Ich überlegte einen Moment, ob ich von der »Post vom Verleger« erzählen sollte, die ich neben dem Badezimmerspiegel aufgehängt hatte, um jeden Morgen zu wissen, was ich hier eigentlich machte.

»Meine Eltern sagen, dass man der Zeitung schon ansieht, dass ein neuer, junger Chef da ist.«

Sie hatte mit ihren Eltern über mich gesprochen. Hoffentlich hörte ihre Mutter nicht heimlich mit.

»Schön, das freut mich. Sie bringen auch richtig Schwung rein, Elisabeth.«

Ich redete schon wie sie. So 68er-Style.

»Herr Walder?«

»Ja?« Ja?

»Was ist denn das jetzt für ein Projekt?«

»Ja, ich habe mir überlegt ... Oh, der Akku ist fast leer. Kann ich Sie in einer Viertelstunde noch einmal anrufen?«

Ein nicht-schnurloses Telefon, bei dem der Akku leer ist. Das hatte selbst Wützen noch nicht erlebt.

»Natürlich, Herr Walder. Bis gleich.«

»Bis gleich.«

Fünfzehn Minuten sind nicht wirklich viel, um sich ein Projekt auszudenken, das man angeblich schon soooo lange im Kopf hat. Was konnte das sein? Was konnte eine junge Frau besser als abgeschlaffte Redakteure? Einen Test der Biosupermärkte? Wützen hatte nur einen. Die Wahrheit über Tagesmütter herausfinden, die geheimen Tricks der Versicherungsvertreter? Oder sollte sie lieber den großen Altenheimtest machen: Wo liegen sich die meisten wund?

Noch acht Minuten. Ich musste sie zurückrufen, ich wollte sie zurückrufen. Was waren die Themen der vergangenen Wochen? Hartz IV, Finanzkrise, Pflegenotstand. Die Serie »Ich bin obdachlos« hatte gerade eine *Metro-News*-Redakteurin gemacht. Sie hatte zwei Wochen für erbettelte 9 Euro oder so am Tag gelebt. (Und war einmal mit mir für 89 Euro essen gegangen. Ich hatte bezahlt. Geschrieben hatte sie davon in ihrer Kolumne nichts. Marie hatte mir am Morgen danach eine tierische Szene gemacht.) Die Idee war sehr gut, aber sie stammte nicht von mir. Sondern von Professor Michelsen. Er war ganz begeistert von dem Obdachlosen-Tagebuch gewesen. So etwas brauchten wir auch.

Elisabeth macht alles. Ich könnte sie ebenfalls in die, wenn auch schmale, Obdachlosenszene einschleusen, für die große Serie »Unter Wützens Brücken«. Klingt schon der Titel blöd. Sie geht für eine Woche ins Frauenhaus. Oder in die Psychiatrie. Quatsch, das kann ich ihr nicht antun. Was blieb? Natürlich …

»Elisabeth Renner.«

»Elisabeth, hier ist Johann Walder noch mal. Tut mir leid, dass es etwas länger gedauert hat. Ich glaube, mein Akku ist kaputt.«

Ich glaube, ich habe gar keinen Akku.

»Herr Walder, ich habe schon gedacht, Sie trauen mir ihr Projekt doch nicht zu. Wir haben vor mehr als einer Stunde aufgelegt.«

Mist, wirklich? Dann musste es jetzt kurz vor elf sein.

»Nein, ganz im Gegenteil. Sie sind die ideale Mitarbeiterin für diesen Auftrag.«

»Was soll ich denn machen?«

»Elisabeth, Sie gehen wieder in die Schule.«

Dreizehn

In der ersten Woche hatte Oma jeden Artikel von mir aus der *Wützener Zeitung* ausgeschnitten, auf ein A4-Blatt geklebt und in einem Ordner abgeheftet. Zehn Seiten waren so in nur fünf Tagen zusammengekommen. Oma hatte schon einen zweiten Ordner gekauft. »Du schreibst ja so viel, Mausi, und lauter interessante Sachen«, hatte sie gesagt, und ob ich nicht auch einmal etwas über die Kleiderkammer machen könnte, die bräuchte dringend noch Schuhe für ihre Partner-Kleiderkammer im afrikanischen Malawi, »Sommerschuhe natürlich«.

Mit Beginn der zweiten Praktikumswoche wurde Oma arbeitslos. Herr Walder musste für ein paar Tage nach München, zu irgendeinem Kongress, und sein Stellvertreter übernahm die Redaktionsleitung. Kaum hatte der neue Chef das Großraumbüro verlassen, saß der Vize auf seinem Stuhl, brüllte Frau Schmidt an, sie solle ihn mit dem Bürgermeister verbinden, »aber hopp, hopp«, und knallte die Füße auf den Tisch. Herr Grainer redete nicht mit den Kollegen, er befahl. Zu mir kam er während der Abwesenheit von Herrn Walder nur einmal, ganz am Anfang.

»Haben Sie noch viele Termine von den Redakteuren bekommen, junge Frau?«, fragte er.

»Ja«, sagte ich wahrheitsgemäß, »zwei von Herrn Batz, drei von Herrn Peperdieck, einen von Herrn Lenz …«

»Die geben Sie mal schön wieder zurück. Das ist ja hier kein Ferienlager, die faulen Kerle sollen ihre Arbeit bitte sehr selbst machen.«

»Und ich, was soll ich …« Ich kam nicht dazu, den Satz zu beenden. Herr Grainer nahm die Einladungen zu Pressegesprächen, Einweihungsterminen und Tanzturnieren von meinem Tisch.

»Sie können sich gern Themen ausdenken und diese mir in der Konferenz vorstellen. Dafür ist die Konferenz ja da.«

Am nächsten Tag hatte ich fünf Geschichten vorbereitet, von denen Herr Grainer aber keine haben wollte, am Tag darauf vier andere, die ihm auch nicht gefielen. Am dritten Tag schickte er mich nach der Konferenz nach Hause: »Sie haben ja nichts zu tun. Keiner muss hier bei uns seine Zeit absitzen.« Mir schossen vor Wut Tränen in die Augen, ich stand mit zitternden Händen auf und verließ die Redaktion, bevor der Widder in mir Herrn Grainer sagen konnte, was er von ihm hielt.

Eine halbe Stunde später aß ich zum ersten Mal seit vier Jahren mit meinen Eltern zu Mittag. Papa hatte zwei Stunden zwischen der Vor- und der Nachmittagssprechstunde frei, Mama Königsberger Klopse gekocht. Ich erzählte ihnen kurz von der neuen Situation in der Redaktion.

»Das ist wirklich schade, mein Schatz«, sagte Papa. »Dir hat doch die Arbeit am Anfang so viel Spaß gemacht. Warst doch kaum vor acht zu Hause.«

»Da war der Herr Walder ja auch da. Der hat immer dafür gesorgt, dass ich viel zu tun habe. Dieser blöde Grainer guckt mich mit dem Arsch nicht an.«

»Aber Elisabeth …«

»Ist doch wahr, Mama. Wahrscheinlich hat der was gegen mich, weil der Herr Walder mehr mit mir spricht als mit ihm.«

»Tut er das denn?« Papa wurde ernster.

»Tut wer was?«

»Spricht der Walder mehr mit dir als mit seinem Stellvertreter?«

»Na ja, auf jeden Fall nicht weniger. Das ist wenigstens ein Chef, der sich um einen kümmert. Auf den kann ich mich verlassen. Und der hat im Gegensatz zu diesem Gockel Grainer auch Ahnung vom Journalismus. Vielleicht sollte ich Walder mal anrufen und erzählen, was sein Stellvertreter …«

»Das tust du nicht.« Mama sah entsetzt auf. »Eine Praktikantin ruft nicht den Chef an, wenn er auf einem wichtigen Kongress ist, und petzt, dass ihr irgendetwas in der Redaktion nicht gefällt. Du bist das letzte Glied in der Nahrungskette, vergiss das nicht. Du hast deine Arbeit zu machen und sonst gar nichts. Haben wir uns verstanden?«

Wir hatten uns verstanden, bis am Abend um kurz nach 9 Uhr das Telefon piepste. Ich wollte gerade zusammen mit meiner Mutter den zweiten Teil einer Rosamunde-Pilcher-Verfilmung sehen. Am anderen Ende war mein Chef. Ich deutete Mama an, den Fernseher leiser zu machen, und drückte auf die Lautstelltaste unseres Telefons. Auf den Rand der TV-Illustrierten schrieb ich: »Das ist Herr Walder ...« Sie machte den Fernseher aus.

Als wir uns nach zwei Gesprächen und fast einer Stunde Telefonieren endgültig voneinander verabschiedeten, wagte meine Mutter zum ersten Mal, das Sofa zu verlassen: »Ich muss schon die ganze Zeit auf Toilette.« Der Akku des Handys war fast leer. Als sie wiederkam, hatte sie eine neue Flasche Landwein mitgebracht. Sie schenkte mir auch ein Glas ein.

»Da hast du ja wirklich einen außergewöhnlichen Chef, Mausi. Was der dir zutraut. Ich habe zwar nicht alles verstanden, weil der so schnell redet und nuschelt, aber ...«

»Aber der ist doch echt nett, der Herr Walder, oder? Ruft persönlich bei mir an, um mir einen Termin zu geben, und beauftragt mich auch noch mit so einem wichtigen Projekt.«

»Bisschen komisch finde ich es aber schon, dass er so spät abends bei einer Praktikantin anruft. Hätte er das nicht auch alles mit dir morgen in der Redaktion besprechen oder dich einfach von seiner Sekretärin benachrichtigen lassen können?«

»Der hat doch gar keine eigene Sekretärin.«

»Trotzdem. Außerdem wirkte er nicht gerade so, als wolle er nur kurz eine Nachricht loswerden. Eher wie einer, der zu viel Zeit hat und mal wieder reden will. Mausi, ihr habt über eine Stunde telefoniert. Erzählst du das Martin?«

»Warum denn nicht? Mensch, Mama, das ist mein Chef, da ist nun wirklich nichts dabei, wenn der mich mal anruft.«

In Wirklichkeit hatte ich mich auch darüber gewundert, dass das Gespräch mit Walder so lang geworden war. Wenn ich während meines Studiums mit meinem vermeintlichen Doktorvater telefoniert hatte, waren wir immer nach wenigen Minuten fertig gewesen. Bei Walder hatte ich wie Mama den Eindruck gehabt, dass er nicht auflegen wollte.

»Vielleicht ist der hier bei uns in Wützen einfach nur einsam, dein Chef. Die Frau van Daggelsen, bei der er im Dachgeschoss wohnt, hat mir erzählt, dass er so gut wie nie telefoniert und dass er nicht einmal von einer Frau oder Freundin gesprochen hat.

Dabei bringt sie ihm hin und wieder ein Stück ihrer Karotten-Ingwer-Torte vorbei, um mal mit ihm ins Gespräch zu kommen. So ein Chefredakteur hat doch bestimmt Chancen bei vielen Frauen, oder?«

Typisch meine Mutter.

»Das weiß ich nicht, und das interessiert mich auch nicht, Mama. Für mich ist er auf jeden Fall nichts, wenn du darauf anspielen willst.«

Sie hatte immer davon geträumt, dass ich einen älteren, erfolgreichen Mann kennenlerne. Martin war zwei Monate jünger als ich und hatte mit Mühe und einer Note von 3,1 das Abitur gemacht. In Hamburg.

»Mausi, was du immer gleich denkst. Aber eine angenehme Stimme hat er, dein Herr Walder.«

»Das ist nicht mein Herr Walder. Das ist nur mal ein Chef, der eine Praktikantin ernst nimmt, mehr nicht.«

»Ruft er denn die anderen Praktikanten auch mitten in der Nacht an?«

»Die Wünzige hat im Moment gar keine anderen Praktikanten.«

»So, so.« Über ihre Gleitsichtbrille sah meine Mutter mich

an, als würde ich ihr verheimlichen, dass ich längst ein Kind von Walder erwarte.

»Na ja, ich will mich nicht in deine privaten Angelegenheiten einmischen. Ich geh dann mal ins Bett.« Sie trank den letzten Schluck Wein aus ihrem Glas, steckte den Korken zurück in die Flasche und brachte sie in den Kühlschrank. Als sie fast schon im Schlafzimmer war, drehte sie sich noch einmal um: »Ach ja, Mausi: Weck mich, wenn dein« – sie malte mit Mittel- und Zeigefinger zwei Anführungszeichen in die Luft – »Chef noch einmal anrufen sollte.«

Ich zeigte ihr einen Vogel, sah das Schulverzeichnis im schmalen Wützener Telefonbuch durch und schrieb mir die wichtigsten Nummern raus. Ich wollte Martin noch von meiner neuen Aufgabe erzählen, aber bei ihm ging nur die Mailbox an. Ich schrieb ihm eine SMS: »Haste vorhin versucht anzurufen? Habe mit meinem Chef telefoniert, hat ein super Projekt für mich. Melde mich morgen, 1000 Küssis.«

Vierzehn

Die Idee war genial. Immer wieder hatte es in den vergangenen Monaten Schlagzeilen über aggressive, ständig SMS schreibende Hauptschüler gegeben, die ihre Sido-Kappen nicht mal bei den Bundesjugendspielen im Geräteturnen abnahmen. Jetzt würden wir den großen Report in Wützen machen. Titel: »Setzen, sechs. Zurück in die Schule.« Unterzeile: »Reporterin Elisabeth Renner (26) kehrt zurück auf die Schulbank. In die 9. Klasse einer Hauptschule – sieben Jahre nach ihrem Abitur. Was ist anders als auf dem Gymnasium, wie schlimm sind die Zustände wirklich?«

Meine Praktikantin war begeistert von der Idee. Ich war begeistert von der Möglichkeit, unser Telefonat zu verlängern. Erst kurz vor halb elf hatten wir das Wichtigste besprochen. Ich wollte trotzdem weitertelefonieren, hatte keine Lust, allein mit dem Deckenbuddha und einem Roman von Agatha Christie zu sein, den ich mir vor zwei Tagen im Wützener *Lektüre-Lädchen* gekauft und in dem Meisterdetektiv Hercule Poirot wie immer eine verwirrende Auswahl an potentiellen Mördern hatte. Aber bei Elisabeth hatte schon drei Mal jemand angeklopft. Wahrscheinlich ihr Freund.

»Sollen wir nicht lieber auflegen? Da versucht offensichtlich noch ein anderer, Sie zu erreichen, Elisabeth. Vielleicht ist es wichtig.«

»Glaube ich nicht.«

»Außerdem haben Sie um 9 Uhr einen Termin. Unser Projekt steht, oder?«

»Ich kümmere mich gleich morgen darum, Herr Walder. Vielen Dank.«

Sie hatte schon zwölf Stunden später alles mit dem Direktor der Ronald-Bayer-Hauptschule abgesprochen, saß am Tag darauf in der Klasse 9b, zweite Reihe. Es wunderte sich niemand der vierundzwanzig Jungen und Mädchen über die neue, wesentlich ältere Mitschülerin mit ihrem Montblanc-Meisterstück. Unter den Mädchen sei sie die Einzige gewesen, bei der man nicht entweder Ansätze der Brust oder ein Piercing oder den hochgezogenen String gesehen habe, erzählte Elisabeth. Aber sonst sei alles bestens und sehr spannend.

»Das wird eine gute Geschichte, Herr Walder.« Sie rief mich auf dem Handy an. Wann hatte ich ihr eigentlich die Nummer gegeben?

»Wunderbar, Elisabeth. Sprechen Ihre Mitschüler denn ganz offen mit Ihnen?«

»Viel offener geht es nicht. Ein Mädchen hat mich gleich vor einem Jungen gewarnt, der zwei Mal sitzengeblieben ist und angeblich fast jede aus der Klasse schon im Bett gehabt hat.«

»Bitte? Na, da werden Sie ja noch viel Spaß haben.«

Mir war der vergangen. Schließlich würde ich meine Praktikantin eine Woche lang nicht mehr sehen. Null. Nur wieder Grainer, Batz, Lenz, Peperdieck. Und Rita Bolzen. Kein Lachen mehr, kein »es macht so viel Spaß, bei Ihnen zu arbeiten, Herr Walder«. Kein »wollen Sie nicht zum Interview mitkommen?« von mir. Stattdessen: fünf Tage ohne Elisabeth. Und weitere fünf Tage, an denen sie das Erlebte aufschreiben würde. Bevor sie wieder verschwand. Zur nächsten Zeitung, zum nächsten Chef.

Ich hatte einen Fehler gemacht und große Lust, irgendjemanden rauszuschmeißen. Oder mit Lenz mal so richtig um die Häuser zu ziehen. Er hatte sich vor zwei Tagen derart besoffen, dass Frau Schmidt ihn vom *Bistro Bianco* abholen und nach Hause bringen musste. In ihrem Opel Corsa hatte Lenz dann eingepinkelt.

Die Zeit ohne Elisabeth wurde zum Glück doch nicht so schlimm, wie ich befürchtet hatte. Erstens brannte fast jeden Tag irgendwo in der Stadt ein Haus, und wir erzielten mit der verzweifelten Suche der Polizei nach dem »Feuerbären« (so wurde er genannt, weil man in der Nähe jedes Tatortes einen Teddybären fand) ungeahnte Auflagenerfolge. Als wir am Dienstag das erste Mal an allen Tankstellen und Kiosken ausverkauft waren, ließen wir für Mittwoch zweihundert Exemplare extra drucken. Am Donnerstag waren es dann dreihundert. Das war sogar Volkerts aufgefallen. Donnerstagnacht, Hercule Poirot hatte sich gerade zum Nachdenken in seinen Lehnstuhl zurückgezogen, bekam ich eine E-Mail von ihm: »Lieber Herr Walder, ich hoffe, Sie zünden die Häuser nicht selber an. So schlimm war die Auflagenentwicklung nun auch nicht. Beste Grüße, Ihr Volkerts.« Tatsächlich hatte ich in der Woche zuvor etwas außerhalb der Stadt in Supermärkten und Bäckereien heimlich bis zu fünfzig Zeitungen pro Tag gekauft – das machte bei unserer winzigen Auflage immerhin ein Plus von etwa null Komma vier Prozent. Knapp vierhundert Exemplare lagen jetzt im Flur meiner Wohnung, genau wie das dunkelblaue Cap und der Kapuzenpulli, die ich bei meinen Einsätzen getragen hatte.

Zweitens hatte ich zu Elisabeth intensiveren Kontakt als bisher. Schließlich musste ich doch jeden Tag erfahren, wie es ihr in der Schule ergangen war. Wir verabredeten deshalb, dass ich sie abends so gegen 8 Uhr anrufen würde. Mir wäre 7 noch lieber gewesen, um nach hinten mehr Zeit zu haben, aber das passte Elisabeth nicht, weil sie meist erst gegen 15 Uhr aus der Schule kam und dann Stunden brauchte, um ihre Notizen auszuwerten und zu strukturieren.

Am ersten Tag telefonierten wir eine halbe Stunde, am zweiten fast eine, am dritten eineinhalb. Am fünften Abend war ich traurig, als sie kurz vor 11 Uhr sagte: »Dann sehen wir uns ja Montag, Herr Walder. Ich weiß gar nicht, wie ich das alles aufschreiben soll.«

Es war natürlich kein Problem. Oder sagen wir mal: fast kein Problem. Nach einem langen, telefonfreien Wochenende, an dem Hercule Poirot einen Mann als Täter identifizierte, der am Anfang des Romans einmal kurz als Postbote durch den Krimi geradelt war, setzten wir uns am Montag um 15 Uhr in den Konferenzraum und gingen ihre Texte (die sich anfänglich lasen wie Diplomarbeiten über die Bedeutung der Benediktinerklöster für das Schulwesen im frühen Mittelalter) Wort für Wort durch. Dann begannen wir damit, sie zu einer Serie umzuschreiben, die zu dem Besten gehörte, was die *Wützener Zeitung* ihren Lesern bis dahin geboten hatte. Knapp zweitausend Zeilen in fünf Folgen, für jeden Tag eine. Als wir die letzte am Donnerstagabend durchgegangen waren, legte ich Elisabeth meine rechte Hand auf die Schulter. »Das haben Sie sehr gut gemacht. Wissen Sie das eigentlich?«

»Das habe ich alles nur Ihnen zu verdanken, Herr Walder. Vielen Dank.«

Sie streckte mir die Hand entgegen. Ich nahm sie, überlegte kurz, Elisabeth an mich heranzuziehen und zu drücken, ließ es dann aber bleiben.

»Ich habe mich zu bedanken, Elisabeth.«

»Warum das denn, Herr Walder?«

Sollte ich die Wahrheit sagen? Dass sie mir viele einsame Nächte erspart hatte, dass ich mich endlich mal wieder über etwas anderes gefreut hatte als über ein paar hundert im Vorjahresvergleich mehr verkaufte Zeitungsexemplare? Dass ich zwei Mal von ihr geträumt und sie in einem Traum nur einen gelben Bikini angehabt hatte? Lieber nicht.

»Ich muss mich dafür bedanken, dass Sie so viel Zeit und Arbeit in die Schulserie gesteckt haben. Ihre Texte haben die Wützener Zeitung weiter nach vorn gebracht.«

Um das auch in Zahlen belegen zu können, war ich am Mittwoch und Donnerstag wieder im Kapuzenpullover unterwegs gewesen. Die gekauften Zeitungen, es mögen zweihundert gewesen sein, hatte ich diesmal gleich zu einem Recyclingzentrum in einem Nachbarort gebracht.

»Das freut mich sehr, Herr Walder. Aber dieser Erfolg ist allein Ihr Verdienst.«

Wahrscheinlich bin ich rot geworden. Wenn auch nur ein bisschen.

Am nächsten Tag war sie weg. Sie konnte nicht einmal bis zum Feierabend in der Redaktion bleiben, weil am späten Nachmittag ihr Flug nach Stuttgart ging. Von dort wollte sie zu einer Freundin, bei der sie während des Praktikums beim *Badischen Kurier* wohnen konnte.

Wir hatten am Freitagmorgen, zum Ende der vier Wochen, wie es sich gehört, ein Abschlussgespräch geführt. Auch wenn das eigentlich nicht nötig gewesen wäre. Schließlich hatten wir uns fast alles, was es zu sagen gab, am Telefon gesagt. Dass sie tatsächlich Talent hatte, wusste sie längst, dass sie jetzt unbedingt Journalistin werden wollte, wusste ich. Wir hatten uns nicht gesucht, aber gefunden, rein beruflich natürlich.

Deshalb ging es in diesem letzten Gespräch weniger um Inhalte als darum, noch so lange wie möglich zusammenzusitzen. Zumindest für mich. Zwischendurch überlegte ich, ob ich ihr jetzt, wo sie nicht mehr meine direkte Untergebene war, das Du anbieten sollte. Es war schon vorher mehr als komisch gewesen, mit jemandem bis spät in die Nacht zu telefonieren und ihn dabei zu siezen:

»Dann schlafen Sie mal schön.«

»Sie auch, Herr Walder. Vergessen Sie nicht, mir eine Reportage mitzubringen, die Sie früher geschrieben haben.«

»Wollen Sie so was wirklich lesen?«

»Ich glaube, Sie können verdammt gut schreiben. Oh, es ist schon ziemlich spät. Werden Sie nicht langsam müde?«

»Sie wollen ja nur auflegen. Wir sehen uns morgen?«

»Bis morgen. Kommen Sie wieder etwas später …?«

Und so weiter. Eine Endlosschleife in Sie-Dur.

»Herr Walder?«

Sie musste gemerkt haben, dass ich nicht bei der Sache gewesen war. So was merkte sie immer.

»Woran denken Sie gerade?«

»Ich habe gerade daran gedacht, wie wichtig es ist, dass wir in Kontakt bleiben. Ich kann Ihnen sicher für ihre weitere journalistische Karriere ein paar Tipps geben.«

O nein, der billigste aller billigen Tricks eines Vorgesetzten. Das plumpe »Ich bring dich ganz groß raus«. Mutierte ich zum Dieter Bohlen des Zeitungswesens? Einer meiner früheren Ressortleiter hatte einmal im vertrauten Kreis (zu dem ich nicht gehörte, dessen Gespräche mir aber durch einen guten Bekannten zugänglich wurden) von einer Affäre mit einer Volontärin erzählt. Er hatte sie während einer Weihnachtsfeier im Konferenzraum von hinten genommen und dabei höhnisch gehechelt: »Du kannst wirklich … eine ganz Große … werden … in dir steckt … eine Führungskraft.« Die Kollegen, offensichtlich sämtlich selbst betroffen, hatten minutenlang gelacht.

»Meinen Sie wirklich, dass dieser Beruf etwas für mich ist?«

»Natürlich, Elisabeth. Sie haben in den vergangenen Wochen bewiesen, dass Sie alles haben, was eine gute Reporterin braucht, und ich bin gern bereit, Ihnen bei den nächsten Schritten zu helfen. Schließlich haben Sie ja auch der Zeitung geholfen.« Und mir zu vergessen, dass ich eigentlich inzwischen verheiratet und Chefredakteur der *Metro-News* sein sollte.

»Das wäre sehr nett von Ihnen«, sagte Elisabeth. »Aber ich bin sowieso davon ausgegangen, dass wir in Kontakt bleiben. Ohne unsere nächtlichen Telefonate würde mir was fehlen.«

Mir auch. Das war ja das Schlimme. Ob ihr Freund wohl davon wusste? Lieber nicht fragen.

»Weiß Ihr Freund eigentlich davon?«

»Wovon?«

»Dass wir manchmal nachts kurz telefonieren?«

Genau: kurz.

»Selbstverständlich. Aber das stört ihn nicht. Schließlich sind Sie ja mein Chef.«

Wunderbar. Das war genau das, was ich zum Abschied hatte hören wollen. Wir waren auch jetzt schon viel zu lange im Konferenzraum für ein Gespräch zwischen Chef und Praktikantin. Ich musste zurück in die Wirklichkeit, zurück in eine Redaktion, in der es kein Lächeln und keine Pheromone mehr geben würde.

»Gut, Elisabeth, dann melden Sie sich bald mal wieder. Meine Nummer haben Sie ja.«

Wir standen beide auf. Ich überlegte, ob ich sie wenigstens jetzt in den Arm nehmen sollte, da hatte sie meine Hand schon wieder gepackt. »Vielen Dank für alles, Herr Walder. Wir hören.«

Fünfzehn

Mama stand schon mit ihrem silbernen BMW vor der Redaktion.

»Na, hast du dich nicht losreißen können von deinem Chef?«, sagte sie, als ich die Beifahrertür aufzog und mich auf den Sitz fallen ließ.

»Sehr witzig, Mama.«

»Wir wollten vor zehn Minuten losfahren. Was gab es denn noch so Wichtiges zu besprechen, dass du mich so lange hast warten lassen? Jetzt können wir froh sein, wenn wir es rechtzeitig zum Flughafen schaffen. Der Walder wollte dich wohl nicht gehen lassen, was?«

»Fahr lieber!«

Meine Mutter hatte in den vergangenen Wochen kaum ein Telefongespräch zwischen uns ausgelassen. Während sich Oma vor allem für meine Artikel interessierte, konzentrierte sie sich einzig und allein auf das vermeintliche Interesse meines Chefs an mir.

»Mausi«, hatte sie nach unserem vierten, etwa zwei Stunden langen Gespräch gesagt, »du merkst aber schon, dass der was von dir will?«

»Wie kommst du darauf?«, hatte ich ziemlich genervt zurückgefragt. Wahrscheinlich, weil ich darauf gewartet hatte, dass meine Mutter irgendetwas in dieser Richtung sagen würde. Nur weil sie, die Medizinisch-Technische Assistentin, einen Chefarzt, meinen Vater, geheiratet hatte, konnte es trotzdem rein berufliche Beziehungen zwischen einem Vorgesetzten und einer Untergebenen geben.

»Das ist doch nicht normal, dass der jeden Abend hier anruft und mit dir eine Stunde und länger über Dinge spricht, die man auch bequem in fünf Minuten nachmittags oder per E-Mail abhandeln könnte. Der ruft nicht wegen dieses Schulprojekts an, Mausi, sondern nur deinetwegen.«

»Quatsch. Wir verstehen uns halt ganz gut, mehr nicht, und haben dieselbe Wellenlänge, wenn es um Journalismus geht.«

Das klang, als würde ich schon zwanzig Jahre als Reporterin arbeiten.

»Du bist auch immer sehr freundlich und zuvorkommend zu ihm. So nett bist du zu mir nicht. Mir sagst du sofort, wenn du keine Lust mehr hast, mit mir zu reden.«

»Ich wäre ja auch schön blöd, wenn ich zu Walder nicht nett wäre. Es kann ganz nützlich sein, wenn ich mir den warmhalte.«

Wie nützlich, darauf hatte mich erst Martin gebracht. Er war nach den ersten Telefonaten dann doch so eifersüchtig geworden, dass er über Walder, wie er es sagte, »Erkundigungen« einholte. Wahrscheinlich hatte er einfach nur ein bisschen mehr gegoogelt als ich. Dabei war er auf ein Foto Walders gestoßen, das ihn augenscheinlich beruhigte (Zitat: »Wenn du mich wegen dem verlassen würdest, wäre das so, als wenn ein Lottogewinner den Tippschein mit sechs Richtigen gegen einen eintauscht, auf dem nur die Zusatzzahl angekreuzt ist«), und auf mehrere Verbindungen meines Chefs. Die könnten, sagte Martin, für mich noch sehr wichtig sein. Denn Walder war nicht nur stellvertretender Chefredakteur der *Metro-News* gewesen. »Viel besser ist«, hatte Martin gesagt, »dass er der Trauzeuge von Sebastian Kruse ist.« Das hatte er in den Onlinespalten einer People-Seite gefunden, wahrscheinlich bei playboy.de.

»Sebastian Kruse?«, hatte ich gefragt.

»Das ist der Personalchef von *Michelsen Media* und der Vorsitzende der *Munich Media School*, Süssie. Wenn der Walder bei dem für dich ein gutes Wort einlegt, brauchst du kein Praktikum mehr.«

»Meinst du wirklich?«

»Die Munich Media School bildet jedes Jahr Journalisten für

zwanzig deutsche Tageszeitungen und zehn Magazine aus. Das ist die Topadresse, und ausgerechnet der Chef der Wützener Zeitung hat den goldenen Schlüssel dazu.«

Martin liebte solche vermeintlich prosaischen Formulierungen. Sie passten zu ihm wie eine Schlachtplatte zu einem Veganer.

»Deshalb solltest du dir den Walder unbedingt warmhalten, Süssie. Musst ja nicht gleich mit ihm in die Kiste springen, oder?«

Nach diesem Satz hatte ich einfach aufgelegt, aber danach lange über das seltsame Verhältnis zwischen einem Chef und einer Praktikantin nachgedacht. Eigentlich sind die Rollen klar verteilt. Er oben, sie unten. »Er oben, sie unten«, ich sprach es leise vor mich hin und war stolz auf diese Formulierung und ihre doppeldeutige Wahrhaftigkeit. Er oben, sie unten, das war der Anfang, und das konnte auch das Ende werden. Dazwischen war alles möglich.

Eine Praktikantin, das wurde mir in der folgenden, quasi wissenschaftlichen Deduktion deutlich, hatte viele Möglichkeiten, an einen festen Job zu kommen. Das ging auf dem konventionellen Weg, also durch Ehrgeiz/Talent/Zuverlässigkeit, genauso wie mit der, sagen wir mal, »natürlichen« Methode, also durch den Einsatz von (großen) Brüsten/Kulleraugen/hervorlugenden Strings. Möglich war auch eine Mischstrategie, wobei mir die Kombination Talent/Kulleraugen lieber war als Zuverlässigkeit/große Brüste. Und das nicht nur, weil ich keine hatte.

Anders gesagt: Wir Frauen brauchen nicht zwangsläufig besondere Kenntnisse, um etwas zu erreichen. Im Gegenteil: Dass Monica Lewinsky, die Mutter aller Praktikantinnen, fast Bill Clinton gestürzt hatte, war der Beweis für unsere grenzenlose Macht. Wir können Regierungen absetzen, Scheidungen provozieren, Gehälter in die Höhe treiben, Toppositionen abgreifen und benötigen dazu nicht mehr als mindestens eine der oben genannten Eigenschaften – und natürlich einen Mann als Chef. Wer es geschickt anstellt, kann das Abhängigkeitsverhältnis innerhalb weniger Wochen bis zu einem Punkt verändern, an dem Juristen vielleicht schon von Erpressung sprechen würden. Er oben, sie unten. Sie oben, er unten. Wenn Sie verstehen, was ich meine.

Weil ich, wie früher während des Studiums, mal wieder das Gefühl hatte, einer wichtigen, die Welt erklärenden Theorie auf der Spur zu sein, hatte ich mir in meiner Kladde Notizen gemacht. Das geschah, auch wie früher, fast automatisch. Ich stockte erst, als ich »sie oben, er unten« schrieb und an eine Umfrage in der *Yam!* denken musste, nach der exakt jene Stellung (Reiter!) die bevorzugte der Deutschen ist. Ich überflog mein Gekritzel, fand es kurz ungeheuer folgerichtig, riss dann trotzdem die zwei Seiten raus und warf sie in den Papierkorb. Das mochte ja alles stimmen, traf aber auf mich nicht zu. So war ich nicht, so wollte ich nicht werden, so durfte ich nicht denken.

Dennoch war mir von diesem Moment an genau bewusst, was mir ein paar ungefährliche Telefonate mit Herrn Walder bringen könnten. Ich war seine Praktikantin und genau das meine große Chance in Zeiten von tausend Bewerbern auf fünf Volontariatsplätze.

»Wie meinst du das, warmhalten?«, fragte meine Mutter, während wir mit fast 180 km/h über die Autobahn rasten. Der Flug nach Stuttgart ging in weniger als fünfundvierzig Minuten. Bei der Buchung hatte ich das erste Mal von dem Kontakt mit Walder profitiert. Er hatte mir einen Presseausweis besorgt, mit dem ich bei Air Berlin fünfzig Prozent Journalistenrabatt bekam.

»Warmhalten heißt, er kann mir in Zukunft vielleicht noch den einen oder anderen Praktikumsplatz besorgen. Oder sogar mehr. Der hat ein gutes journalistisches Netzwerk.«

»Und deswegen bist du nett zu ihm? Das passt gar nicht zu dir, Mausi.«

Passte es auch nicht. Eigentlich war ich nett zu ihm, weil er nett zu mir war und weil ich normalerweise immer nett bin. Aber Sätze wie »Mir würde etwas fehlen, wenn wir nicht regelmäßig telefonieren« hatte ich auch gesagt, um ihm als potentiellem Jobvermittler zu schmeicheln. Sonst darf man so was ja auch gar nicht sagen, wenn man einen Freund hat.

»Nein, er ist ja auch nett. Aber ich glaube nicht, dass ich immer so lange mit ihm nachts telefoniert hätte, wenn er nicht mein Chef wäre.«

»Und du bist nicht doch ein kleines bisschen in ihn verliebt? Vielleicht unterbewusst …«

Meine Mutter konnte es nicht lassen. Fast hätte sie die Abfahrt zum Flughafen verpasst.

»Nein, Mama, ich bin nicht in ihn verliebt, auch kein kleines bisschen und auch nicht unterbewusst. Wie du vielleicht weißt, habe ich einen Freund.«

»Der zwei Monate jünger ist als du«, sagte meine Mutter. »Der Walder, das ist ein anderes Kaliber, Mausi, das ist ein echter Mann.«

Wir waren vor dem Terminal eins angekommen, sie parkte den Wagen in zweiter Reihe, sprang heraus und zog gemeinsam mit mir Omas alten Ledersack aus dem Kofferraum.

»Lass dir eins von deiner Mutter sagen.«

Ich gab ihr einen Kuss auf die Wange.

»Bitte.«

»Der Herr Walder, der hat einen langen Atem. Der wartet ab, bis eine passende Gelegenheit kommt. Ich sag es dir.«

»Ich sag dir auch etwas, Mama: Diese Gelegenheit wird es nie geben.«

Sechzehn

Wir bekamen neue Praktikanten, zwei Schülerinnen, vierzehn und fünfzehn Jahre alt, und einen jungen Mann, der sich Meik T.C. Behl nannte, wobei das T.C. offensichtlich nicht zu seinem Namen gehörte, sondern nur eine seltsame Verbundenheit mit Tom Cruise ausdrücken sollte (hoffentlich hatte ich mir in meinem unstillbaren Drang, Honorare zu sparen, nicht einen echten Scientologen in die Redaktion geholt ...). Nett waren sie alle drei und auch gar nicht schlecht, für die Stimmung im Altherrenklub sowieso nicht. Aber Elisabeth fehlte. Drei Mal hatten wir seit ihrem Abschied telefoniert, einmal hatte ich ein Foto von ihr im *Badischen Kurier* gesehen. Sie posierte im Bademantel für einen Artikel über Wellness-Clubs. Man konnte ihre Beine sehen. Sehr schöne, lange, braune Beine.

Nachdem sie mir eine E-Mail geschickt hatte, dass sie quasi gezwungen worden sei, sich so für die Geschichte fotografieren zu lassen (»Das ist doch völlig unjournalistisch, oder, Herr Walder?«), war ich zum Bahnhof gefahren, um mir die Zeitung zu kaufen. Ich bekam das letzte Exemplar aus dem bereits zum Abtransport zusammengeschnürten Remissionspaket. Zahlen musste ich den vollen Preis.

Ich schnitt den Text und das Foto aus, kam mir dabei irgendwie pervers vor und legte beides in Elisabeths Bewerbungsmappe. Sie hatte mir erzählt, dass der Textchef des *Badischen Kuriers* sie schon nach vier Tagen in sein Büro gebeten und für einen ihrer Artikel gelobt hatte.

»Wissen Sie, was der gesagt hat, Herr Walder?«

»Na, da bin ich aber gespannt.«

»Dass ich großes journalistisches Talent habe und dass ihm das gleich aufgefallen sei.«

Genau. Ich konnte mir vorstellen, wie sie ihm aufgefallen war. Wahrscheinlich hatte der Textchef selbst den Auftrag gegeben, die »neue Praktikantin mit den langen Beinen« mal halb bekleidet für ein Foto posieren zu lassen. Was bildete der sich ein?

Elisabeth gehörte hierher, am besten an den Schreibtisch neben mir, an den sie sich immer gesetzt hatte, wenn Grainer Feierabend gemacht hatte. Mein Stellvertreter hatte vor einer Woche endlich seine große Reportage »Ein Tag im Leben des Bürgermeisters« fertigbekommen. Der Text war so langweilig und unkritisch wie alles, was er über den Rathauschef verfasste. Normalerweise hätte ich ihn komplett umschreiben müssen. Aber das wollte ich ihm nicht antun, nachdem er sich strahlend vor meinen Tisch gestellt, mir sieben A4-Seiten hingelegt und dann laut gesagt hatte: »Ich muss mir wirklich überlegen, ob ich das Stück nicht für einen der großen Journalistenpreise einreiche.«

Die Geschichte fing so an: »Morgens um 7 Uhr klingelt der Wecker. Bernhard Bluhm dreht sich noch einmal genüsslich in seinem Bett herum. Nebelschwaden wabern durch seinen Garten. Durch das dunstige Licht des anbrechenden Morgens kann er von seinem Schlafzimmerfenster nur die Umrisse Wützens erkennen. Der Stadt, die er seit fast sechs Jahren souverän regiert. In der er aufgeräumt und mit eisernem Besen gekehrt und seine Gegner in die Wüste geschickt hat.« Vielleicht hätte Grainer damit den Preis für die meisten aufeinanderfolgenden Plattitüden in einem deutschsprachigen Text gewinnen können. Beim Egon-Erwin-Kisch-Preis reichte es nicht mal für eine Bewerbung.

Aber das störte ihn nicht. Der Muhammad Ali unter den Lokaljournalisten – womit ich sein nicht mehr zu steigerndes Selbstbewusstsein, nicht seine publizistische Durchschlagskraft meine – drückte die Reportage auf einer Doppelseite ins Blatt. Überschrift: »Keiner arbeitet so hart wie er – der lange Tag des Bürgermeisters« (er endete um 18 Uhr 30, wahrscheinlich war das für Grainer schon fortgeschrittener Workaholismus). Danach nahm sich mein Vize drei Tage frei, »weil durch die umfangreichen Recherchen natürlich jede Menge Überstunden entstanden sind, Johann. Aber das verstehst du sicher.« Ich verstand gar nichts mehr.

Vor allem nicht, wo Rita Bolzen war. Erst nach mehrfacher Nachfrage verriet mir Frau Schmidt, dass die Betriebsratsvorsitzende einfach ihren Urlaub an das neue Fortbildungsseminar »Frauen in einer männerbestimmten Arbeitswelt – Durchsetzungsstrategien und Abwehrmaßnahmen« gehängt hatte. Dass zwischen Tagungsort und Ferienziel nur fünfzehn Kilometer lagen, muss ein glücklicher Zufall gewesen sein. Wenigstens hatte sich damit das Problem der unscharfen Fotos gelöst. Die Vertretung, ein wortkarger, spindeldürrer Fotograf mit Pferdeschwanz, machte mit Rita Bolzens Kamera nahezu brillante Fotos. Noch so ein Zufall.

Zwischendurch hatte ich den die Bolzen (»wenn ich überlege, dass die für diese Fotos auch noch Geld bekommt«) genauso wie Grainer hassenden Batz in Verdacht, die Kamera manipuliert zu haben. Vielleicht in Tateinheit mit Peperdieck, der zumindest das nötige technische Grundwissen für so ein Verbrechen mitgebracht hätte.

Aber dann hatte sich der Sportchef komplett der »Jahrhundertstatistik des Wützener Sports« zugewandt und sogar ein paar (natürlich abzubummelnde) Überstunden gemacht, um im Stadtarchiv Zahlen zu sammeln. (Wobei das Archiv in einem Nebenraum der »Pinte« untergebracht war, einer der vier Kneipen, in denen die Herren Redakteure unbegrenzt anschreiben lassen konnten. Früher hatte der Wirt Woche für Woche seinen selbstgebrannten Klaren, genauer: sechs Flaschen davon, in die Redaktion geliefert. Das war vorbei. Jetzt brachte der Biomarkt *Löffelstein* zweimal die Woche eine Sechsliterflasche mit stillem Wasser. Auch dafür hassten sie mich.)

Und Batz? Batz war nach unserem Gespräch über Grainer erstaunlich ruhig geworden. Natürlich verdrehte er bei jedem

Themenvorschlag, den mein Stellvertreter in der Konferenz machte, nach wie vor die Augen, und seinen Bildschirmschoner hatte er nur insofern geändert, als das Pferd mit dem Gesicht Grainers jetzt alle zwei Minuten ein paar Äpfel schiss, wie immer das auch technisch ging. Aber sonst schien er sich wieder um seine eigenen Sachen zu kümmern. Und das waren Geschichten über die CDU. Oder aus der CDU. Oder gegen die SPD und die Grünen. »Wir sind jahrzehntelang ein linkes Kampfblatt gewesen, eine DKP-Postille«, hatte er zu mir gesagt. »Wenigstens das hat unter Ihnen ein Ende genommen.«

Vor allem kümmerte sich der konservativste Weiße-Socken-Träger der Republik aber um das »offene Interview«, unser neues Projekt. Ich hatte die Idee gehabt, in loser Folge Spitzenpolitiker in die Stadt zu holen und in intimer Runde mit wichtigen Wützenern zusammenzubringen. Baron von Alsleben stellte uns dafür den gläsernen Konferenzraum auf dem Dach seiner Wurstfabrik zur Verfügung, nur die Getränke mussten wir bezahlen. Was Volkerts erst nach drei E-Mails und Rücksprache mit Professor Michelsen genehmigte.

Die Suche nach dem ersten Gast hatte zwischen Grainer und Batz zu einem bizarren Duell geführt. Denn während mein Stellvertreter unbedingt einen hochrangigen Grünen oder zumindest einen Sozi nach Wützen locken wollte, tat Batz alles, um genau das zu verhindern. Zum ersten Mal blieben beide bis tief in die Nacht (also bis fast 19 Uhr 30) in der Redaktion, um über unterschiedliche Kanäle einen Topmann ihres politischen Lagers zu verpflichten. Es schien keinem zu gelingen. Bei Grainer stellte sich schnell heraus, dass seine Kontakte nur wenig über die kommunale Ebene hinausreichten. Den prominentesten Politiker, den er nach vier Wochen für ihn harter Recherche bieten konnte, war der Bürgermeister. Aber den konnten die Honoratioren der Stadt nahezu jeden Tag in der Dönerbude neben dem Rathaus sehen, wo er meist den Mittagstisch für 4,95 Euro und einen Becher (Gläser gab es nicht) Ayran bestellte. Batz telefonierte sich zwar bis ins Vorzimmer des Verteidigungsministers, doch dessen Büroleiter hatte keinen passenden Termin frei.

»Soll ich mal versuchen, den SPD-Vorsitzenden einzuladen?«, fragte ich meine beiden Politexperten nach zwei Wochen erfolgloser Suche. Ich konnte mir vorstellen, dass der in seiner jetzigen Lage für jeden Auftritt dankbar war.

»Auf keinen Fall. Wer will denn so einem abgehalfterten Sozitrottel länger als fünf Minuten zuhören?«, protestierte Batz.

»Ich kriege wahrscheinlich vom Schatzmeister des Grünen-Landesverbandes, mit dessen Frau meine Frau früher zur Schule gegangen ist, die Handy-Nummer von Joschka Fischer. Unter diesem Kaliber sollten wir mit dem offenen Interview gar nicht erst anfangen«, sagte Grainer.

Ich gab den beiden noch eine Woche Zeit.

Es müssen furchtbare Tage für sie gewesen sein. Vor allem für Grainer. Denn nach etwa der Hälfte verschwanden aus Batz' Gesicht die hektischen roten Flecken. Statt ständig am Telefon zu sitzen, ging er wieder jede Stunde für fünfzehn Minuten mit Peperdieck zum Rauchen auf den Balkon. Als er am Freitagmorgen, dem letzten Tag der Frist, als Erster im Konferenzraum saß, wusste ich, dass er es geschafft hatte. Er hatte jemanden gefunden.

Und er konnte es nicht lange für sich behalten. Ich hatte kaum »guten Morgen« gesagt, da räusperte er sich so laut, dass der neben ihm sitzende Peperdieck in für seine Art atemberaubender Geschwindigkeit hochschreckte.

»Ähm …«

»Ja, Herr Batz?«

»Da es dem Kollegen Grainer ja nicht gelungen zu sein scheint, einen Spitzenpolitiker der Grünen oder der SPD für unsere neue Gesprächsrunde zu verpflichten, ähm, wobei sich Spitzenpolitiker und SPD/Grüne ja sowieso ausschließen«, er lachte höhnisch, »wollte ich nur kurz mitteilen, dass ich über meine zahlreichen Kontakte einen Mann für uns gewinnen konnte, der wirklich etwas zu sagen hat.« Er zog die rechte Tennissocke hoch. »Um den mir immer wieder unberechtigterweise entgegengebrachten Vorwurf zu entkräften, ich würde mich zu stark auf die CDU konzentrieren …«

»Was ja auch stimmt«, sagte Grainer wütend, aber sichtlich besiegt.

»Also, damit auch wirklich der Letzte, der sich hier Journalist nennt, begreift, dass an diesem Vorurteil nichts dran ist, habe ich …«

Er wollte Grainer so lange wie möglich quälen.

»… habe ich den Spitzenkandidaten der FDP für die kommende Bundestagswahl überzeugen können, als Gastredner zu unserem ersten offenen Interview zu kommen.«

Heinrich Ostwasser hatte zugesagt. Touché.

Drei Tage nachdem wir die Einladungen verschickt hatten, hatten wir schon fünfzig Anmeldungen. Das Bundeskriminalamt schickte einen Mitarbeiter, der sich von Alslebens Wurstfabrik bis in die letzte Ecke ansah. Unter fachkundiger Führung von dessen Fahrer, den der Baron schnell mit einem Knopf im Ohr ausgestattet und zu seinem persönlichen Leibwächter ernannt hatte. Nicht, dass die vom BKA glaubten, er sei weniger gefährdet als irgend so ein Bundespolitiker. Sogar Professor Michelsen hatte die Einladung erst einmal angenommen. »Wobei natürlich immer noch etwas sehr Wichtiges dazwischenkommen kann, lieber Herr Walder«, schrieb er per Mail. Zum Beispiel ein Abendessen mit dem Bundespräsidenten im Schloss Bellevue, auf das er seit Jahren hoffte. Es kam tatsächlich dazwischen.

Mir war die Gästeliste egal. So sehr ich auf die Einführung des »offenen Interviews« gedrängt hatte, um die Zeitung (und mich als ihren Chefredakteur) endlich jenseits der Stadtgrenzen bekannt zu machen, so wenig interessierten mich jetzt die Promis. Batz freute sich, dass der Präsident der Industrie- und Handelskammer, der Vorstandsvorsitzende der Trading AG und der

Intendant eines großen Hörfunksenders zusagten (alles zufällig auch Parteifreude). Mich kümmerte nur ein Gast.

»Badischer Kurier, Zentrale.«

»Johann Walder, guten Tag. Ich hätte gern mit Frau Renner gesprochen.«

An ihr Handy war sie nicht gegangen. Überhaupt hatten wir seit mehr als drei Tagen nicht miteinander gesprochen.

»Ich habe keine Frau Renner in meiner Telefonliste. Wo soll die denn arbeiten?«

»Das ist meine, ähm, das ist eine Praktikantin.«

»In welchem Ressort?«

Der Pförtner musste mich für einen dieser tumben Leserbriefschreiber halten, der sich persönlich darüber beschweren will, dass man den Begriff Rauchwaren nicht als Synonym für Zigaretten benutzen darf.

»Ich weiß nicht genau. Vielleicht im Lokalen?«

»Ich verbinde.«

Sechs Minuten später hatte ich sie gefunden. Im *Wochenend-Magazin*.

»Herr Walder, schön, dass Sie sich mal wieder melden. Ich dachte schon, Sie hätten mich vergessen.«

Hättest ja auch mal anrufen können! Oh, hatte sie ja auch getan, die letzten beiden Male.

»Wie könnte ich meine erste Praktikantin vergessen? Hatte nur ein bisschen viel zu tun in der letzten Zeit.«

So kann man es natürlich auch nennen, wenn man nahezu jeden Abend damit verbringt, einen weiteren Agatha-Christie-Roman zu lesen. Der Inhaber des Wützener *Lektüre-Lädchens* begrüßte mich inzwischen mit Namen.

»Das verstehe ich. Die spannen mich hier auch ganz schön ein.«

Spannen mich hier ein, eine Formulierung aus dem frühen 18. Jahrhundert. Typisch Elisabeth.

»Gibt es denn etwas Besonderes?«

Ja, dein Lachen und unsere Gespräche fehlen mir. In den vergangenen Tagen hatte ich mich manchmal sogar nach Rita Bolzen gesehnt, um nicht den ganzen Tag nur von Männern umgeben zu sein. Die Schülerpraktikantinnen waren nach einer Woche wieder verschwunden, und ehrlich gesagt zählten sie auch nicht. Die Tage in der Redaktion waren hart ohne Elisabeth, die Abende erbärmlich. Während sie in Wützen gewesen war, hatte ich fast vergessen, dass ich auch in Wützen war. Jetzt gab es nichts mehr, was zwischen mir und der Wahrheit stand. Die Stunden in der Redaktion verbrachte ich mit Männern, die sich noch mehr hassten als mich, die Nächte mit Hercule Poirot. Ob ich den Detektiv so gern mochte, weil er so war wie ich, ein schrulliger, einsamer Mann, der viel Zeit zurückgezogen in dunklen Zimmern zubringt (angeblich, um nachzudenken) und mit Frauen so viel zu tun hat wie die Hypo Real Estate mit einer solide geführten Bank? War die Geschichte des Hercule Poirot meine Geschichte?

»Herr Walder, sind Sie noch dran?«

Neigte Hercule Poirot nicht auch immer zu kurzzeitigen Aussetzern und langen Gesprächspausen?

»Entschuldigen Sie, Elisabeth. Was hatten Sie noch einmal gesagt?«

»Ich hatte gefragt, ob es etwas Besonderes gibt.«

Ja, dein Lachen … nicht schon wieder. Walder, reiß dich zusammen. »Natürlich, sonst würde ich ja nicht anrufen. Ich wollte Sie zu einem wichtigen Termin am nächsten Dienstag einladen, Elisabeth.«

»Oh, ich …«

Eigentlich könnte ich doch jetzt sagen: Wollen wir beide nicht einfach mal schön essen gehen, das blöde Sie endlich vergessen und dann …

»… ich weiß gar nicht, ob ich nächsten Dienstag kann.«

Sie weiß was nicht? Hallo, hier ist nicht irgendein Mitpraktikant am Telefon. Hier spricht ein Chef.

»Sie sollten sich das nicht entgehen lassen: Tolle Weine, gute Gespräche und ...«

»Herr Walder, also, nicht, dass ich nicht gerne mit Ihnen ...«

Jetzt aber schnell. »... und Heinrich Ostwasser. Ich wollte Sie zu unserem ersten offenen Interview einladen, ich habe Ihnen doch bestimmt schon davon erzählt. Zur Premiere kommt der Spitzenkandidat der FDP. Da können Sie eine Menge für Ihre weitere journalistische Karriere lernen.«

»Ach so.«

Klang das etwa ein wenig enttäuscht? »Und?«

»Ich muss mal meinen Chef hier fragen. Ich melde mich.«

Fünf Minuten später bekam ich eine SMS: »Bis Dienstag. Ich nehme den Zug um 15 Uhr, bin kurz vor 19 Uhr in Wützen. Freue mich.«

Und ich erst.

Siebzehn

Eigentlich hatte ich Sonja und Beate nichts von Herrn Walders Einladung erzählen wollen. Die beiden machten sich sowieso seit Tagen über mein, wie sie sagten, »spezielles« Verhältnis zu meinem Ex-Chef lustig. »Das ist mir nicht geheuer, dass du immer noch mit dem telefonierst. Sei bloß vorsichtig, wer weiß, was der von dir will«, hatte Sonja gesagt, als ich einmal während eines gemeinsamen Sushi-Essens für eine halbe Stunde im Wohnzimmer verschwunden war, um mit Walder zu sprechen.

Ich war bei ihr eingezogen, weil sie nur eine Viertelstunde von der Redaktion des *Badischen Kuriers* entfernt wohnte und ich nichts bezahlen musste. Wir kannten uns aus meinem ersten Semester an der Uni. Sonja war die Tutorin gewesen, die mich und andere Studienanfänger betreut hatte. Wir verstanden uns sofort, obwohl sie damals schon an ihrer Doktorarbeit schrieb und fast zehn Jahre älter war als ich. »Wir sind seelenverwandt«, sagte sie immer, und damit hatte sie recht.

Sonja wohnte nach der Trennung von ihrem Lebensgefährten, einem Professor für Sinologie, der von einem Kongress aus Hongkong mit einer chinesischen Frau zurückgekehrt war, zusammen mit Beate und deren Freund Kurt auf einem umgebauten Bauernhof auf dem Land. Die drei hatten einen kleinen Verlag gegründet und gaben vor allem esoterische Literatur heraus. Meine Mutter sorgte dafür, dass die Neuerscheinungen in der *Welt von Buddha und Shiva* immer einen Platz im Schaufenster bekamen. Der von Kurt geschriebene Ratgeber »108 Regeln für ein besseres Leben« hatte es sogar in die *Spiegel*-Bestsellerliste geschafft.

Gestern war der Erfolgsautor zu einer Lesereise nach Ostdeutschland aufgebrochen, so dass wir Frauen das Haus zum ersten Mal für uns allein hatten. Sonja hatte vorgeschlagen, wie früher – »eher wie sehr viel früher« – eine Pyjamaparty zu machen und »ganz, ganz viel Erdbeerbowle zu trinken«. Sie saß schon mit Beate in ihrem ältesten Schlafanzug im Wohnzimmer, als ich, durch das Gespräch mit Walder aufgehalten, aus der Redaktion nach Hause kam.

»Für eine Praktikantin musst du ganz schön lange arbeiten«, rief Sonja mir zu. »Beeil dich, wir haben die Bowle schon fast zur Hälfte geleert.«

»Ich bin gleich da«, sagte ich. Ich zog mein uraltes Schulshirt mit der Aufschrift »Abi? Ich doch nicht!«, eine grüne Jogginghose und die dicken roten Socken an, die Oma mir gestrickt hatte. Mir würde sonst bestimmt kalt werden, trotz Erdbeerbowle.

»Entschuldigung«, sagte ich, »aber ich habe noch mit meinem Chef gesprochen.«

»Wie, macht sich gleich der Nächste an dich ran?«, fragte Beate und schenkte mir Bowle in einen Zahnputzbecher ein. »Trinken wir auf Deutschlands begehrteste Praktikantin!«

»So ein Quatsch, nein, mein neuer Chef hatte heute frei. Der Herr Walder von der Wützener Zeitung hat mich angerufen und …«, ich trank den Rest der Bowle, »… eingeladen.«

»Jetzt wird es interessant, Engelchen.« Sonja schob sich schwungvoll Erdnussflips von der hohlen Hand in den Mund, mindestens drei prallten von ihrem Kinn auf die Biene Maja, die über ihre Brüste flog, und landeten auf dem Fußboden. Dort wartete Tipsi, Kurts Rauhaardackel, auf alles, was von oben kam. Eine kleine Schale Bowle hatte er schon ausgeschleckt.

»Was hat er gesagt? Wozu hat er dich eingeladen? Was will er von dir? Erzähl …«

»Na ja, so spannend ist es nun auch wieder nicht …«

»Nee, ist richtig langweilig, wenn ein Chef jeden zweiten Tag mit seiner ehemaligen Praktikantin telefoniert und sie dann zu einem romantischen Dinner einlädt, wo er ihr …«

»So oft telefonieren wir überhaupt nicht, Beate.« Mein Zahnputzbecher war schon wieder voll. Ich steckte Tipsi zwei Erdbeeren ins Maul. »Und zum Glück hat er mich nicht zu einem Essen, sondern zu einem Interview mit dem Ostwasser eingeladen.«

»Dem FDP-Fritzen? Dein Ex-Chefredakteur ruft dich an, damit du mit ihm gemeinsam den Ostwasser interviewst? Halleluja …« Beate schmiss zwei Flips in die Luft und versuchte, sie mit dem Mund aufzufangen. Tipsi schnappte sich beide.

»Nein, da sind auch noch ein paar andere dabei. Wichtige Unternehmer und Politiker aus Wützen und so.«

»Und die kleine Elisabeth Renner, alles klar, alles völlig normal, fast schon eine Selbstverständlichkeit. Am Ende will dein Chef dich den anderen ja bloß als seine neue Verlobte vorstellen, und der Ostwasser wird Trauzeuge!« Sonja zog einen ihrer Ringe ab, wollte ihn mir an die Hand stecken, schaffte es aber erst im dritten Versuch. »Ich brauche dringend mehr Bowle!« Beate musste so lachen, dass sie sich an einer Erdbeere verschluckte und wild zu husten begann. Ich klopfte ihr auf den Rücken, bis sie wieder Luft bekam.

»Was ihr wieder denkt. Mir kann es doch egal sein, was der nun genau von mir will. Ich muss nur den Kontakt aufrechterhalten, weil ich über Herrn Walder bestimmt noch das eine oder andere Praktikum bekommen kann. Oder sogar ein Volontariat. Habe ich schon erzählt, dass er …«

»… der Freund von irgend so einem Journalistenschulenchef ist, ja, das hast du schon erzählt.« Sonja soff die Bowle jetzt direkt aus der Kelle. »Lass dir von deiner alten Freundin sagen, dass du da ein sehr gefährliches Spiel spielst, kleine, unschuldige Praktikantin.«

»Wieso gefährlich? Ich will ja nichts von dem – außer einen Job vielleicht.« Allmählich spürte ich den Alkohol. Mein Kopf fühlte sich heiß an und war mit Sicherheit rot. Nur an den Füßen war mir kalt wie immer. Ich setzte Tipsi einfach drauf und gab ihm drei Salzstangen. »Bisher haben der Walder und ich ein ganz normales Arbeitsverhältnis. Ich sehe nicht, was daran gefährlich ist.«

»Ehrlich, Elisabeth, ich kenne keinen einzigen Chef, der einer Praktikantin hinterhertelefoniert, ohne was von ihr zu wollen. Warum sollte er das tun? Weil er sich von dir Hilfe bei seiner Karriere erhofft? Weil er dich als seine Nachfolgerin aufbauen will?« Beate stockte. »Mist, die Flips sind leer. Ich hol schnell eine neue Tüte.« Als sie wieder da war, warf sie mir eine Packung Fruchtgummiherzen zu. »Dein guter Herr Walder ist scharf auf dich, das ist alles. Solange du bei ihm gearbeitet hast, hat er sich nicht getraut, sich offen an dich ranzumachen. Aber jetzt, wo du nicht mehr seine Praktikantin bist, kann das schnell anders werden, weil …«

»… er natürlich auch weiß, dass du was von ihm willst«, sagte Sonja. »Gib mir auch mal so ein Fruchtgummiherz. Ach nein, gib mir lieber gleich die ganze Tüte.«

»Bitte? Ich will nichts von dem, ganz bestimmt nicht. Ist überhaupt nicht mein Typ, hat viel zu kleine Hände.«

»Natürlich willst du was von ihm«, sagte Beate. »Du hoffst, durch ihn einen Job zu bekommen. Das hat er längst gemerkt und wird versuchen, es auszunutzen.«

»Nein, so einer ist das nicht. Er ist ein …«

»Was willst du denn tun, Elisabeth, wenn der dich plötzlich anbaggert? Hier die Hand auf der Schulter, dort ein kleines Küsschen auf die Wange …«

»Wenn der so etwas macht, kriegt er eine gelangt.«

»Genau.« Sonja streichelte halb Tipsi, halb meinen rechten Unterschenkel. »Du knallst deinem ehemaligen Chef eine. Das glaubst du doch selbst nicht, Engelchen. Wenn der sich an dich ranmacht, hast du echt ein Problem. Ich weiß, wovon ich spreche.«

»Du weißt, wovon du sprichst?« Die Frage kam von Beate.

Sonja reagierte nicht, sondern trank.

»Will jemand Eis?«

Ich hatte am Vorabend eine Fünfhundertgrammpackung Tiramisu aus dem Supermarkt mitgebracht. Vier Hände gingen hoch, und Tipsi dackelte mir in die Küche hinterher. Als ich drei Portionen auf den Wohnzimmertisch und eine halbe auf den Boden gestellt hatte, wiederholte Beate ihre Frage.

»Du weißt, wovon du sprichst, Sonnie?«

»Leider ja.« Sie zögerte. »Ich hatte ein Verhältnis mit meinem Doktorvater.«

»Du hattest was?«, fragte ich. Professor Dr. Weinberger war mein Hauptprüfer gewesen. Sonja hatte ihn mir empfohlen.

»Es begann wie bei dir ganz harmlos. Weinberger bot mir an, ich könne ihn Tag und Nacht anrufen, wenn ich Probleme mit der Dissertation hätte. Als ich ihn dann mal abends anrief, weil ich nicht weiterkam, hat er mich gefragt, ob ich nicht kurz bei ihm vorbeischauen wolle, er hätte gerade nichts zu tun, seine Frau sei mit dem Sohn bei den Großeltern. Ja, und da bin ich eben hingefahren …«

Sonja schien die Sache peinlich zu sein, sie knibbelte am Saum ihrer Pyjamahose und sah an die Decke.

»… und habe mit ihm über meine Diss. gesprochen, dabei ein bisschen Rotwein getrunken, und auf einmal hat er mir gesagt, dass ich ein großer Glücksfall für die Wissenschaft sei, dass er meinen Weg schon seit Langem verfolge und mir auch bei den nächsten Schritten behilflich sein könnte. Er war wirklich sehr nett an dem Abend.«

»Und aus lauter Dankbarkeit hast du ihn dann rangelassen?« Beate füllte den winzigen Rest der Bowle mit einer Flasche Prosecco auf. Ich konnte nichts mehr trinken, musste aber. Da waren die beiden erbarmungslos.

Sonja schenkte mir nach, obwohl mein Becher noch fast voll war. Sie merkte es nicht.

»Ich war betrunken, und als er näher kam und ich plötzlich seine Hand unter meinem Rock hatte, habe ich mir gesagt: Was soll's, du hast schon mit mieseren Männern und aus schlechteren Anlässen geschlafen. Aber wenn ich ganz ehrlich bin, hatte ich damals auch keine Wahl. Wenn ich nicht mit ihm ins Bett gegangen wäre, hätte ich mir wahrscheinlich einen neuen Doktorvater suchen können.«

»Und so?« Meine Frage klang, als würde ich mir die gleiche Szene mit Walder vorstellen. Dabei konnte ich längst nicht mehr klar denken.

»Und so hatte ich ihn in der Hand. Wann immer ich nicht weiterwusste, musste ich ihn nur anrufen. Wir haben uns noch zwei, drei Mal getroffen, um, wie er immer sagte, das Nützliche mit dem Angenehmen zu verbinden. Für mich wurde es von Mal zu Mal unangenehmer, weil der Herr Professor leider seltsame Vorstellungen von bestimmten Dingen hatte. Bei unserem letzten Treffen hat er mich doch tatsächlich gefragt, ob er meinen gebrauchten Slip behalten könnte. Das fand ich so widerlich, dass ich gesagt habe, wir sollten uns künftig nicht mehr privat sehen. Das Ergebnis kennt ihr: Die Dissertation ist zwar gerade noch so durchgegangen, aber als ich mich dann auf eine freie Stelle an seinem Institut beworben habe, hat er mir prompt eine Absage geschickt.«

Sonja holte tief Luft, setzte den Zahnputzbecher an und leerte ihn in einem Zug.

»Auf ex, genau wie früher. Du siehst, Elisabeth, am Ende hatte nicht ich ihn in der Hand, sondern er mich. So geht das, wenn man sich mit seinem Chef einlässt.«

Mir war ein wenig mulmig geworden vor dem Treffen mit Walder, auch wenn ich mir nicht vorstellen konnte, dass er mich im Beisein eines Spitzenpolitikers um meinen Slip bitten würde. Auf jeden Fall würde ich keinen Rock anziehen.

Beate sah offensichtlich, dass ich hinter dem leicht glasigen Bowlenblick nachdenklich wirkte.

»Dein Herr Walser …«

»Walder, Beate!«

»… also dein Chef muss ja nicht wie Sonnies Prof. sein, Elisabeth. Aber die Wahrscheinlichkeit, dass er etwas von dir will, ist groß. Kurt hat mir mal erzählt, dass knapp ein Drittel aller Beziehungen im Büro beginnen. Oder waren es dreißig Prozent?«

Wir konnten Beate gerade noch darin hindern, eine halb volle Flasche Ouzo in die Bowle zu kippen.

»Lasst mich, da ist doch kaum noch etwas drin …«

Sonja nahm ihr die Flasche aus der Hand: »Dass der Kurt dir so etwas erzählt hat, ist doch klar. Der wollte ja auch was von dir, kaum dass du bei dem im Verlag angefangen hattest.«

Auch die Geschichte war mir neu. Beate hatte ihren heutigen Freund als Praktikantin in einem renommierten Buchverlag kennengelernt, wo er Lektor war. Sie durfte für ihn die unverlangt eingesandten Manuskripte vorsortieren, fünf bis zehn Stück pro Tag, »meist völlig wahnsinniges Zeug, das angeblich der Oma und den Eltern und den Freunden so gut gefallen hat, dass es unbedingt in die Bestsellerlisten gehört«. Ein Manuskript, in dem es um die heimliche Liebe eines deutschen Kanzlers zu einer TV-Moderatorin ging, die sich am Ende als bisexuell herausstellt und ihre »Erlebnisse mit dem ersten Mann im Staat« dann ihrer neuen Freundin, der Chefredakteurin eines Lifestylemagazins, verkauft, hatte Beate und Kurt zusammengebracht.

»Wir haben uns die besten Passagen abends gegenseitig vorgelesen, und als niemand mehr im Büro war und der Kanzler sich gerade abmühte, seine TV-Dame endlich zum Höhepunkt zu bringen, hat er mich geküsst. Der Rest«, Beate hob ihren Zahnputzbecher, um mit uns anzustoßen, »ist Geschichte.«

Es war kurz vor eins, ich wurde müde und hätte längst Martin anrufen müssen. Aber meine beiden Pyjamafreundinnen ließen mich nicht gehen.

»Du bleibst. Nicht, dass es hinterher heißt, wir hätten dich nicht gewarnt«, sagte Sonja.

Beate erinnerte sich an eine weitere »fatale Affäre«, die eine Bekannte mit dem Sohn ihres Vorgesetzten gehabt hatte. Sonja fiel der Abteilungsleiter in der Firma ihres Vaters ein, der es in einem Ausbildungsjahr mit zwei Lehrlingen getrieben hatte und beide Male erwischt worden war.

Als ich um 3 Uhr endlich ins Bett torkeln durfte, war mir nicht nur wegen des Ouzos, den Beate schließlich doch noch – und das pur – in unsere Zahnputzbecher geschüttet hatte, schwindlig. Ich hatte das Gefühl, dass die Arbeitswelt nur aus Chefs bestand, die ihre Untergebenen ins Bett zerren wollten. Und ich hatte jetzt wirklich Angst. Angst vor dem nächsten Treffen mit Walder.

Achtzehn

Natürlich ging es mir nicht darum, Elisabeth an einer großen Interviewrunde mit einem der wichtigsten deutschen Politiker und der Wützener Elite teilhaben zu lassen. Mir ging es darum, sie endlich wieder zu treffen, und darum, dass sie mich in dieser Runde sah. Den Chefredakteur der wahrscheinlich unbedeutendsten Tageszeitung des Landes mittendrin statt nur dabei. Wie er jovial den vielleicht nächsten Außenminister begrüßt, mit dem Baron anstößt und den Hörfunkintendanten bittet, am Ehrentisch Platz zu nehmen. Dass sie das alles nicht beeindrucken würde, hätte ich mir denken können. Aber ich bin nur ein Mann. Und ein Chef.

Knapp eine Stunde bevor Ostwasser erwartet wurde, war ich im Glassaal auf dem Dach der Wurstfabrik. Ich hatte Elisabeth gesimst, dass sie gern früher kommen könne und ich auf jeden Fall da wäre. Sie hatte es offensichtlich nicht geschafft. Als erste Gäste kamen ausgerechnet Robin Batz und Rita Bolzen. Zur Begrüßung murmelte die Fotografin irgendetwas wie »muss das denn hier sein«, während Batz sich sofort eine Art Bifi aus dem Wurstsortiment von Alslebens in den Mund schob, mit dem der Baron die Längsseiten des Raumes hatte dekorieren lassen. Es roch wie bei Schlachter Sachse, dem letzten echten Metzger Wützens. Er lehnte es ab, von Alslebens Produkte zu verkaufen.

Selbst der Baron traf noch vor Elisabeth ein. Sie kam als letzter Gast, fünf Minuten bevor ich mit Ostwassers Ankunft rechnete. Sie trug einen schwarzen Hosenanzug, hatte die Haare zu einem Zopf zusammengebunden und blieb nur kurz neben mir stehen, nachdem wir uns nach alter Sitte mit Handschlag begrüßt hatten. »Vielen Dank für die Einladung, Herr Walder. Das wäre wirklich nicht nötig gewesen. Ich hoffe, ich störe nicht.«

Das tat sie natürlich nicht. Meine Praktikantin bewegte sich zwischen all den Großkopferten, als würde sie den ganzen Tag nichts anderes tun, ließ sich vom Baron sogar ein Küsschen auf die Wange geben und begann ein Gespräch mit dem Chefarzt des Wützener Klinikums, den sie wahrscheinlich über ihren Vater kannte. Ich dagegen hatte mein neues weißes Hemd bereits durchgeschwitzt, als Ostwassers Fahrzeugkolonne mit zwanzig Minuten Verspätung auf das Anwesen von Alslebens zurollte. Der Baron bemerkte meine Unruhe. »Wird bestimmt ein schöner Abend, Herr Walder. Freut mich, dass Frau Brenner dabei ist.«

»Sie heißt Renner.«

»Meine ich doch. Eine ganz gescheite junge Frau. Aus der wird noch mal was.«

Er wiederholte sich.

Nachdem sich der Fahrstuhl im elften Stock geöffnet hatte, stolzierte der Stolz der FDP fast an mir vorbei. Ich räusperte mich. »Herr Ostwasser, ich bin Johann Walder, der Chefredakteur der Wützener Zeitung. Herzlich willkommen …«

»Ach, Sie sind das.«

Sollte wohl heißen: Ich habe noch nie von Ihnen gehört.

»Wo sollen wir hingehen? Dort hinein? Das ist ja wirklich ein sehr schöner Blick von hier oben.«

»Darf ich Ihnen …« Weiter kam ich nicht.

»Ich bin Baron von Alsleben, Herr Ostwasser. Mir gehört das Werk, auf dem wir stehen. Wenn Sie mögen, führe ich Sie vor ihrem Vortrag gern ein bisschen herum.«

Die beiden verschwanden. Ich blieb zurück und hoffte, dass Elisabeth die Szene nicht gesehen hatte. Doch, natürlich. Sie stand ja kaum drei Meter entfernt. Immerhin winkte sie mich zu sich hinüber.

»Herr Walder, entschuldigen Sie, ich habe nur eine Frage. Wo soll ich denn sitzen?«

»Natürlich an unserem Tisch.«

An Ostwassers und meinem.

»Aber da ist doch nichts mehr frei.«

Tatsächlich waren nur die Stühle für den FDP-Mann, von Alsleben und mich nicht besetzt.

»Einen Moment.«

Es nutzte nichts. Auch wenn wir Batz den prominenten Gast zu verdanken hatten, er musste weg.

»Herr Batz?«

»Herr Walder«, er kaute an einem Mettwurst-Snack. »Scheint ein netter Abend zu werden, oder?«

»Sieht so aus. Aber wollen Sie sich nicht lieber nach hinten zu Frau Bolzen setzen? Die weiß sonst gar nicht, wen sie fotografieren soll. Und ich habe keine Lust, dass wir am Ende keine Bilder von den wichtigen Leuten haben.«

»Aber der Herr …«

»Keine Sorge, um den Ostwasser kümmere ich mich. Nun los, da kommt er schon wieder.«

Batz stand widerwillig auf, von Alsleben trat mit dem Ehrengast an den großen Tisch in der Mitte des Saals. Bevor sich die beiden setzen konnten, schob ich Elisabeth schnell den freien Stuhl hin. Sie war die einzige Frau im Zentrum der Macht. Und die Einzige unter dreißig. Meine Praktikantin. Ich saß neben Ostwasser, sie mir gegenüber. Es hätte ein perfekter Abend werden können.

Ich hatte gehofft, dass Elisabeths bisher gut versteckte Bewunderung für mich durch den übermäßigen Genuss der von Alsleben'schen Weine offen ausbrechen könnte. Spätestens wenn wir nach dem »offenen Interview« noch zu zweit irgendwo den Abend beenden würden. Doch sie trank nur eine Schorle, während Ostwasser mich schon nach wenigen Minuten zu einem ersten Cognac nötigte. Als er dann seinen knapp halbstündigen Vortrag darüber gehalten hatte, was in diesem unserem Land alles besser werden müsste (alles) und wer es besser machen könnte (nur die FDP), ließ er uns das nächste Glas einschenken.

»Das ist wirklich eine gute Sorte. Aber, lieber Herr Walder, ich habe das Gefühl, Sie teilen meine Einschätzung nicht.«

Ich litt zunehmend unter Wahrnehmungsstörungen. Ich hatte Alkohol noch nie gut vertragen, wollte aber, dass weder Elisabeth noch Ostwasser etwas davon bemerkten. Der redete einfach weiter: »Dabei sind Sie doch ein moderner junger Mann. Gegelte Haare, so eine schöne Krawatte ...«

Mein Einsatz. »Die habe ich extra für Sie gekauft.«

Was ich eigentlich hatte sagen wollen: Die habe ich extra für den heutigen Abend gekauft. Aber das ließ sich nicht mehr korrigieren. Ostwasser starrte auf meinen knallig-rosafarbenen Binder. Alle anderen starrten auf mich. Den Chefredakteur, der es gewagt hatte, dem Spitzenkandidaten der FDP offen ins Gesicht zu sagen, dass er die Farbe seiner Krawatte nach dessen sexueller Neigung ausgewählt hatte. Ja, auch Ostwasser war schwul, wie inzwischen offensichtlich alle Politiker Deutschlands.

»Ach, Herr Walder«, näselte er, »isch wuschte ja gar nischt, dass Sie auch einer von unsch sind. Nein, wie fein.«

Von Alsleben brüllte als Erster, dann alle anderen. Homo-Politiker gegen Hetero-Chefredakteur – k.o. nach dem zweiten Glas. Ich zupfte mir vor lauter Verlegenheit ein Haar aus der Nase. Elisabeth sah pikiert herüber. Dann lachte sie auch. Aus Höflichkeit, hoffte ich.

Zwei Stunden später standen wir vor ihrem Auto. Ostwasser war gerade Richtung Berlin abgedampft, und von Alsleben hatte seinen Leibwächter wieder zum Fahrer degradiert. Elisabeth war mit ihrem zwölf Jahre alten Volvo gekommen. Sie nannte ihn den roten Blitz. Und so fuhr sie auch.

»Soll ich Sie nach Hause bringen, Herr Walder?«

Dieses verdammte überkommene, distanzierende Sie.

»Elisabeth, wollen wir nicht endlich Du zueinander sagen?«

»Aber Herr Walder, Sie kennen doch meine Einstellung. Ich denke, dass sich das für eine Untergebene nicht gehört.«

»Sie sind für mich doch längst keine Untergebene mehr. Wir

könnten sogar heiraten, und niemand dürfte mir einen Vorwurf machen.«

Von wegen Kostenstelle, Never fuck the company und dem ganzen anderen Quatsch. Ich lallte ziemlich. Sie lachte. Immerhin. Ich würde Schwierigkeiten beim Einsteigen haben.

»Sollte das jetzt ein Antrag sein?« Sie wollte keine Antwort auf diese Frage. »Ach Herr Walder, ich habe Ihnen so viel zu verdanken. Vielleicht treffen wir ja in den nächsten Monaten noch einmal irgendwo beruflich aufeinander. Da wäre es doch nicht gut, wenn wir uns duzen würden.«

Offensichtlich hatte sie von Beziehungen, die zu Karrieren führen, überhaupt keine Ahnung.

»Also, soll ich Sie noch schnell nach Hause bringen?«

»Wenn es Ihnen nichts ausmacht, Frau Renner.«

»Sie können mich ruhig weiter Elisabeth nennen, Herr Walder.«

»Dann müssen Sie aber auch Johann zu mir sagen.«

»Das kann ich nicht.«

»Das können Sie nicht? Dann fahren Sie mal los, Frau Renner.«

Ich schaffte es nicht, mich anzuschnallen. Egal.

»Elisabeth reicht wirklich, Herr Walder.«

»Johann auch, Frau Renner.«

»Ich kann das nicht.«

Bis zur nächsten Ampel sagte keiner etwas. Elisabeth hatte sich auch nicht angeschnallt, fummelte mit der rechten Hand am Radio herum, stellte mit der linken den Spiegel ein: Scheiße, wer fuhr eigentlich? Ich merkte, dass der rechte Rand meines schwarzen Schuhs braun glänzte. Noch mal Scheiße. Jetzt aber wirklich. Ich neige dazu, in jeden noch so offensichtlichen Haufen zu treten. Hoffentlich würde sie es nicht merken.

»Herr Walder?«

»Ja?«

»Ist es nicht komisch …«

… dass es hier so riecht? Mist, sie hatte es doch gemerkt.

»… dass ein Chef so intensiven Kontakt mit einer ehemaligen Praktikantin hat?«

Nun, mir war der längst nicht intensiv genug, aber darum schien es hier nicht zu gehen.

»Ich sehe in Ihnen keine ehemalige Praktikantin. Ich sehe in Ihnen einen jungen Menschen, der großes journalistisches Talent hat und den man fördern muss.«

Blabla, blabla, blablabla.

»Meinen Sie das ehrlich?«

»Natürlich.«

»Alles, was ich bisher erreicht habe, habe ich Ihnen zu verdanken. Das werde ich Ihnen nie vergessen.«

»Das müssen Sie nicht immer sagen.« Sie sollten lieber sagen: Lass nicht immer so viel Zeit zwischen unseren Telefonaten vergehen. Oder wahlweise: Nimm mich einfach mal fest in den Arm. »Wissen Sie überhaupt, wo Sie hinfahren müssen?« Ich war mir nicht sicher, ob ich ihr erzählt hatte, dass ich über der *Welt von Buddha und Shiva* wohnte.

»Natürlich, Herr Walder. Sie wohnen bei Frau van Daggelsen zur Obermiete, das hat sie inzwischen in der ganzen Stadt herumzählt. Sie sollen übrigens ein netter Mieter sein, ruhig, unauffällig und ohne späte Damenbesuche.«

Ohne späte Damenbesuche? Was erlaubte sich die van Daggelsen?

»Wir sind da.«

Elisabeth parkte den Wagen direkt vor dem Schaufenster, in dem seit kurzem ein fast zwei Meter langer Buddha aus dunklem Stein lag. Ich stellte die Mutter aller schlechten Anbaggerfragen.

»Wollen Sie noch auf eine Tasse Kaffee mit raufkommen? Es müsste auch noch ein Stück von Frau van Daggelsens Karotten-Ingwer-Torte da sein.«

Wenn Elisabeth ja gesagt hätte, hätte ich ein Problem gehabt.

Ich habe noch nie in meinem Leben Kaffee gemocht, geschweige denn auch nur ein Gramm besessen. Einen Beutel Roibuschtee hätte ich gehabt, Wasser und Bionade. Aber Elisabeth schien kein großes Interesse zu haben, die Wohnung ihres ehemaligen Chefs kennenzulernen.

»Ein anderes Mal gern, Herr Walder …«

»Ich habe auch Bionade.«

»… aber ich muss dringend nach Hause, mein Vater braucht das Auto. Er hat Notdienst, sein Wagen ist in der Reparatur.«

Ich merkte, dass das eine Ausrede war. Sie wollte nicht mit mir allein sein.

»Gut, dann will ich Sie nicht aufhalten. Vielen Dank, dass Sie mich gefahren haben. Damit haben Sie der Wützener Zeitung eine Taxirechnung erspart.«

Ich machte die Tür auf, streckte das rechte Bein raus und drehte mich noch einmal zu ihr um.

»Wann treffen wir uns wieder? Ein weiteres Mal halte ich es nicht so lange ohne Sie aus, Elisabeth. Wir haben uns ja mehr als drei Wochen nicht gesehen.«

Kinder und betrunkene Chefredakteure sagen die Wahrheit. Elisabeth sagte gar nichts. Sie sah seltsam verloren aus, wie sie da so hinter dem riesigen Steuer saß, allein und verloren. Ich musste sie in den Arm nehmen. Was immer dann passieren würde, ich konnte es notfalls auf die Ostwasser'sche Alkoholorgie schieben.

»Schön, dass Sie heute Abend dabei waren. Für mich waren Sie der wichtigste Gast.«

Sie ließ sich drücken, drückte aber nicht zurück. Ich küsste sie auf die Wange beziehungsweise dorthin, wo ich die Wange vermutete. Wahrscheinlich war es eher der Hals. Ein sehr weicher Hals. Sie roch anders als sonst, irgendwie älter.

»Jetzt muss ich aber wirklich los, Herr Walder.«

Ihre Stimme hatte etwas Unsicheres, Überraschtes. Entsetztes?

»Gehen Sie bitte.«

»Elisabeth, ich …«

»Mein Vater macht sich bestimmt schon Sorgen.« Wie auf Bestellung klingelte ihr Handy.

»Das ist er bestimmt.«

Ich nahm meinen Kopf von ihrer Schulter, wo er so wunderbar und viel zu kurz gelegen hatte. Ich fühlte mich schuldig, konnte es aber nicht lassen.

»Wann sehen wir uns denn nun wieder? Nächste Woche Mittwoch …«

»Wir sehen uns erst in gut vier Wochen wieder, Herr Walder, haben Sie denn schon vergessen?«

Vergessen? Was vergessen? Beim Aussteigen stützte ich mich auf ihrem Knie ab, sie zuckte sofort zurück. Irgendetwas sagte sie noch, als ich die Tür zuschlug. Sie startete den Motor, ich klopfte an die Scheibe. Sie kurbelte sie herunter.

»Entschuldigen Sie, Elisabeth, wahrscheinlich habe ich zu viel getrunken. Ich wollte Ihnen nicht zu nahe kommen.«

»Ich muss wirklich los, Herr Walder.«

Waren ihre Augen feucht? Meine bestimmt. Der rote Blitz verschwand in Sekunden aus meinem stark eingeschränkten Gesichtsfeld.

Erst am nächsten Morgen fiel mir ein, was ich vergessen hatte. Elisabeth fuhr heute oder morgen in den Urlaub. Segeln, mit ihrem Freund. Ich versuchte, sie auf dem Handy zu erreichen, um ihr viel Spaß zu wünschen und mich für mein Benehmen am Vorabend zu entschuldigen. Es ging nur die Mailbox ran. Ich löste zwei Aspirin plus C in meinem Zahnputzbecher auf, trank die Lösung, noch während sie sprudelte, und hoffte, die Kopfschmerzen würden diesmal nicht erst nach einer halben Stunde nachlassen. Ich erbrach mich ein letztes Mal über der Badewanne, schickte Grainer eine E-Mail, dass ich heute später oder gar nicht kommen würde, und legte mich wieder ins Bett.

Neunzehn

Ich hatte Sonja eine SMS geschrieben, kurz bevor Walder zu mir ins Auto gestiegen war: »Ruf mich in fünfzehn Minuten an. Unbedingt!« Der Abend war bis dahin harmlos verlaufen, aber ich wollte nichts riskieren. Wenn Walder am Ende doch so sein sollte wie all die Chefs, vor denen mich Sonja und Beate selbst noch beim Frühstück nach unserer Bowlennacht gewarnt hatten, würde mich der Anruf im Zweifelsfall vor peinlichen Szenen und den Chefredakteur vor einer Ohrfeige retten.

Ich hatte lange überlegt, ob ich für den Abend mit Ostwasser absagen und den Kontakt zu Walder beenden sollte. Doch dann hatte er noch einmal bei mir angerufen, mich für einen Text gelobt, den er in der Online-Ausgabe des *Badischen Kuriers* gelesen hatte, und gesagt: »Sie entwickeln sich immer weiter, Elisabeth, Sie sind auf dem richtigen Weg. Wir müssen dringend mal darüber sprechen, wie es nach der Zeit da unten mit Ihnen weitergeht.«

Das klang ehrlich und nicht danach, als ob er irgendwelche Gegenleistungen dafür erwarten würde. Überhaupt war Walder nicht der Typ dafür. Manchmal fragte ich mich, ob er überhaupt ein Mann war, der sich für Frauen interessierte. Frau van Daggelsen hatte ihn nicht ein Mal in weiblicher Begleitung gesehen, erzählte meine Mutter mir ungefragt. Sonja fand, dass er auf dem Foto, das seit kurzem auf der Internetseite der *Wützener Zeitung* war, nicht besonders männlich aussah, nicht wie ein Macho jedenfalls. In seiner kurzen Vita stand in der Rubrik »Familienverhältnisse« nur: ledig. Was aber auch heißen kann: ›Bin auf der Suche‹, hatte Beate gesagt.

Am Ende war die Hoffnung, mit Walders Hilfe einen Job zu finden, größer als die Angst davor, so zu enden wie Sonja. Also in seinem Bett. Trotzdem traf ich vor dem Abend in der Wurstfabrik maximale Sicherheitsvorkehrungen. Ich zog meinen biedersten Hosenanzug an, wusch mir die Haare nicht, sondern band sie bloß zu einem Zopf zusammen, schminkte nur die Augen dezent. Das Parfüm mit den Sexuallockstoffen, das Martin so liebte, obwohl er derartige Stimulierungen angesichts unserer langen Trennungen nun wirklich nicht brauchte, tauschte ich gegen ein Eau de Cologne von Oma. Ich zog eine mittellange, graue Unterhose an, damit sich mein Hintern so wenig wie möglich abzeichnete. Ich hatte ein paar Mal bemerkt, dass Walder mir auf den Arsch geguckt hatte. Diesmal sollte ihn auch das nicht reizen.

Als ich ihn dann sah, wie er vor dem gläsernen Salon auf dem Dach der Wurstfabrik die Gäste begrüßte, mit leicht rotem Kopf, die Haare nicht ganz so akkurat wie sonst nach hinten gegelt, schämte ich mich fast für meine Ängste und Vorurteile. Trotzdem blieb ich steif und distanziert, als er mich freudestrahlend begrüßte, sagte nur ein, zwei Sätze und war froh, Frank zu entdecken, einen alten Skatfreund meines Vaters. »Elisabeth«, sagte er, »was machst du denn hier?«

Das fragte nicht nur er sich. Rita Bolzen hätte auch nicht überraschter ausgesehen, wenn Papst Benedikt aus dem Fahrstuhl gekommen wäre. Sie fotografierte meine Begrüßung mit Walder, als bräuchte sie die Bilder für eine spätere Verhandlung vor dem Bundesarbeitsgericht. Robin Batz, der auch zum Anzug weiße Tennissocken trug, sah mich mit offenem Mund an und verzog diesen zu einem miesen Grinsen: »Sieh an, die Frau Praktikantin.«

Was tat ich hier? Als was würde mich mein ehemaliger Chefredakteur vorstellen? Würde er mich überhaupt irgendjemandem vorstellen? Und wo würde ich sitzen? Die meisten Stühle waren schon besetzt, fast alle Gesichter kannte ich aus der Zeitung, manche sogar aus dem Fernsehen. Als Heinrich Ostwasser mit Baron von Alsleben zur Werksbesichtigung verschwand, fragte ich Walder, wo ich denn hinsollte.

Er wurde hektisch, als ob er sich darüber noch keine Gedanken gemacht hätte, verschwand kurz, sprach mit Batz und bat mich an den größten Tisch, genau in der Saalmitte. Bevor ich ihm zu verstehen geben konnte, wie peinlich es mir war, hier Platz zu nehmen, und während ich registrierte, dass ich neben Rita Bolzen die einzige Frau im Raum war, saß ich schon Ostwasser und Walder gegenüber.

Der Abend war so, wie ein Abend nun einmal ist, wenn eine junge Frau zusammen mit älteren Männern an einem Tisch sitzt. Nachdem Walder mich als »unser größtes journalistisches Talent« vorgestellt hatte, ich rot angelaufen war und »guten Abend, freue mich sehr, hier dabei sein zu dürfen« geflüstert hatte, überboten sich die Herren in ihrer Wichtigkeit und der Flughöhe ihrer politischen Äußerungen. Es redete vor allem Ostwasser, auf den außer Walder alle blickten. Der schaute meist zu mir herüber, prostete mir zu, trank aber fast immer allein. Sonja hatte mir geraten, nicht mehr als eine Weinschorle zu bestellen, und daran hielt ich mich. Außerdem spürte ich noch immer die Nachwehen des unfreiwilligen Erdbeerbowlenexzesses.

Weil mir spätestens nach Ostwassers Vortrag niemand mehr Beachtung schenkte, hatte ich genügend Zeit, Herrn Walder zu beobachten. War er wirklich eine Gefahr? Er vertrug den Cognac nicht, den ihm der Politiker nachschenken ließ, hatte sich mehrfach mit den Ellenbogen aufgestützt und einmal sogar den linken Arm unter der Tischkante verschwinden lassen. Wenn Oma da gewesen wäre, hätte sie gefragt: »Angeln Sie?«

Den schlimmsten Fauxpas leistete er sich, als ihn Ostwasser auf seine Kleidung ansprach. Was der FDP-Kandidat im Einzelnen gesagt hatte, war an mir vorbeigegangen. Dass Walder antwortete, er habe seine rosafarbene Krawatte extra für ihn gekauft, hörte ich dagegen wie der Rest des Tisches genau. Ich verschluckte mich vor Schreck an meiner Schorle, sah Walder scharlachrot anlaufen und war für einen kurzen Moment erleichtert, weil ich dachte, dass mein ehemaliger Chefredakteur vielleicht tatsächlich die gleiche sexuelle Neigung hatte wie der Politiker. Herr Walder schwul, das wäre die Rettung. Ich lachte befreit, und es schien das Einzige, was er in dieser Situation registrierte.

Natürlich war das alles Quatsch und Walder mindestens so heterosexuell wie Sonjas Professor oder Beates Kurt. Das bekam ich zu spüren, nachdem ich nur einmal meiner guten Erziehung Vorrang vor meinen Sicherheitsmaßnahmen gegeben und dem sichtlich Angetrunkenen angeboten hatte, ihn nach Hause zu fahren. Ich hatte gehofft, er würde ablehnen, weil er zu Fuß kaum länger brauchen würde. Aber er saß genauso schnell im roten Blitz, wie ich brauchte, um Sonja eine SMS zu schreiben.

Als er eine knappe Viertelstunde später wieder ausstieg, hatte ich Tränen in den Augen. Nachdem er die Tür zugeschlagen hatte, gab ich Vollgas, fuhr die Straße bis ans Ende, dann rechts auf den Wützener Landweg und zwei Ecken weiter auf den Reiterhof Quartier. Ich hielt kurz hinter der Einfahrt, sprang aus dem Auto, ging ein paar Schritte zur Pferdekoppel, auf der ich als Teenager den Großteil meiner Freizeit verbracht hatte, und wählte Sonjas Nummer.

»Elisabeth, was ist denn los? Warum sollte ich anrufen?« Sonja klang besorgt. »Engelchen, weinst du?«

Ja, ich weinte. Ich fühlte mich benutzt von einem Chef, den ich vor allen in Schutz genommen hatte. Ich war enttäuscht über seinen plumpen Annäherungsversuch und über meine ausgebliebene Reaktion. Als er mich in den Arm genommen hatte, war ich erstarrt wie das Opfer eines Vergewaltigers. Mein Verstand hatte meine Instinkte blockiert. Ich wollte Walder eine scheuern, wie ich es bei jedem Mann in so einer Situation getan hätte. Aber es ging nicht. Ich dachte an das sich wohl immer und überall wiederholende Schicksal von Praktikantinnen, an die miesen Aussichten der Generation Praktikum, zu der ich zählte. Ich dachte an meine Zukunft und seine Kontakte. Also ließ ich ihn gewähren, spürte seinen Mund auf meinem Hals und versteifte lediglich den Nacken. Er legte seinen Kopf auf meine Schulter, ich zog meine Arme so eng wie möglich an den Körper. Als ich überlegte, was ich tun würde, wenn er versuchen würde, mich auf den Mund zu küssen, klingelte endlich das Handy.

»Das war die Rettung«, sagte ich Sonja, die meinen Bericht nur zwei Mal mit »Ich hab's dir doch gesagt« und »das Schwein« unterbrochen hatte. »Vielen Dank. Was soll ich jetzt machen?«

»Ich würde den Typen an deiner Stelle vergessen, Engelchen. Das Einzige, was der dir bringt, sind Probleme. Nicht mehr anrufen, nicht mehr anrufen lassen, keine SMS, keine Mails.«

Wahrscheinlich hatte sie recht.

»Aber dann hätte ich das eben alles umsonst ertragen. Für die miese Szene im Auto will ich wenigstens einen Praktikumsplatz bei den Metro-News.«

»Das kannst du ihm ja sagen: Lieber Herr Walder, entweder Sie beschaffen mir einen Platz bei den Metro-News oder ich sage Ihrer Frau, was Sie da bei mir versucht haben. Ups, dein Herr Walder hat ja gar keine Frau … Vergiss es, Elisabeth, Typen wie den kannste nicht erpressen. Da ziehst du immer den Kürzeren.« Sonja lachte. »Manchmal sogar im wahrsten Sinne des Wortes. Als ich meinen Professor das erste Mal nackt gesehen habe …«

Es folgte eine der Männergeschichten, für die ich Sonja so liebte. Als wir auflegten, ging es mir besser. Ich fuhr nach Hause, duschte lange, kuschelte mich ins Bett und rief Martin an, um ihm alles zu erzählen. Meine Empörung wuchs mit jeder Minute, aus Herrn Walder wurde erst »dieser Walder«, dann »der Idiot« und schließlich »der Perverse«. »Und, was soll ich jetzt tun? Kannst du auch mal was sagen, Martin?« Als hätte ich ihm dazu Gelegenheit gegeben. Wenn ich wütend war, konnte ich ziemlich ungerecht sein.

Martin antwortete mit einer väterlichen Oberlehrerstimme: »Ach, Kleine, du übertreibst mal wieder. Ich …«

»Ich mache was? Du musstest ja nicht mit diesem Typen …«

»Ich würde die Sache nicht überbewerten. Jeder macht mal Fehler. Dein Chef hatte zu viel getrunken, er ist wahrscheinlich einsam und hat sich dann eben etwas danebenbenommen.«

»Etwas danebenbenommen. Er hat …«

»… doch nicht mal versucht, dich richtig zu küssen, Schatzi. Das ist ihm wahrscheinlich alles selbst furchtbar peinlich. Morgen entschuldigt er sich, und dann kommt so etwas bestimmt nicht noch einmal vor. Du solltest ihm eine zweite Chance geben, Elisabeth. Überleg mal, was er alles für dich getan hat – und vor allem, was er noch alles für dich tun kann.«

Ich hatte Walder in den Wochen, die ich beim *Badischen Kurier* war, fast jeden meiner Texte vorab geschickt, damit er sie redigieren konnte und ich mich bei meinem neuen Chef nicht blamierte. Er ließ mir für die Schulserie nachträglich 1500 Euro überweisen, Geld, das ich gut gebrauchen konnte. Und er hatte mir bei den Bewerbungen für verschiedene Journalistenschulen geholfen. Trotzdem.

»Das kann nicht dein Ernst sein, Martin. Ich fühle mich wie vergewaltigt, und du sagst, ich soll Walder eine zweite Chance geben.«

Immerhin war er schon wieder Walder.

»Natürlich.«

Martin schien es überhaupt nichts auszumachen, dass seine Freundin von ihrem ehemaligen Chef angegraben worden war.

»Jetzt kannst du alles von ihm haben, was du willst. Der wird seinen Auftritt doch sicherlich gutmachen wollen. Du musst einfach nur ruhig bleiben und abwarten. Vertraue mir.« Er sang die letzten beiden Worte wie die Schlange Ka im »Dschungelbuch«.

»Meinst du wirklich?«

»Das meine ich. Außerdem haben wir jetzt erst mal Urlaub. Nur du und ich. Vier Wochen.«

Das hatte ich fast vergessen.

»Vielleicht hast du recht.«

Als ich am nächsten Morgen anfing, meine Koffer zu packen, hatte ich drei Anrufe in Abwesenheit auf dem Display. Die beiden SMS von Walder löschte ich ungelesen. Frühestens die zehnte würde ich mir angucken. Der Herr sollte büßen. Ich oben, er unten.

Zwanzig

Es wäre am besten gewesen, wenn ich zur gleichen Zeit wie Elisabeth Urlaub gemacht hätte. Aber das ging nicht, weil Grainer seine Ferien schon vor anderthalb Jahren in diese Zeit gelegt hatte und ich mich nicht traute, Batz auch nur einen Tag das Blatt zu überlassen. Wahrscheinlich hätte er in ätzenden Leitartikeln die Abschaffung des Frauenwahlrechts gefordert und den Bürgermeister für vogelfrei erklärt. So berechenbar seine politische Einstellung war, so unberechenbar war das, was er daraus machte.

Also saß ich im heißesten Spätsommer seit Menschengedenken im ältesten Großraum der deutschen Zeitungsbranche, ärgerte mich über ein paar hundert Leser, die einfach ihr Abonnement unterbrachen, nur weil sie in den Urlaub fuhren, und bat Meik T.C. Behl, sein Praktikum um einen Monat zu verlängern, weil er passabel schrieb und nichts kostete. Ich hatte den Honoraretat seit meinem ersten Tag zwar schon um dreißig Prozent unterschritten, doch das reichte mir nicht. Wenn ich es schaffen würde, im ersten Jahr schwarze Zahlen zu schreiben, könnte ich vielleicht bald wieder hier weg. Oder bekäme wenigstens ein paar tausend Euro Tantiemen zusätzlich. Was am Ende dazu führen würde, dass die Zeitung doch einen Verlust machte. Aber so ist das in der freien Marktwirtschaft nun mal.

»Herr Walder?«

Rita Bolzen. Auch das noch. Sie war erst kurz vor dem offenen Interview aus dem Urlaub zurückgekommen und hatte den nächsten schon beantragt.

»Ja?«

Ich war zu der Zeit unausstehlich, kurz angebunden, ein echter Kotzbrocken. Elisabeth hatte auf keine meiner SMS, es mögen mehr als zehn gewesen sein, geantwortet. Ich hatte von »Entschuldigen Sie bitte mein nicht entschuldbares Verhalten« über »Ich werde alles tun, um diese für Sie sicherlich sehr unangenehmen Minuten wiedergutzumachen« bis zu »Geben Sie mir die Chance, bei Ihnen um Verzeihung zu bitten und mich erkenntlich zu zeigen« alle Formulierungen aufgebraucht, die mir in so einem Fall einfielen. Umsonst. Es tat weh, nichts mehr von ihr zu hören, und es war meine Schuld. Büßen mussten dafür andere. Zum Beispiel die Bolzen.

»Haben Sie schon einmal mit Professor Michelsen darüber gesprochen, ob wir den Investitionsetat aufstocken können, um die neue Kamera zu kaufen?«, fragte sie.

Als ob sich der Alte dafür interessieren würde.

»Liebe Frau Bolzen«, ich schaute nicht mal vom Bildschirm hoch, auf dem ich gerade die dritte, kostenlose Geschichte von Meik T.C. redigierte, »wir werden uns weder in diesem noch im nächsten Jahr eine Fotoausrüstung für 8800 Euro leisten können. Es sei denn, ich kann eine Redakteursstelle streichen. Wenn der Betriebsrat das vorschlagen möchte, bitte …«

Das hatte die Bolzen nicht von mir erwartet. Sie guckte, als hätte ich gerade zugegeben, derjenige zu sein, der nachts heimlich an den Einstellungen ihrer Kamera werkelt, um ihr am nächsten Tag unscharfe Bilder vorzuwerfen.

»Ich habe verstanden«, sagte sie. »Ich hatte Sie anders eingeschätzt.«

Ich schämte mich. Aber das Einzige, was ich sagte, war: »Mhm.« Toller Chef. Batz reckte mir von seinem Schreibtisch aus den Daumen der rechten Hand entgegen und grinste hämisch. Wenn ich jetzt noch Grainers Tierschutzpreis, einen stilisierten Katzenschwanz, aus dem Fenster geschmissen hätte, hätte er mich wahrscheinlich zum CDU-Ehrenmitglied ernannt.

Nachdem ich zwei Wochen nichts von Elisabeth gehört hatte, hielt ich es nicht mehr aus. Ich trank abends ein Glas Wein, dann noch zwei und tippte zitternd ihre Handynummer in das neue Festnetztelefon mit integriertem Faxgerät. Das hatte mir Frau van Daggelsen eines Abends mit der Bemerkung ins Apartment gebracht, sie brauche es nicht mehr und ich könne damit meiner Freundin in München auch einmal ein Fax schicken. »Sie haben doch eine Freundin in München, oder?«

Ich antwortete nicht.

Es war kurz nach 21 Uhr, wahrscheinlich lag sie, lagen sie in irgendeinem idyllischen Hafen an der Pier, beobachteten den Sonnenuntergang und würden das Klingeln gar nicht hören. Hoffentlich doch. Es tutete, ein Mal, zwei Mal, drei Mal. Dann hörte ich Atmen vom anderen Ende der Welt. Und ein barsches: »Hallo, wer ist da?«

Ich legte sofort auf. Das war nicht ihre Stimme. Das war die Stimme eines Mannes. Hoffentlich war meine Nummer nicht zu sehen. Als das Telefon 20 Minuten später bei mir klingelte, ging ich nicht ran. Vielleicht war meine Nummer übertragen worden, vielleicht versuchte ihr Freund herauszubekommen, wer angerufen hatte. Ich wollte mich nicht verraten, und ich wollte Elisabeth nicht in Schwierigkeiten bringen. Ich wollte nur noch Wein.

An den nächsten Abenden gewöhnte ich mir an, das Telefon zu ignorieren. Man konnte bei dem alten Gerät nicht sehen, wer anrief. Sicherheitshalber schaltete ich auch den Anrufbeantworter aus und stellte auf Faxbetrieb um, wenn ich nicht da war. Jeden Anrufer empfing so nach drei Freizeichen ein schrilles Signal, die Hundepfeife der modernen Kommunikation. Meine Eltern schickten mir als Einzige ein Fax und fragten, ob die Maschine kaputt sei. Ich rief zurück, um das Gegenteil zu beweisen, und erzählte irgendeine Geschichte von irgendeinem Stromausfall, der den Apparat durcheinandergebracht hätte. Von Elisabeth erzählte ich nichts.

Seit ich meine private Erreichbarkeit auf die Übermittlung von A4-Papieren reduziert hatte, erhöhte sich die Anzahl der

Anrufe in der Redaktion drastisch. (Journalisten lieben diese Wortkombination: Strompreise drastisch erhöht, Terrorgefahr drastisch erhöht, Auflage drastisch erhöht. Und, natürlich, die absolute Nummer eins: Steuern drastisch erhöht. Oder gesenkt, egal. Alles, was drastisch ist, verkauft sich gut, glauben wir.)

Statt mich wie früher mit »Johann Walder« zu melden, sagte ich einfach nur noch »Ja?«. Auch in der Redaktion.

»Ja?«

»Da sind Sie ja. Endlich erreiche ich Sie.«

Elisabeth.

»Elisabeth, ich muss Ihnen so viel erklären. Es tut mir so leid, was damals im Auto …«

Sie unterbrach mich.

»Herr Walder, kann ich noch mal für ein paar Wochen in die Redaktion kommen?«

Sie klang ernster als sonst.

»Aber Elisabeth, ich denke, Sie haben Urlaub und … Ich muss Sie jetzt wirklich erst einmal um Verzeihung bitten. Sie sollen nicht denken, dass ich einer dieser Chefs bin, der …«

»Ich stehe gerade auf dem Flughafen von Mallorca. Mein Flug geht in einer Dreiviertelstunde. Ich könnte morgen bei Ihnen sein.«

»Das können Sie natürlich, Elisabeth, das würde mich sogar sehr freuen. Aber ich möchte Ihnen trotzdem erst einmal versichern, dass …«

Erst jetzt hörte ich, dass sie weinte.

»Elisabeth, was …«

»Ich habe mich von meinem Freund getrennt, Herr Walder. Es ist Schluss. Ich habe seinen Laptop in den Pool geschmissen. Es ist aus, endgültig. Ich will ihn nie wiedersehen.«

Sie schluckte so stark, dass der letzte Satz wie ein einziges Wort klang. Ich hatte so viele Fragen: Was war passiert? Hatte ihr Freund von meinem peinlichen Auftritt im roten Blitz erfahren? War er vielleicht ausgerastet? War es am Ende meine Schuld, dass Elisabeth die Liebe ihres Lebens verloren hatte? Und von welchem Pool redete sie überhaupt?

»Das tut mir leid, Elisabeth, sehr leid. Ich hoffe, das hat alles nichts mit mi…«

»Herr Walder, das Boarding beginnt.« Sie fasste sich allmählich wieder. »Ich bin morgen um zehn in der Redaktion.«

»Elisabeth, vielleicht sollten Sie sich in den nächsten Tagen ein bisschen ausruhen und mit Ihren Eltern …«

»Bis morgen. Ich freue mich. Tschüs.«

Bevor ich noch etwas erwidern konnte, hatte sie aufgelegt.

Das Gespräch hatte zwei Minuten und einundvierzig Sekunden gedauert. Es war viel passiert. Ich hatte nicht gemerkt, dass Rita Bolzen vor meinem Tisch stand. Sie hielt einen Stapel Fotos vom jährlichen Leerfischen des Wützener Karpfenteichs in der Hand. Die ersten drei waren unscharf. Aber ich sagte nichts. Doch, ich sagte etwas: »Schöne Fotos, Frau Bolzen. Trotzdem sollten wir demnächst mal in Ruhe darüber reden, ob wir nicht doch eine neue Kamera anschaffen können. Muss ja nicht gleich die für 8800 Euro sein.« Bolzen guckte, als sei ihr Karpfenmotiv gerade zum World Press Photo gewählt worden. Batz senkte den Daumen nach unten.

Einundzwanzig

Wir waren zweieinhalb Wochen von Hafen zu Hafen gesegelt. Martins Vater hatte uns seine Jacht, eine sechzehn Meter lange X 48, in Lissabon übergeben und war von dort zu einem Geschäftstermin in die USA geflogen. Als seine Maschine abhob, hatten wir die Hafentore schon passiert. Martin stand unter dem Bi-Mini am Steuer, ich räumte die Vorräte in der Kombüse ein. Wir wollten das Schiff so wenig wie möglich verlassen, hatten beide Sehnsucht nach Einsamkeit und Ruhe.

Spätestens mit dem ersten Schritt an Deck hatte ich Wützen, die *Wützener Zeitung* und meinen Ärger auf Herrn Walder vergessen. Die letzte SMS von ihm hatte ich auf dem Flughafen bekommen. Es war die neunte oder zehnte, und natürlich hatte ich die meisten gelesen, aber auf keine geantwortet. Er hatte sich entschuldigt, als ginge es darum, sämtliches Unrecht an den Unterdrückten dieser Welt wiedergutzumachen. Seine SMS hätten zumindest für Abbitte bei den australischen Aborigines und den Indianern in den USA gereicht. Selbst wenn ich gewollt hätte, konnte ich ihm nicht mehr richtig böse sein. Zumal er geschrieben hatte, dass er mir nach meinem Urlaub einen neuen Praktikumsplatz besorgen würde.

Der Textchef des *Badischen Kuriers* hatte mir in unserem Abschlussgespräch – das er interessanterweise nicht mit den drei anderen Praktikanten führte, die zeitgleich gingen – zwar auch alle möglichen Hilfen in Aussicht gestellt. Doch ich vertraute ihm noch viel weniger als Walder, nachdem mir erzählt worden war, dass er zweimal hintereinander eine Jungredakteurin geheiratet hatte. Von der ersten war er nach zwei Jahren geschieden worden, bei der zweiten hatte gerade das Trennungsjahr begonnen. »Aller guten Dinge sind drei«, hatte ein Kollege aus dem

Wochenend-Magazin gesagt und mir dabei zugeblinzelt. Ich löschte die Handynummer, die der Textchef mir gegeben hatte, gleich wieder. Genauso wie die SMS, die ich nach einer Woche Segeltour von ihm bekam. »Du und deine Chefs«, sagte Martin nur, als ich ihm davon erzählte. Und als eines Abends mein Handy klingelte, nahm er es aus meiner Bordtasche, hielt mir die Hand vor den Mund, drückte auf die grüne Taste und meldete sich nur mit »Hallo, wer ist da?«. Auf der anderen Seite wurde sofort aufgelegt. »Und ich dachte immer, Kommunikation sei bei Führungskräften das Wichtigste«, sagte Martin, lachte laut und küsste mich. »Keine Angst, mein Schatz. Wenn es der Walder war, meldet er sich bestimmt bald wieder.«

Bis zu unserer Ankunft in Port de Soller im Nordwesten Mallorcas hörte ich nichts mehr von ihm. Dort mussten wir das Schiff an Martins älteren Bruder übergeben, bekamen dafür von ihm aber die Schlüssel für die Finca der Familie in den Bergen von Fontalux. Wir hatten beide schon lange dorthin fahren wollen, doch immer war das Haus belegt gewesen. Jetzt hatten wir es eine gute Woche für uns. Die Finca lag einen Kilometer von der Hauptstraße entfernt, am Ende eines Weges, der für den Ford Fiesta der Bosses fast zu eng war.

Sie war aus diesen großen, wahrscheinlich typisch mallorquinischen Steinen gebaut. Im Garten blühten mehr Pflanzen, als ich sie während meines Schulpraktikums bei *Blume 2000* in der Wützener Innenstadt gesehen hatte. Das Wasser des Pools war herrlich warm. Wir schwammen jeden Abend nackt, tranken spanischen Weißwein, den es in einem Lädchen im Dorf für 2,45 Euro die Flasche gab und von dem Martin gleich vier Kisten gekauft hatte. Wenn wir in den Bademänteln seiner Eltern bei Kerzenlicht auf der Terrasse saßen und von den nahen Bergen nur noch Umrisse erkennen konnten, kam aus irgendeinem Busch Esmeralda. Die Katze, deren Fell immer aussah, wie ich mir Walders Haare ohne Gel vorstellte, war Martins Familie vor vier Jahren zugelaufen. Sie wusste, dass jeden Abend eine Untertasse mit Futter auf sie wartete. Nachdem sie das gefressen hatte, strich sie um uns herum und bekam hin und wieder ein Stück Käse oder Mettwurst.

Leider war Esmeraldas Lieblingsplatz genau vor unserem Schlafzimmer im ersten Stock. Gegen Mitternacht sprang die Katze von der Fensterbank im Erdgeschoss auf den Dachvorsprung und weiter auf den Balkon. Sie legte sich direkt vor das halb geöffnete Fenster, den Körper an der kühlen Wand, die Nase ein bisschen in den Farnen, und fing an zu miauen. Immer mindestens eine Viertelstunde, meist länger.

In dieser Nacht, der viertletzten vor unserer Abreise, hörte das Gejammer nicht auf. Martin war längst eingeschlafen. Er wohnte in Warschau an einer Hauptverkehrsstraße und empfand Esmeralda und die Geräusche aus der mallorquinischen Dunkelheit als »himmlische Ruhe«. Ich dagegen war seit meiner Kindheit in Wützen absolute Stille gewöhnt. Schon das kleinste Geräusch konnte mich um den Schlaf bringen.

Esmeralda nervte. Ich überlegte kurz, Martin zu wecken und ihn zu bitten, sie zu verscheuchen. Doch er schlief zu fest. Als die Katze nach mehr als einer schlaflosen Stunde immer lauter wurde, hielt ich es nicht mehr aus. Ich küsste Martin auf die Stirn, nahm mein Kissen und zog ins kleine Schlafzimmer im Erdgeschoss.

Das war das Ende unseres Urlaubs und das Ende einer Liebe, von der ich gedacht hatte, sie sei etwas Großes.

Im kleinen Schlafzimmer stand nur ein altes Holzbett. Ich schlug die Decke mit dem geschmacklosen Sternenmotiv auf und schob das Kissen zwischen mich und das Kopfteil. Ich machte die Lampe auf dem Nachttisch aus und gleich wieder an. Wenn ich so spät wach bin, kann ich nur schwer wieder einschlafen. Ich musste lesen. In der ersten Schublade des Tisches fand ich, wie in einem Hotel, die Bibel, in der zweiten zwei alte Ausgaben des *Manager-Magazins*. In der letzten lag ein Roman von Martins Lieblingsautor Haruki Murakami. Ich hatte mich immer geweigert, etwas von ihm zu lesen, wahrscheinlich, weil Martin es mir empfohlen hatte. Jetzt hatte ich keine Wahl. Das Buch hieß »Gefährliche Geliebte« und war, wenn ich mich richtig erinnerte, der Grund dafür gewesen, dass das Literarische Quartett zerbrochen war. Hellmuth Karasek und Marcel Reich-Ranicki hatten sich so lange an den Sexszenen erfreut, dass die einzige Frau, wie hieß sie noch?, die Runde verlassen hatte. Hoffentlich ließ Murakami mich schnell einschlafen.

Es schien so. Schon auf Seite zwölf hatte ich Mühe, das schmale Büchlein gerade vor den Augen zu halten. Es war kurz vor halb zwei. Auf Seite 14 klappten meine Lider zum ersten Mal länger zu, auf Seite 18 war ich kurz davor, das Buch wegzulegen. Dann kam Seite 19.

Erst hielt ich das weiße, quadratische Stück Papier, das leicht im Buchrücken feststeckte, für ein Lesezeichen. Dann sah ich, dass es ein Polaroidfoto war, gemacht am 10. Mai 2008. Ich zog es heraus und drehte es um. Auf dem Bild war eine nackte Frau mit weit gespreizten Beinen zu sehen. Sie beugte sich nach vorn und hielt etwas in der rechten Hand, das ich nicht erkennen konnte. Ich fand die Pose widerlich, warf das Bild auf die Bettdecke, drehte das Buch auf den Rücken und schüttelte es. Drei weitere Fotos fielen raus, immer mit der gleichen Frau. Einmal drückte sie ihre großen Brüste zusammen, einmal zog sie ihre Schamlippen weit auseinander. Auf dem letzten Bild waren ihre Augen ganz groß. Ihr Mund umschloss die Spitze eines männlichen Körperteils, das ich unter Hunderttausenden erkannt hätte.

Eine halbe Minute später hatte ich die Tür zum Balkon aufgerissen, Esmeralda verscheucht, Martin die Decke weg- und den Schrank aufgerissen.

»Schatz, was ist …«

Weiter kam das Schwein nicht. Ich knallte ihm mit voller Wucht eine auf die rechte Wange, boxte ihn in den Bauch und schrie: »Halt bloß dein Maul, du perverser Betrüger.«

»Elisabeth, was …«

Ich schmiss ihm die Polaroids an den Kopf, zog meinen Koffer unter dem Bett hervor und stopfte ihn mit allem aus meiner Schrankhälfte voll.

»Schatz, das kann ich dir erklären, das war …«

Ich wollte es nicht hören. Ich schlug den Koffer zu, zwängte mich in mein rosa Kleid, warf einen vertrockneten Blumenstrauß von der Kommode aufs Bett.

»Du bist so ein widerliches altes Schwein. Du kannst mich mal.«

»Elisabeth, das war doch nichts, das hat doch nichts mit uns zu tun. Ich war betrunken, und da haben Beatrice und ich Fotos …«

Meine Ohren fingen an zu sausen. Statt Martins Stimme hörte ich ein Pfeifen. Ich war wie ein Wasserkessel, der dringend von der Herdplatte genommen werden musste. Beatrice? So hieß die Assistentin, die er aus Deutschland mit nach Polen genommen hatte. Wir waren in Warschau einmal zusammen ausgewesen. Die beiden arbeiteten ebenso lange zusammen, wie Martin und ich uns kannten. Sie hatte sehr große Brüste.

Das Pfeifen war nicht mehr zu ertragen. Ich musste Dampf ablassen. Ich schmiss die schöne Porzellanvase von der Kommode, nahm Martins I-Mac, holte kurz aus und warf ihn durch das Fenster genau in den Pool. Martin war auf das Bett gesprungen. Er redete und stammelte und entschuldigte sich. Ich hörte nichts außer dem langen, hohen Ton, griff den Autoschlüssel und war plötzlich mitten in der Nacht ganz allein auf irgendeiner dunklen Landstraße zwischen Fontalux, Soller und Palma de Mallorca.

Der erste Flug nach Deutschland ging um 6 Uhr 40. Er war ausgebucht. Ich bekam erst für 15 Uhr ein Ticket nach Köln. Es kostete 120 Euro. Ich ließ den Wagen im Parkhaus stehen und legte mich bis zum Check-in auf dem Vorplatz in die Sonne. Ich überlegte, wen ich zuerst anrufen sollte: Sonja, meine Mutter, Oma, meinen Bruder? Er würde sofort nach Mallorca kommen, um Martin im Pool zu ertränken. Bei Sonja ging nur die Mailbox ran, Mama und Oma hatten nicht einmal eine.

Ich fühlte mich einsamer als Esmeralda. Um kurz nach 14 Uhr wählte ich die Nummer von Walder.

Zweiundzwanzig

Als ich am nächsten Morgen in die Redaktion kam, war sie schon da. Sie saß an dem Schreibtisch neben meinem, auf Grainers Platz, der noch zwei Tage Urlaub hatte, und sah gar nicht aus wie eine, die gerade ihren Freund verlassen und ihre Ferien abgebrochen hatte.

»Guten Morgen, Herr Walder.«

Wie sie strahlte. Aber wahrscheinlich wirkten ihre ebenmäßigen, weißen Zähne nur noch mehr, weil ihre Haut fast so braun war wie ihre Augen. Sie trug ein enges T-Shirt mit der Aufschrift »good time« und eine Jeans, die aussah, als wäre sie auf die Beine gemalt. Sie hatte abgenommen. Dünn war sie immer schon gewesen, sie hatte einmal etwas von zweiundfünfzig Kilo bei einem Meter vierundsiebzig erzählt. Jetzt waren es vielleicht noch achtundvierzig.

»Hallo, Elisabeth. Wie geht es Ihnen?«

»Herr Walder«, sie winkte mich zu ihrem Mund herunter und sprach so leise, dass nur ich sie verstehen konnte. »Ich möchte nicht, dass Sie den anderen erzählen, warum ich wieder hier bin. Ich möchte über das, was passiert ist, nicht sprechen. Nie. Ich will jetzt arbeiten. Viel arbeiten. Und viel lernen.« Ihre Nase stupste an mein Ohr. »Okay?«

Zum ersten Mal klang sie wie der Chef. Was sollte ich dazu schon sagen? Vielleicht das: »Aber nur, wenn Sie mich endlich duzen …«

Sie lachte.

»Ich überlege es mir, HERR WALDER.«

Ich hatte verstanden.

In der Redaktion wunderte sich niemand, dass Elisabeth wieder da war. Angesichts von durchschnittlich sechs Überstunden, die jeder der ach so fleißigen Redakteure seit Beginn der Ferienzeit gemacht hatte, waren insbesondere Peperdieck und Batz dankbar für die Rückkehr der Praktikantin. Batz gab ihr am ersten Tag drei Aufträge, um dann gegen 2 Uhr zu verschwinden. »Ich bummel mal ab.«

Peperdieck kopierte Elisabeth gleich seinen gesamten Terminkalender für die kommende Woche: »Dann habe ich Zeit, mich endlich mal um meine großen Geschichten zu kümmern«, sagte er.

Nur: um welche?

Elisabeth war das egal. Sie hatte nicht einmal nach einem Zeilenhonorar gefragt. Sie ging morgens um 9 Uhr zur Pressekonferenz des Familienbundes, war gegen Mittag bei der FDP, fuhr am Nachmittag mit einer Abgeordneten zur Landtagssitzung nach Düsseldorf. Sie schrieb in einer Woche mehr als Lenz in einem Monat.

Als ich sie drei Tage später zwischen zwei Terminen fragte, ob das nicht zu viel sei, was sie da alles mache, sah sie nur kurz hoch: »Ich schaffe noch mehr, Herr Walder.« Ihr Kopf war so rot wie das Logo der Boulevardzeitung, hinter der Peperdieck wie aufs Stichwort hervorlugte.

»Dann kannst du morgen früh ja auch ins Rathaus gehen. Der Bürgermeister will irgendein neues Sporthallenkonzept vorstellen.«

»Wann muss ich denn im Rathaus sein, Kalle?«

Mit den Redakteuren duzte sie sich jetzt.

»Um 8. Nimm eine Kamera mit, die Bolzen kann morgen früh nicht. Hat irgendwas bei ver.di.«

Ich war froh, dass die Fotografin zwischen ihrer Seminar-Urlaubs-Kombi und der nächsten Betriebsrätetagung wenigstens anderthalb Monate am Stück in der Redaktion war – wobei sie sich davon zwei halbe Tage pro Woche für »besondere Tätigkeiten« frei nahm.

»Ich denke daran«, sagte Elisabeth. »Oh, ich muss schon wieder los.« Vielleicht war sie doch eine uneheliche Tochter von Egon Erwin Kisch, dem rasenden Reporter. Auf jeden Fall brach sie so schnell auf, dass sie die Kamera in ihrem Schreibtisch vergaß. Ein folgenschwerer Fehler.

Dreiundzwanzig

Ich weiß nicht mehr genau, was ich geträumt hatte, aber Elisabeth kam auf jeden Fall darin vor. Wie fast in allen meinen Träumen jener Nächte. Deshalb war ich auch nicht sonderlich überrascht, als das Telefon klingelte und ich am anderen Ende ihre Stimme hörte. Dass es erst 7 Uhr 30 und damit für meine Verhältnisse mitten in der Nacht war, registrierte ich erst viel später.

»Ja, bitte?«

»Herr Walder, ich bin es, Elisabeth. Entschuldigen Sie bitte, dass ich Sie so früh störe …«

Träumte ich noch? Seit der Sache im roten Blitz hatten wir privat nicht wieder miteinander telefoniert. Weder morgens noch abends. Das einzige Gespräch war jenes vom Flughafen Mallorca gewesen. Ich wusste nicht, ob sie meine SMS gelesen hatte. Ich wusste auch nicht, warum sie sich von ihrem Freund getrennt hatte. Im Büro hatte ich mich nicht danach zu fragen getraut.

»Herr Walder, Sie müssen dringend in die Redaktion kommen. Hier …«

Sie schien sich für einen Moment von ihrem Handy abgewandt zu haben, um mit jemand anderem zu sprechen.

»Entschuldigung, die Polizei kommt gerade.«

Jetzt sah ich zum ersten Mal auf die Uhr.

»Elisabeth, wieso …«

»Sie müssen so schnell wie möglich kommen, Herr Walder. Im Moment bin ich hier allein. Meinen Vater habe ich auch schon angerufen. Der Krankenwagen kommt gleich.«

»Elisabeth, nun sagen Sie doch endlich, was los ist.«

Ich war vor Schreck beim Aufstehen mit dem linken Schienbein gegen den Pfosten des Futons geknallt. Das gab einen schönen blauen Fleck.

»Herr Walder, vor der Redaktion ist ein Baby ausgesetzt worden.«

Dreißig Minuten später war ich da. Elisabeth saß mit zwei Rote-Kreuz-Helfern, drei Polizisten und einer Putzfrau (was machte die hier?) im Konferenzraum. Ich überlegte, ob ich mich vorstellen sollte, nickte dann aber allen Anwesenden nur kurz zu.

Auf dem Tisch, auf dem sonst Layoutbögen und halbfertige Zeitungsseiten lagen, stand ein blauer Tragekorb, aus dem kleine, graue Gurte baumelten. Ich beugte mich darüber und sah ein winziges Baby. Es war in ein weißes Tuch gehüllt, unnatürlich gelb im Gesicht und konnte kaum älter sein als die Zeitung von vorgestern.

»Der Kleine ist vor wenigen Tagen auf die Welt gekommen«, sagte ein Mann im weißen Polohemd und dunkler Jeans, den Elisabeth mir später als ihren Vater vorstellte.

»Er hat wahrscheinlich eine Gelbsucht.«

»Ist das gefährlich, Papa?«, fragte Elisabeth.

»Nein, das kommt bei Neugeborenen manchmal vor. Er muss nur schnell in ärztliche Behandlung.«

Und nicht vor das Gebäude der Lokalzeitung. Dort hatte Elisabeth den Jungen vor einer Dreiviertelstunde gefunden, als sie für den Termin im Rathaus die vergessene Digitalkamera abholen wollte.

»Er lag vor der Hintertür. Ich wäre fast über ihn gestolpert, weil ich es so eilig hatte«, erzählte sie. Erst jetzt bemerkte ich, wie gut Elisabeth die Aufregung stand. Ihre Augen funkelten, ihre Lippen glänzten feucht, eine Haarsträhne fiel ihr leicht in das dunkelbraune Gesicht. Sie trug ein weißes, enges Shirt und darüber eine hellgraue Jacke. Das Baby hatte bisher kaum einen Ton von sich gegeben, nicht einmal die Augen aufgeschlagen.

»Lange kann er noch nicht vor der Tür gelegen haben«, sagte Dr. Renner.

»Sind Sie auf dem Weg zur Redaktion jemandem begegnet?«, fragte einer der Polizisten Elisabeth.

»Nicht, dass ich mich erinnern kann. Ich bin mit dem Auto direkt auf den Parkplatz gefahren«, sagte sie.

Wahrscheinlich so schnell, dass sie nicht einmal Hannibal mit seinen Elefanten registriert hätte.

»Wir sollten das Baby sofort ins Krankenhaus fahren, um es gründlich untersuchen zu lassen«, schlug ein Rot-Kreuz-Helfer vor, der wahrscheinlich um seine Einsatzkostenpauschale oder so fürchtete.

»Das müssen Sie nicht«, sagte Dr. Renner. »Ich kann es zu einem befreundeten Kinderarzt bringen, der gleich um die Ecke seine Praxis hat.«

Elisabeth sprang auf: »Warte, Papa, ich komm mit.«

Beim Herausgehen konnte ich sie kurz zur Seite ziehen. »Elisabeth, das muss doch ein Schreck für Sie gewesen sein. Wollen wir beide nicht erst mal in Ruhe einen Kaffee trinken?« (Ich trinke auch im Büro nie Kaffee, sondern immer Cola zero. Aber: Wollen wir nicht erst mal in Ruhe eine Cola zero trinken?, hätte unmöglich geklungen.)

»Auf keinen Fall, Herr Walder«, sagte sie und zeigte hinter ihrem Vater her. »Diese Geschichte lasse ich mir doch nicht entgehen.« Und, als sie schon fast aus der Redaktion war: »Sagen Sie Frau Bolzen Bescheid, dass sie zu Dr. Mühlbach kommen soll.«

Drei Stunden später brach der Sturm los. Es war zehn Minuten her, dass die Polizei eine offizielle Pressemitteilung an die Nachrichtenagenturen geschickt hatte (»Drei Tage altes Baby vor Redaktion einer Lokalzeitung ausgesetzt«), als der erste Fernsehsender anrief. In den folgenden Stunden kam ich zu nichts anderem, als Anfragen anderer Journalisten zu beantworten und Termine mit TV-Teams zu machen. Zum Glück war Grainer wieder da, der von seiner angeborenen Lethargie vor dem ganzen Wirbel geschützt wurde. Er kümmerte sich, als wäre nichts passiert, um die tägliche Post von Landfrauenverband und Feuerwehr.

Ich sah um kurz nach 11 Uhr in die Kameras von RTL. Eigentlich wollten die Fernsehleute »die junge Frau filmen, die das Baby gefunden hat«. Aber Elisabeth war bei dem Kleinen in der Praxis ihres Vaters. »Hier vermutet uns niemand«, hatte sie mir am Telefon gesagt. Bei Dr. Mühlbach, wo sie vorher gewesen waren, hätten schon zwei Radioreporter geklingelt.

Immerhin konnten wir den nächsten Fernsehteams – *WDR* vor *Sat. 1* und *n-tv* – mit Fotos von dem Findelkind dienen. Scharf waren sie auch noch. Rita Bolzen hatte den Jungen so oft fotografiert, dass tatsächlich acht verwertbare Motive dabei herausgekommen waren. Die verkaufte sie jetzt für Minimum 200 Euro das Stück erst an die Sender und dann an größere Tageszeitungen, die etwa im Viertelstundentakt nach Bildern fragten. Als ich es wagte, sie darauf aufmerksam zu machen, dass ihrem Arbeitgeber ein Teil der Erlöse aus den Verkäufen zustände, sagte sie nur knapp: »Das sieht das Urheberrecht anders, Herr Walder. Aber damit haben Sie sich ja wahrscheinlich noch nie beschäftigt.« Bevor sie den ersten Paragraphen zitieren konnte, klingelte ihr Handy.

Mich hatte der *WDR* inzwischen an meinem Schreibtisch ausgeleuchtet. Eine Reporterin (»ich bin seit einem Jahr Volontärin«) sah in mir offensichtlich den wichtigsten Kronzeugen.

»Was haben Sie gedacht, als Sie das Baby vor der Redaktion liegen sahen?«

»Ich habe das Kind dort nicht liegen sehen.«

»Aber es lag doch vor der Tür.«

»Das schon, aber …«

»Haben Sie eine Erklärung dafür? Warum legt eine Mutter ihr Neugeborenes vor die Tür einer Lokalredaktion?«

Ja, warum? Vielleicht war sie Abonnentin. Vielleicht hatte sie sich in der Tür geirrt. Vielleicht wollte sie das Kleine auf die Titelseite bringen. Letzteres war ihr auf jeden Fall gelungen.

»Ich habe ehrlich gesagt keine Ahnung. Und ich kann auch nicht verstehen, was eine Mutter dazu treibt, ihr Kind auszusetzen. So verzweifelt kann man doch nicht sein.«

Vor allem nicht in einer Stadt, in der es für jede noch so kleine soziale Schwäche einen eigenen Betreuungs- und Fürsorgeverein gab. Und wenn gar nichts mehr ging, half immer noch die Freiwillige Feuerwehr.

»Wie werden Sie darüber berichten?«

Ich hatte noch gar keine Zeit gehabt, mir darüber Gedanken zu machen.

»Wir werden den Fall sicherlich auf zwei oder drei Seiten schildern. Und natürlich alle Menschen der Stadt auffordern, uns bei der Suche nach der Mutter zu unterstützen.«

Tatsächlich kam ich erst gegen 15 Uhr dazu, meine eigene Zeitung zu planen. Bis dahin hatte ich gut zehn Interviews gegeben, aber von Elisabeth nicht mehr als eine kurze SMS erhalten: »Bringen Henri jetzt zur Beobachtung ins Krankenhaus. Komme dann in die Redaktion.« Hatte sie den Namen herausgefunden? Oder hatte sie dem Kleinen einfach einen gegeben? Ich wusste gar nichts, außer dass wir die gesamte Titelseite für den Fall ausgeben würden. Und dass wir doppelt so viele Exemplare drucken müssten wie sonst.

Das hatte Professor Michelsen höchstselbst angeordnet. Zum ersten Mal seit meinem Wechsel hatte er in der Redaktion angerufen.

»Michelsen hier. Mensch, Walder, Sie sind ja auf jedem Fernsehsender.«

»Ich …«

»Nicht, dass Sie am Sonntag noch bei Anne Will sitzen.« Der Professor lachte. Unfassbar. »Aber für die Auflage ist die Geschichte natürlich Gold wert. Ich hoffe, Sie haben schon in der Druckerei Bescheid gesagt. Ich würde mindestens verdoppeln.«

Auch daran hatte ich nicht gedacht.

»Meinen Sie?«

»Walder, mit dem Thema können Sie in drei, vier Tagen mehr Zeitungen verkaufen als sonst in zwei Wochen. Morgen die Geschichte mit dem Neugeborenen vor der Redaktion, übermorgen die große Suchaktion nach der Mutter, dann Spendenaufrufe, Lichterketten, Schuldzuweisungen der Politiker, Interview mit dem Vater. Das volle Programm. Wie viele Leute haben Sie eigentlich darauf angesetzt?«

Eine freie Mitarbeiterin … – »Irgendwie sind alle mit dem Thema beschäftigt.« – Irgendwie war ja Elisabeth in dieser Redaktion auch alles für mich.

»So muss das sein. Na, ich sehe Sie ja später im Fernsehen.«

Die Minutenschallmauer.

Immerhin konnte ich Lenz noch davon überzeugen, ein Interview mit einer Psychologin, der Frau seines Nachbarn, zu machen. Batz hatte Stimmen aus sämtlichen (rechten) politischen Lagern gesammelt und eine große Geschichte über die Unfähigkeit grüner Familienpolitik zusammengeschrieben. Die anderen Praktikanten, wir hatten, ohne dass es mir richtig aufgefallen war, vier gleichzeitig, waren noch unterwegs, um Reaktionen aus der Stadt einzufangen.

Die wichtigste Autorin kam erst gegen 16 Uhr 30.

»Elisabeth, jetzt müssen Sie sich aber echt beeilen. Ich habe fast sechshundert Zeilen von Ihnen für morgen eingeplant.«

»Ich fange gleich an, Herr Walder. Die Geschichte erzählt sich doch fast von selbst.«

So sind sie. Eben noch die kleine Praktikantin, die verzweifelt versucht, das gute Wort »sagte« nur ein Mal pro Text zu gebrauchen und dafür die deutsche Sprache mit synonymischen Textmonstern wie »analysierte sie mit einem Lächeln«, »erklärte er trotzig« oder »schloss er messerscharf« vergewaltigt. Jetzt schon die erfahrene Reporterin, für die der Fund eines Kleinkindes auf den Stufen der Redaktion so alltäglich ist wie für einen Schaffner der Deutschen Bahn die Beschwerden über verspätete Züge.

Es war kurz nach sieben. Eigentlich wollte ich nur meine Digitalkamera aus der Redaktion holen. Ich hatte sie am Abend zuvor dort vergessen, brauchte sie jetzt aber für einen Termin im Rathaus. Schnell sollte es gehen, deshalb achtete ich nicht auf meine Schritte. Erst als mein rechter Fuß auf der letzten Treppenstufe gegen etwas Hartes stieß, schaute ich nach unten. Dann war an diesem Tag nichts mehr so, wie es hätte sein sollen.

Für den Einstieg brauchte Elisabeth knapp fünf Minuten. Für den Rest des Aufmachers auf Seite eins dann eine Stunde, für einen Umlauf auf der Drei, ein Stück über die behandelnden Ärzte, eine genaue Beschreibung Henris (sie hatten ihn so getauft, weil das Kind einer Freundin so hieß) und des Tragekorbes insgesamt noch einmal zwei Stunden. Um kurz nach acht konnten wir alle Seiten belichten. Auf der Titelseite stand die Schlagzeile, die uns am nächsten Tag den höchsten Einzelverkauf in der Geschichte des Blattes bescheren sollte: »Baby vor Redaktion ausgesetzt – Wo ist die Mutter?«

»Hoffentlich erkennt einer den Kleinen«, sagte Elisabeth, als wir nach dem Andruck gemeinsam in der *Auberge* saßen, einem kleinen Restaurant, das erst vor vier Monaten eröffnet und Preise hatte, wie man sie in Wützen nur aus Fernsehserien gewohnt war. Sie trank Weißwein (immerhin!), ich einen Sambuca auf Eis ohne Kaffeebohnen.

Es war ihre Idee gewesen, noch einmal in Ruhe über die Themen des nächsten Tages zu reden. Meine war es, es in der *Auberge* zu tun. Wir hätten zwar auch in der Redaktion bleiben können, weil trotz Ausnahmezustands alle Redakteure wie gewohnt gegen 18 Uhr nach Hause gegangen waren. Nur Rita Bolzen war etwas länger geblieben, um weitere ihrer Fotos zu verschicken, die jetzt mindestens 300 Euro kosteten. Die sonst bei jeder Gelegenheit verfluchten Mechanismen der freien Marktwirtschaft kamen ihr in diesem Fall offenbar gerade recht. Auf ihrem Schreibtisch sah ich einen Zettel, auf dem sie die Einnahmen des Tages addiert hatte. Bisher hatte ihr Henri genau 3500 Euro gebracht. Ob die Bolzen das Geld wohl zur Hälfte der Gewerkschaft spenden würde?

»Morgen mache ich mich auf die Suche nach der Mutter«, sagte Elisabeth. Sie hatte nur kurz gezögert, als ich sie in die Auberge eingeladen hatte.

»Das wird gar nicht so einfach«, sagte ich. »Wir können nur hoffen, dass sich der Vater meldet. Oder die Großeltern.«

»Ich kriege schon irgendetwas raus.« Elisabeth hatte immer noch kleine, rote Flecken im Gesicht. »Ein Bekannter meines Papas ist Chefarzt in der Geburtsklinik. Den treffe ich gleich morgen früh.«

»Hat die Polizei mit dem denn noch nicht gesprochen?«

»Geht nicht. Der war heute auf einer Fortbildung. Mein Vater hat ihn erst spät abends auf dem Handy erreicht. Er hat gesagt, dass es in den vergangenen drei bis fünf Tagen nur zehn Geburten gab. Und vier davon waren Türken.«

»Türken setzen ihre Kinder bestimmt nicht aus. Schon gar nicht vor der Tür einer deutschen Lokalzeitung.«

»Sie verstehen nicht, was ich meine, Herr Walder.«

Herr Walder, Herr Walder, Herr Walder. Ich bestellte noch einen Sambuca. Wieder auf Eis, wieder ohne Kaffeebohne. Elisabeth musste mich für einen James Bond für Arme halten. Geschüttelt, nicht gerührt, Sie wissen schon.

»Henri sieht doch überhaupt nicht aus wie ein Südländer, Herr Walder.«

Warum hieß ich nicht Herbert Bert? Dann hätte Elisabeth nicht anders gekonnt, als mich mit meinem Vornamen anzusprechen, und nur das Sie noch zwischen uns gestanden.

»Eher wie ein Chinese. War ganz schön gelb, der kleine Mann.«

»Er muss jetzt im Krankenhaus alle zwei Stunden unter so eine Lampe. Neugeborenengelbsucht, oder so.«

»Was meinen die Ärzte denn, woher der Kleine kommen könnte?«

»Sie haben keine Ahnung.«

»Wer könnte der Vater sein?«

»Vielleicht war es ein One-Night-Stand. Oder er ist abgehauen, als er erfahren hat, dass sie ein Kind kriegt. Oder er hat eine andere. Oder sie ist seine Sekretärin. Sie wissen doch, Herr Walder: Männer sind Schweine.«

Für einen Moment war die Stimmung der vergangenen Stunden, diese Mischung aus Aufregung und Neugierde, dahin. Elisabeth war nicht mehr die leidenschaftliche Detektivin, sondern eine verbitterte Frau. Hatte es bei der Bolzen irgendwann auch so angefangen? Einen Sambuca durfte ich noch.

»Wann sind Sie denn morgen beim Chef der Geburtsklinik?«

»Ich kann um 9 Uhr da sein. Eigentlich darf er mir die Akten ja nicht zeigen. Aber wir tun einfach so, als würde ich Wützens neue Erdenbürger in der Zeitung vorstellen wollen – und dann muss er ja mal nachgucken, wer so zur Welt gekommen ist in den vergangenen Tagen.«

»Ausgesetztes Baby: Jetzt spricht die Mutter.«

»Was soll das sein, Herr Walder?«

»Unsere nächste Schlagzeile. Wenn Ihre Kontakte wirklich so gut sind ...«

»Da müssen Sie sich keine Sorgen machen. Noch einen Sambuca?«

»Nur, wenn Sie auch einen trinken.«

»Zwei Sambuca«, Elisabeth schaute mir direkt in die wahrscheinlich glasigen Augen, »aber auf Eis und ohne Kaffeebohnen. Mögen Sie keinen Kaffee, Herr Walder?«

Nein, ich hasse Kaffee. Ich hatte ihn als Jugendlicher einmal trinken müssen, nachdem ich beim Arzt vor einer Untersuchung zusammengebrochen war. Seitdem wurde mir allein von dem Geruch schlecht. Wenn Marie keine Lust auf meine Nähe gehabt hatte, und das war leider nicht selten gewesen, hatte sie literweise Milchkaffee getrunken und mir kurz vor dem Zubettgehen »Gute Nacht, mein kleiner Liebling« ins Gesicht gehaucht. Das hielt mich mehr ab, als es ein Keuschheitsgürtel vermocht hätte.

»Ich bin mehr so der Teetrinker«, sagte ich, was zwar auch nicht stimmte, aber mir egal war. Hauptsache, Elisabeth und ich sprachen über etwas, was nichts mit dem Beruf zu tun hatte. So waren es ausgerechnet Kaffeebohnen, die aus unserem Geschäftsessen, wir bestellten später auf Redaktionskosten noch ein dreigängiges Menü und zum Abschluss eine Extraportion Creme Brulée, ein Gespräch werden ließ, das etwas von der Privatheit früherer Telefonate hatte. Um ihr zu zeigen, dass ich aus dem Abend mit Ostwasser gelernt hatte, stieg ich nach dem vierten Sambuca demonstrativ auf Wasser (Kommentar Elisabeth: »auf Eis und ohne Kaffeebohnen«) um, während Elisabeth die Molinari-Vorräte des Bistros deutlich reduzierte. Am Ende war sie es, die sich bei mir einhakte und fragte, ob wir uns nicht ein Taxi teilen wollten.

Ich stieg, ganz neuer Gentleman, allein hinten ein, ließ uns zu ihrem Elternhaus bringen, hielt ihr die Tür auf und streckte ihr zum Abschied von mir aus die Hand entgegen. Sie nahm sie, zog mich kurz dichter an sich heran, um dann wieder abzustoppen.

»Bis morgen, Herr Walder. Vielen Dank für den netten Abend.«

»Bis morgen, Elisabeth. Und denken Sie daran: Jetzt zählt erst mal nur die Geschichte des kleinen Henri. Wenn der Fall gelöst ist, sehen wir weiter.«

»Wie, wir weiter?«

Der Taxifahrer ließ die Scheibe herunter: »Soll ich warten, oder zahlen Sie jetzt?«

Ich gab ihm zehn oder 20 Euro, genau weiß ich das nicht mehr. Er war innerhalb einer halben Minute verschwunden.

»Wie, weiter? Herr Walder, was meinen Sie?«

Elisabeth hielt sich an der Garagentür ihres Elternhauses fest. Ich hatte den ganzen Abend überlegt, ob ich meine Entschuldigungs-SMS erwähnen und mein Angebot erneuern sollte, ihr bei der Suche nach einem Job oder zumindest einem Praktikum bei einer großen Zeitung zu helfen.

»Ich weiß ja gar nicht, ob Sie meine letzten SMS gelesen haben, Elisabeth. Aber ich hatte mir überlegt, wie es für Sie jetzt weitergehen kann, rein beruflich natürlich, und dachte, ich könnte Sie einmal …«

War sie im Stehen eingeschlafen? Ihr Kopf lehnte an der Garage, die kleine Handtasche baumelte an zwei Fingern der rechten Hand.

»Elisabeth?«

Sie reagierte nicht.

»Elisabeth?«

Ich rüttelte leicht an ihrer linken Schulter. Sie zuckte zusammen, schlug die Augen wieder auf.

»Ja, also danke, Herr Walder. Ich glaube, ich muss dann jetzt mal rein. Morgen wird bestimmt ein langer Tag.«

Als sie gerade einen Schritt auf mich zumachte und ich für eine Zehntelsekunde damit rechnen konnte, dass der von den Frauen dieser Welt seit fast fünf Monaten durchgehaltene Johann-Walder-Boykott zumindest durch einen Wangenkuss sein Ende finden würde, ging hinter Elisabeth die Gartentür auf. Ihr Vater. Ich setzte vier Schritte zurück.

»Melden Sie sich morgen, Frau Renner, wenn Sie etwas herausgefunden haben. Und Ihnen, Herr Dr. Renner, noch einmal recht herzlichen Dank für die schnelle Hilfe in dieser schwierigen Situation. Sie haben eine tol…, ich meine, sehr tüchtige Tochter.«

Ich kam gerade rechtzeitig nach Hause, um die Wiederholung einer WDR-Sondersendung zum »Fall des kleinen Henri« zu sehen. Neben mir hatte die Reporterin auch Rita Bolzen interviewt. Sie erzählte von der sie erschütternden »Unverfrorenheit und Dreistigkeit, mit der TV-Sender und Zeitungen aus ganz Deutschland« versuchen würden, »aus der schrecklichen Lage dieses kleinen Kindes Kapital für die eigenen Auflagen oder Quoten zu schlagen«. Das würde sie, die einfache Dorffotografin, nun wirklich nicht verstehen. Mir kamen die Tränen.

Vierundzwanzig

Ich war mit dem Rad, so schnell ich konnte, zur Polizeiwache gefahren. »Können Sie gleich kommen? Wir haben etwas Wichtiges gefunden«, hatte der Kommissar am Telefon gesagt. Er stand schon vor der Tür. »Da sind Sie ja endlich. Sie werden sehnsüchtig erwartet.« An seinem Gürtel baumelten zwei Pistolen. »Hier entlang, es ist die Tür ganz am Ende.«

Dahinter stand ein Dutzend Männer in weißen Kitteln um eine Frau herum, die aussah wie Miss Marple. Nein, es war Miss Marple. Sie musste über hundert Jahre alt sein, ihre Haut zog sich wie ein Akkordeon auseinander, als sie zu mir hochsah. Sie war nicht größer als einen Meter fünfzig.

»Ah, Sie sind das«, sagte Miss Marple.

Die weißen Herren nickten.

»Elisabeth Renner, richtig? Ich hoffe, dass Sie unser kleines Rätsel lösen können. Also …«

Sie drehte sich um und griff auf den Tisch hinter sich.

»Die Fotos …«, jetzt sah mich Miss Marple wieder an. Ihre Augen waren nicht größer als die Münzschlitze in Parkscheinautomaten. »Diese Fotos haben wir im doppelten Boden des Tragekorbs gefunden, gegen den Sie gelaufen sind. Sie zeigen eine Frau bei der Geburt eines Kindes. Ich glaube …«

Der Kommissar räusperte sich, die Kittel hielten den Atem an.

»Der Kommissar und ich glauben, dass die Bilder die Mutter zeigen und dass nur Sie wissen, wer es ist.« Miss Marple riss ihre Augen auf, so weit sie konnte. »Konzentrieren Sie sich, Elisabeth.«

Sie gab mir sechs Polaroidbilder. Ich nahm sie, sah sie mir ein Mal an, zwei Mal, drei Mal. Miss Marple holte etwas aus ihrer

Handtasche. »Sie kennt sie, sie kennt sie«, flüsterte sie dem Kommissar zu, der plötzlich eine Spritze in der Hand hatte. »Noch nicht …«

Ich schrie, so laut ich konnte, aber es kam kein Ton. Ich schrie und schrie und schrie, als plötzlich die Tür aufging und Martin hereinkam, ein Baby auf dem rechten und Esmeralda auf dem linken Arm. Dahinter sah ich Johann Walder mit einer Magnumflasche Sambuca winken.

»Los, machen Sie schon, Elisabeth, sagen Sie uns endlich den Namen.« Miss Marple zog an meinem Bademantel. Warum hatte ich den denn noch an?

»Nein, tu es nicht«, sagte Martin, »ich kann dir alles erklären.«

»Auf Eis und ohne Kaffeebohnen«, sagte Walder. Ich sah ihn an, dann Martin, dann Miss Marple und dann wieder die Frau auf den Bildern, deren große Brüste ich schon einmal gesehen hatte, auf dem gleichen Papier.

»Beatrice, das ist doch Beatrice«, schrie ich, und Miss Marple nickte dem Kommissar zu. »Martin ist der Vater, Martin hat Henri vor der Redaktion ausgesetzt, Martin und Beatrice, Martin und Beatrice, sie müssen Sie verhaften, Miss Marple, Miss Marple …«

»Mausi, was ist denn los? Du bist ja ganz verschwitzt.«

Miss Marple rüttelte an meiner Schulter. Ihre Haut war wie durch ein Wunder wieder straff. Sie hatte braune, kluge Augen.

»Und warum sagst du Miss Marmel zu mir?«

Das Rütteln hörte auf. Miss Marple sah aus wie Oma.

»Oma?«

»Ja, dein Vater bin ich zumindest nicht. Hast du schlecht geträumt, Mausi? Oder ist es gestern ein bisschen zu lang geworden mit deinem Chef?« Sie zwinkerte mir zu.

»Oma, wie spät ist es denn?«

»Es ist halb sieben.«

»Warum weckst du mich dann schon? Ich muss noch schlafen.«

»Das Einzige, was du musst, ist aufstehen, Mausi, und zwar sofort.«

Ich reagierte einfach nicht.

»Mausi, es geht um das Baby in deiner Zeitung.«

Ich machte das linke Auge auf und sah, dass meine Großmutter die Wünzige in der Hand hielt.

»Oma, ich weiß auch nicht mehr als das, was da steht, und ich muss jetzt wirklich ...«

»Steh auf!« Sie zog mir mit der Kraft einer Dreißigjährigen die Decke weg.

»Du hast ja deine Klamotten noch an.«

Ich musste so ins Bett gegangen sein. Ich wusste nicht mehr genau, wie ich gestern Abend nach Hause gekommen war. Ich wusste nur, dass ich zu viel Sambuca getrunken und mich mit Herrn Walder lange über Kaffeebohnen und Tee unterhalten hatte. Es war fast süß, wie er sich um ein normales Verhältnis zwischen uns bemüht hatte und bloß nichts Falsches sagen wollte. Es ging auch noch um Räucherstäbchen, die schönen Spaziergänge, die man um Wützen machen konnte, ein Buch über den Buddhismus, das ihm Frau van Daggelsen empfohlen hatte und das wirklich gut sei. Ganz gleich, was Walder sagte, es klang wie eine einzige große Entschuldigung, wie: »Können wir nicht noch einmal ganz von vorn anfangen?« Während ich mich hemmungslos dem Sambuca hingab, stieg er auf Wasser um. Er wusste nicht, dass ich ihm längst vergeben hatte. Fast tat es mir leid, dass ich um die Szene im roten Blitz so einen Wirbel gemacht hatte. Was war ein harmloser Kuss auf den Hals schon im Vergleich zu einem Freund, der sich beim Oralsex mit seiner Assistentin fotografierte? Armer lieber Herr Walder.

»Ich mache uns jetzt erst mal einen Kaffee. In zehn Minuten bist du unten, verstanden, Mausi? Sonst wirst du enterbt.«

Es dauerte eine halbe Stunde und zwei Aspirin, bis ich neben Oma am Küchentisch saß.

»Also, was gibt es so Dringendes? Und sprich bitte leise.«

Oma erzählte, dass sie vor knapp zwei Wochen bei ihrem Dienst in der Wützener Kleiderkammer, deren Chefin sie mit neunundsiebzig Jahren geworden war, einen blauen Kindertragekorb mit grauen Gurten und einer schwarzen, abgewetzten Polsterung an eine hochschwangere Frau herausgegeben hatte.

»Das war der aus eurer Zeitung, Mausi.«

»Bist du sicher, Oma? Bei diesen Körben sieht doch einer aus wie der andere.«

»Ich bin mir ganz sicher. Ich merke mir jedes Stück, das die Kleiderkammer verlässt. Falls es mal zu Reklamationen kommen sollte.«

Reklamationen? Bei Second-, Third- und Fourth-Hand-Ware? Oma schien ihren Job sehr genau zu nehmen.

»Aber selbst wenn es der Korb gewesen sein sollte, den ich vor der Redaktion gefunden habe: Wie sollen wir herauskriegen, wie die Frau heißt, die ihn abgeholt hat? Mit ihrer EC-Karte wird sie kaum bezahlt haben, oder?«

»Das kann man bei uns doch gar nicht, Mausi.« Oma schüttelte den Kopf. »Außerdem hat der Korb ja nur einen Euro gekostet. Aber den Namen kann ich dir trotzdem sagen. Moment.«

Sie verschwand in Richtung Arbeitszimmer. Ich schenkte mir eine zweite Tasse Kaffee ein. Als ich fertig war, stand Oma mit einem völlig zerfledderten, blauen Heft in der Küche.

»Hier ist sie«, sagte sie stolz.

»Hier ist was?«, fragte ich.

»Hier ist unsere Kleiderkammerkladde, in die wir von jedem Kunden Namen und Adresse eintragen.«

Ich konnte es nicht glauben.

»Warum tut ihr das denn, Oma? Ich dachte, das ist …«

Sie unterbrach mich.

»Weil alles seine Ordnung haben muss, mein Kind. Auch Wohltätigkeit.«

»Aber die Leute kriegen die Sachen doch so gut wie geschenkt. Mahnungen werdet ihr also nicht rausschicken müssen.«

»Trotzdem. Sicher ist sicher. Und so wissen wir auch immer, was am besten geht und wer am meisten kauft.«

Als ich später das Buch durchblätterte, fand ich unter den Beziehern auch drei Mal Peperdieck und acht Mal Bolzen. Die Fotografin hatte allein sechs Blusen, vier Paar Schuhe, drei Jacken und sogar gebrauchte Unterwäsche in der Kleiderkammer »gekauft«. Gesamtpreis: 14 Euro. Die Betriebsratsvorsitzende am unteren Ende der Kleiderkette. Unfassbar.

»Hier, siehst du, es war vor fast genau zwei Wochen.« Oma hatte die richtige Stelle gefunden. »1 Babytragekorb, blau, schwarzes Polster, leicht abgewetzt. Abgegeben an: Hanna Giese, Birkenweg 20. Empfangen: H. Giese.«

»Woher willst du wissen, dass die nicht irgendeinen Namen angegeben hat?«

»Aber Mausi, wir lassen uns selbstverständlich die Personalausweise zeigen.«

»Ihr lasst was …?«

»Damit da nicht irgendwelche Betrüger kommen.«

So wie Peperdieck und Bolzen.

Natürlich blieb die Frage, ob Omas Kleiderkammerkorb auch wirklich derjenige war, in dem Henri vor der Redaktion gelegen hatte. Aber das war schnell herauszubekommen.

»Ich fahre da jetzt hin«, sagte ich und erwartete für einen kurzen Moment, dass Oma sagen würde: »Ich komme mit.« Aber sie fragte nur: »Willst du nicht vorher deinen Chef anrufen?«

Ich schaute auf die Uhr. Es war kurz nach acht und damit unwahrscheinlich, dass Walder schon wach war. Vielleicht steckte er auch gerade mitten in einem Alptraum um ausgesetzte Babys, Kaffeebohnen und eine geheime Spur. Wobei in seinem Traum eher Hercule Poirot als Miss Marple auftauchen dürfte. Irgendwann am gestrigen Abend hatte er erzählt, dass er am liebsten so wäre wie der. Nicht so dick natürlich, sondern so clever. Es muss gewesen sein, als der Kellner die zweite Flasche Sambuca öffnete.

»Ja, bitte?«

Walder hatte die Unart, sich nicht mit seinem Namen zu melden. Er klang verschlafen.

»Elisabeth Renner, guten Morgen, Herr Walder. Tut mir leid, dass ich wieder so früh anrufe. Ich hoffe, ich habe Sie nicht geweckt.«

Er räusperte sich.

»Ich hätte sowieso gleich aufstehen müssen. Inforadio will um acht ein Interview mit mir machen. Wenigstens kann ich dabei im Bett liegen bleiben.«

»Sie werden noch berühmt, Herr Walder.«

»Wenn hier einer berühmt wird, dann sind Sie es, Elisabeth. Haben Sie schon die befreundeten Boulevardzeitungen gelesen?«

»Nein, ich bin auch gerade erst …«

Er unterbrach mich. »Ich habe mir gestern an der Tankstelle die Nachtausgaben besorgt. Die einen nennen Sie den Redaktionsengel, die anderen die schöne Retterin. Ich zitiere.«

Ich hörte leise das Knistern einer Zeitung.

»Ein uralter, abgewetzter Korb, stehen gelassen vor den Treppenstufen einer Zeitungsredaktion. Eine schlanke, junge Frau, die einfach nur ihre Arbeit machen will. Das sind die Zutaten der verrücktesten und erschütterndsten Geschichte, die das kleine Städtchen Wützen jemals erlebt hat. Das Baby und die Praktikantin! Ein dünner Schicksalsfaden verband die beiden gestern Morgen für immer miteinander. Den kleinen armen Jungen, den alle Henri nennen, und seine schöne Retterin. Zitat Ende.«

»Woher wollen die wissen, ob ich schön bin?«

»Eine hässliche Retterin hätte halt nicht zu der schönen Geschichte gepasst«, sagte Walder. Er hatte seinen normalen Sprachrhythmus wiedergefunden. Nur während des Vorlesens hatte er einmal irgendetwas die Nase hochgezogen. »Außerdem sind Sie ja nun wirklich nicht hässlich. Ich meine …«

Na, da war ich gespannt.

»Ich meine, es steht mir selbstverständlich nicht zu, das als Ihr ehemaliger und vorübergehender Chef zu beurteilen, aber ganz objektiv sind Sie nun wirklich eine attraktive …«

»Ja?«

»Also, wahrscheinlich haben die Kollegen Sie einfach gegoogelt und ein Bild von Ihnen auf *Facebook* oder *stayfriends* gefunden. Oder sie haben einen der Redakteure gefragt. Aber deswegen haben Sie nicht angerufen.«

»Nein, deswegen nicht.«

Wenig später stellte ich fest, dass das einzige Foto, das man von mir im Netz fand, ausgerechnet jenes im Bademantel aus dem *Badischen Kurier* war. Hoffentlich würde es nicht nächste Woche das Titelbild der *Bunten* werden.

»Ich habe vielleicht eine Idee, wer die Mutter sein könnte, Herr Walder.«

»Und das sagen Sie erst jetzt?«

Ich erzählte ihm die Geschichte von Oma und der Kleiderkammerkladde und dass ich sofort in den Birkenweg fahren würde. Von dem Traum und Miss Marple und der Magnumflasche Sambuca erzählte ich ihm nichts.

»Wollen Sie nicht vorher in die Geburtsklinik, um die Daten zu checken?«, fragte Walder.

»Das kann ich immer noch. Ich kann in zehn Minuten im Birkenweg sein. Wenn diese Hanna Giese dort wohnt, klingle ich einfach und sage, dass ich ihr Baby gefunden habe. Und dass ich gern mit ihr reden würde. Wann sind Sie in der Redaktion?«

»So schnell es geht«, sagte Walder. »Halten Sie mich auf dem Laufenden.«

Fünfundzwanzig

Das Interview mit *Inforadio* hatte fünf Minuten gedauert. Am Ende traute ich mich zu behaupten, dass wir bereits eine erste heiße Spur im Fall des kleinen Henri hatten, ich mehr aber noch nicht darüber sagen könnte.

»Alles Weitere wird man dann morgen in der Wützener Zeitung lesen?«, fragte der Radiomensch.

»Genau«, sagte ich und bezweifelte, dass diese Art der Werbung unserer Auflage irgendetwas bringen würde. Denn die *Wützener Zeitung* gab es nur in Wützen und in ein paar Nachbardörfern. Ein Exemplar wurde jeden Tag zusammen mit anderen Produkten des Verlags an den Kölner Hauptbahnhof geliefert. Dort hatten wir im vergangenen Jahr genau zwei Stück verkauft.

»Das war der Chefredakteur der Wützener Zeitung, Johann Walder. Lieber Herr Walder, wir danken Ihnen für das Gespräch und wünschen Ihnen und der ganzen Stadt Wützen viel Glück bei der Suche nach der Mutter des kleinen Henri.«

»Danke, das können wir gebrauchen«, sagte ich und merkte erst beim letzten Wort, dass die Verbindung längst unterbrochen war.

Als ich in die Redaktion kam, war Batz schon da. Er saß im Konferenzraum und sprach mit Christian Rupprecht, dem CDU-Bundestagsabgeordneten unseres Wahlkreises. Er winkte mir durch die halb offene Tür zu und war bester Laune. Die Glatze glänzte.

»Morgen, Herr Walder. Ich rede gerade mit Herrn Rupprecht über die Pläne der CDU, jetzt endlich eine Babyklappe in der Stadt zu installieren.«

»Wenn schon Neugeborene vor der Tür einer Zeitungsredaktion ausgesetzt werden, ist es höchste Zeit dafür«, sagte der Politiker. »Finden Sie nicht auch, Herr Walder?«

Batz ließ mir keine Chance, zu antworten.

»Wir sollten das Thema groß auf Seite drei spielen. Ich könnte auch einen Kommentar dazu schreiben. Die GAL hat bei der Frage nach einer Babyklappe viel zu lange gezögert. Allen voran der Bürgermeister. Aber der hat es ja auch nicht so mit Babys.«

»Wenigstens können wir ihn als möglichen Vater von Henri ausschließen«, sagte Rupprecht und glotterte dabei wie ein Kleinkind. Batz schlug wieder und wieder mit der flachen Hand auf den Tisch: »Den Bürgermeister … als Vater ausschließen … herrlich, einfach herrlich, nicht, Herr Walder?«

Man kannte sich. Und man kannte seine Feinde.

»Ich lasse Sie dann mal wieder allein«, sagte ich. Die einzige Geschichte, die mich interessierte, war die der Mutter. Aber Elisabeths Handy blieb ausgeschaltet.

Dafür kam auch Rita Bolzen schon kurz nach 9 Uhr in die Redaktion. Was war hier los? Traf sich der Betriebsrat zu einer außerplanmäßigen Versammlung? Hatte sie endlich den Verräter gefunden, der ihre Kamera manipulierte? Oder sollten ihre Fotos von dem kleinen Henri in einem teuren Bildband erscheinen?

»Guten Morgen, Herr Walder.« Die Bolzen hatte beste Laune. »Sind Sie immer so früh hier? Ich war schon draußen im Birkenweg.«

Woher wusste sie …?

»Frau Renner hatte mich angerufen und gebeten, dorthin zu kommen. Normalerweise reagiere ich ja auf Anrufe von Praktikantinnen nicht, und Anweisungen nehme ich von denen erst recht nicht entgegen. Aber Frau Renner sagte, sie hätte einen Hinweis auf die Mutter des kleinen Henri und wollte für den Fall des Falles einen Fotografen, also ich meine natürlich, eine Fotografin, in der Nähe haben. Da habe ich selbstverständlich eine Ausnahme gemacht.«

Ich wusste, warum sie eine Ausnahme gemacht hatte. Die Fotos der Mutter ließen sich für das Zwei- bis Dreifache des Preises verkaufen, den sie gestern für die Bilder des kleinen Henri bekommen hatte. Ich musste dringend die Rechtsabteilung von *Michelsen Media* anrufen. Die sollte klären, ob der Bolzen wirklich das ganze Geld zustand. Aber jetzt gab es Wichtigeres.

»Und?«

»Und was, Herr Walder?«

»Ich will wissen, ob Sie im Birkenweg Erfolg gehabt haben, Sie und Elisa… ich meine, Frau Renner.«

»Ich war sogar schon zehn Minuten vor Ihrer Elisabeth da, weil ich ja gleich um die Ecke wohne. Ich habe deshalb vor dem Haus gewartet. Ich konnte also sehen, ob jemand reingeht oder rauskommt.«

Was sollte ich mit so einer Information? Warum erzählte sie nicht endlich, was ich wissen wollte?

»Frau Bolzen, bitte sagen Sie mir nur eins: Ist die Dame vom Birkenweg Henris Mutter? Hat sie sich fotografieren lassen?«

»Nein. Ich meine ja. Sie ist die Mutter. Elisabeth hat mir eine SMS geschickt, nachdem sie etwa eine halbe Stunde in dem Haus war: ›Sie ist. Will nicht Foto.‹ Deshalb bin ich wieder weggefahren. Die Arbeitszeit ist natürlich trotzdem angefallen.«

»Ja, das habe ich verstanden. Wir haben also keine Fotos?«

»Nur von dem Haus, von der Umgebung, von zwei Nachbarn.«

»Dann zeigen Sie mir wenigstens die!«

Das ist der Vorteil der digitalen Kameras. Man kann sich sämtliche Bilder sofort auf dem kleinen Monitor ansehen. Zumindest theoretisch.

»Nee, lassen Sie mal, Herr Walder. Ich lade Sie Ihnen herunter, das dauert nur fünf Minuten, dann haben Sie die besten Motive.«

Wahrscheinlich war mindestens die Hälfte wieder unscharf. Die Bolzen konnte nicht mal ein Mehrfamilienhaus vernünftig fotografieren.

»Ich kann doch erst mal ...«, sagte ich, aber da war sie schon in ihrem Fotoeck (so nannte die Bolzen ihr Büro, in das außer ihr niemand durfte) verschwunden. Ich drückte auf Wahlwiederholung: Elisabeth war immer noch nicht auf Empfang. Batz und Rupprecht lachten laut.

»Was ist denn hier los?«

Das konnte nicht sein. Es war noch nicht einmal halb zehn und Herbert Grainer ebenfalls da. Er sah das verhasste CDU-Zweigespann, zog die Mundwinkel noch weiter nach unten, schob seine Aktentasche unter den Schreibtisch und setzte sich. Er hatte eine rote Hose an und dazu passend ein Einstecktuch in seinem dunkelblauen Sakko.

»Bist ja früh dran, Herbert«, sagte ich.

»Ich muss heute Abend zeitig weg. Golftermin.«

So wie mein Stellvertreter arbeitete, hätte ich gern mal Urlaub gehabt. Zum ersten Mal passierte in dieser Stadt etwas, das bedeutender war als die Neuwahl des Feuerwehrvorstandes, und der nominell zweitwichtigste Journalist Wützens verabredete sich zu einer Neunlochpartie. Wahrscheinlich mit dem Bürgermeister, der Präsident des Golfklubs von Wützen war. »Kein Wunder, bei dem Handicap«, hatte Batz gesagt, als er zum ersten Mal davon gehört hatte.

»Das müsste doch gehen, oder, Johann? Viel werden wir doch zu diesem Baby nicht mehr machen? Ich fand es ehrlich gesagt übertrieben, dass wir darüber heute auf drei Seiten berichtet haben. Hat mich vorhin beim Bäcker auch schon der Direktor des Gymnasiums drauf angesprochen. Sagte, wir sollten aufpassen, nicht zu boulevardesk zu werden.«

Der Lieblingsvorwurf der vermeintlich Intellektuellen. Ich überlegte kurz, ob ich angesichts der Lage ernsthaft auf so eine Frage antworten sollte. Wenn es nach Grainer gegangen wäre, wäre die *Wützener Zeitung* wahrscheinlich das einzige Medium im ganzen Land gewesen, das über den Fall nur eine Meldung gebracht hätte.

»Elisabeth hat vielleicht herausbekommen, wer die Mutter ist«, sagte ich knapp. »Und die CDU will ihre Pläne für eine Babyklappe wieder forcieren.«

»Nur weil hier mal ein Kind ausgesetzt wird? Das ist doch lächerlich. Und ehrlich, Johann: Gehört diese Mutter, die den Namen nicht mal verdient, in eine Zeitung wie die unsere? Ich finde nicht, dass so eine Berichterstattung zu einer Qualitätszeitung passt.«

Die Ehrungen im Kaninchenzüchterverein, die er an einem meiner wenigen freien Sonntage auf den Fuß der Titelseite gehoben hatte, wohl schon.

»Warten wir erst mal ab, was Elisabeth mitbringt.« Je weniger ich sagte, desto geringer war die Gefahr, dass ich anfing, meinen fast einen Kopf größeren Stellvertreter zu würgen.

Grainer knurrte leise: »Wenn du meinst. Du bist der Chef. Aber der Bürgermeister ...«

Zum Glück kam Frau Schmidt herein. »An den ersten Tankstellen sind wir ausverkauft«, schrie sie durch den Raum. »Ich schicke meinen Mann mit der stillen Reserve los.« Die stille Reserve waren rund sechshundert Exemplare, die wir eigentlich für Anzeigenkunden und das Sportarchiv von Peperdieck brauchten, das inzwischen Dreiviertel der undichten Kellerräume einnahm.

»Hoffentlich haben wir nicht viel zu wenig gedruckt«, sagte Frau Schmidt.

Das befürchtete ich auch, als gegen kurz nach 11 Uhr die Meldung kam, dass die reguläre Auflage verkauft sei. Batz freute sich darüber, als hätte die CDU alle Landtagswahlen gleichzeitig gewonnen: »Das Interesse an diesem Fall zeigt nur zu deutlich, was in dieser Stadt alles im Argen liegt, seit ein grüner, schwuler und Golf spielender Bürgermeister im Rathaus sitzt.«

»Wir könnten zum ersten Mal seit acht Jahren wieder mehr als achtzehntausend Exemplare verkaufen«, jubelte Frau Schmidt.

Nur Grainer freute sich nicht. Er saß hoch über seinem

Schreibtisch, las die Protokolle des letzten Bauausschusses und zischte verächtlich: »Wir sollten hier mal alle schön ruhig bleiben. Wir bereichern uns am Schicksal anderer Menschen. Wir verdienen Geld mit ihrem Leid. Darauf kann man doch nicht stolz sein, werte Kollegen.«

Aber auf einen zweihundertvierzig Zeilen langen Artikel über die Liebe zwischen zwei vierzehn Jahre alten Katzen …

Während sich Batz und Grainer über den Kopf von Frau Schmidt hinweg ankeiften, vibrierte mein Blackberry. Eine SMS von Elisabeth: »Bin in 30 min da. Habe alles.«

Wäre sie pünktlich gewesen, hätte sie miterlebt, wie Rita Bolzen sich in den Streit der Todfeinde einmischte. Sie war auf Grainers Seite: »An diesem Fall zeigt sich einmal mehr exemplarisch, wie die an sich ehrenhafte und verantwortungsvolle Arbeit des Journalisten unter den Zwängen renditegetriebener Verleger leidet. Denen geht es nie um das Leid, das Menschen wie dem kleinen Henri oder allen, die ihn lieben, widerfährt. Denen geht es nur um das schnelle Geld.«

»Ihnen ja zum Glück nicht, Frau Bolzen«, sagte ich und schob ihr die ausgedruckte E-Mail aus der Rechtsabteilung hinüber, in der es knapp hieß, dass »die Veräußerung von Fotos oder anderen Produkten, die im Auftrag des Verlages erstellt wurden, allein durch den Verlag erfolgen kann. Er entscheidet angesichts der allgemeinen Richtlinien zum Weiterverkauf über die Verteilung der damit erzielten Einnahmen.« Rita Bolzen zerknüllte das Stück Papier, zischte etwas wie »das werden wir ja sehen« und knallte die Tür des Fotoecks zu.

»Hier ist ja was los.« Elisabeth musste zumindest Bolzens Abgang miterlebt haben. Batz und Grainer stritten weiter, Rupprecht stand daneben, lachte und haute Batz hin und wieder zustimmend auf die Schulter. Frau Schmidt hatte sich an den Rand meines Schreibtischs mit einer Rechenmaschine gesetzt, die selbst Manufactum nicht besser auf alt hätte machen können, und ließ Zahlenkolonnen herunterrattern, als ginge es nicht um die vermeintliche Rekordauflage einer der kleinsten Tageszeitungen Deutschlands, sondern um die Sanierung des Bundeshaushaltes.

»Es wäre am besten, wenn wir verschwinden und in Ruhe über alles sprechen könnten«, sagte ich zu Elisabeth. »Aber die Zeit wird knapp. Wir müssen früher andrucken, weil die Auflage morgen fast drei Mal so hoch ist wie sonst.« Auch das hatte der alte Michelsen über Volkerts anordnen lassen. Zitat: »Holen Sie aus dem Fall raus, was rauszuholen ist.«

»Aber erzählen Sie mir erst einmal, was Sie herausgefunden haben, Elisabeth.«

»Ich würde lieber gleich mit dem Schreiben anfangen, Herr Walder«, sagte sie und blätterte durch etwa vierzig, fünfzig eng beschriebene Seiten in einem blauen A4-Heft, auf das sie vorn nur »Henri« geschrieben hatte. »Geht das? Die Geschichte ist toll, das verspreche ich Ihnen. In einer Stunde haben Sie eine erste Fassung.«

So lange wollte ich nicht warten.

»Wie sind Sie in die Wohnung gekommen? Wie haben Sie die Mutter dazu gebracht, mit Ihnen zu sprechen? Warum hat sie das Kind ausgesetzt? Erzählen Sie, Elisabeth, erzählen Sie!«

»Ich schreibe alles auf, Herr Walder, okay? Bis ins letzte Detail. Lassen Sie uns in einer Stunde darüber sprechen. Wo kann ich in Ruhe arbeiten?«

Ich gab auf. Es war kurz nach eins, um spätestens 5 Uhr mussten alle Seiten in der Druckerei sein, und wir hatten so gut wie nichts fertig. Batz und Grainer stritten immer noch, Rita Bolzen hatte mir vier Motive des Hauses im Birkenweg hingelegt, von denen überraschenderweise alle scharf waren. Hinter den Fenstern sah man außer Gardinen nichts. Ich setzte Elisabeth an den Schreibtisch von Frau Schmidt, der auf dem Weg zur Anzeigenabteilung in einer ruhigen Ecke lag.

»Wollen Sie etwas trinken?«

Elisabeth hatte den Computer schon hochgefahren, loggte

sich ein. Sie hatte wieder kleine rote Flecken auf den braunen Wangen.

»Nein danke, Herr Walder.« Sie klappte ihr Notizbuch auf. Auf den ersten Seiten war sogar der Rand beschrieben. Ich hätte mich nicht gewundert, wenn in der ersten Zeile so etwas wie: »Guten Tag, mein Name ist Elisabeth Renner, ich komme von der Wützener Zeitung und habe gestern das ausgesetzte Baby vor der Redaktion gefunden« gestanden hätte. Frauen neigen dazu, vor allem an der Universität und als Journalistinnen, alles, was sie sagen oder was gesagt wird, mitzuschreiben. Männer machen sich nur Stichworte. Jetzt kam meins.

»Dann ans Werk, Elisabeth«, sagte ich.

»Bis nachher, Herr Walder.« Sie fing an.

Ich ging zurück an meinen Schreibtisch. Elisabeth wusste nicht, dass ich von dort aus jedes Wort mitlesen konnte, das sie schrieb.

Sechsundzwanzig

Es ist fast genau 24 Stunden her. Gestern um diese Zeit habe ich den kleinen Henri gefunden. Wahrscheinlich heißt er gar nicht so. Aber wir haben ihn so getauft. Wir, das sind die Ärzte, die das Baby untersucht haben, und ich, die beinahe über seinen Tragekorb gestolpert wäre. Vor 24 Stunden.

Schöner Einstieg, bis auf die doppelte Betonung der vierundzwanzig Stunden. Ich hatte mir ein Glas Cola zero eingeschenkt, die Füße auf den Schreibtisch gelegt und Batz und Grainer gebeten, ihrerseits zurück an die Arbeit zu gehen. (Worauf Batz sich natürlich nicht verkneifen konnte zu sagen, dass das bei dem Kollegen Grainer ja das erste Mal in seiner Karriere wäre, dass er »an die Arbeit gehe«. Ich tat so, als hätte ich die Bemerkung genauso überhört wie Grainers »pass bloß auf, ich bin immer noch dein Vorgesetzter und habe mehr Preise gewonnen, als …«)

Jetzt stehe ich vor dem Haus, in dem Henri heute eigentlich neben seiner Mutter im Bett liegen sollte. Ganz dicht an ihrer Brust, um die Wärme zu spüren und die Geräusche, die ihm in den Monaten der Schwangerschaft so vertraut geworden sind. Das Gebäude liegt in einer ruhigeren Gegend am Stadtrand. Roter Klinker, sechs Parteien, zwei kleine gepflegte Vorgärten. Am Klingelschild steht der Name, auf den wir heute Morgen einen Hinweis aus der Bevölkerung bekommen haben.

Auch wenn sie ihre Oma als Kronzeugin nicht nennen wollte, was ich verstehen konnte: Der Satz musste noch hart redigiert werden. Schlimmes Polizeideutsch.

Ich denke nicht lange nach und klingle einfach. Eine Freisprechanlage gibt es nicht. Entweder öffnet sie die Tür, oder ich klingle so lange, bis sie es tut. Ihre Wohnung scheint im zweiten Stock zu liegen, also ganz oben. Ich klingle noch mal. Und noch mal. Viel-

leicht schläft sie noch. Vielleicht ist sie gar nicht da, hat die Stadt längst verlassen. In ihrem Briefkasten steckt ein Exemplar unserer Zeitung. Ausgerechnet. Der Summer. Die Tür geht auf. Die Kacheln im Treppenhaus haben den gleichen Farbton wie die Etiketten der Cola-Flaschen.

Ich hatte das erste Glas schon leer.

Ich schaue hoch, aber keiner guckt herunter. Ich gehe langsam die Treppe hinauf, um niemanden zu verschrecken. 14, 15, 16 ... nach 45 Stufen bin ich da. Die Wohnungstür ist verschlossen. Ich will klingeln, klopfe aber lieber. Das ist persönlicher. Und signalisiert: Ich bin jetzt oben.

»Wer ist da?«

Ihre Stimme ist durch das dunkle Holz der Tür kaum zu vernehmen.

»Mein Name ist Elisabeth Renner. Ich muss mit Ihnen reden.«

»Was wollen Sie?«

Was soll ich sagen? Ich kann nicht lügen.

»Frau Meyer (Name geändert, Anm. d. Red.), ich habe Ihren Sohn gefunden.«

Wahrscheinlich war die Wahrheit ihre einzige Chance. Ich wusste, dass sie reingekommen war, aber nicht, wie. Ich erfuhr es auch in den nächsten fünfzehn Minuten nicht. Der Text ging nicht weiter. Warum brauchte Elisabeth auf einmal so lange? Vielleicht sollte ich ihr doch helfen? Langsam ging ich zu Frau Schmidts Schreibtisch, pochte an die Stellwand, die ihn vom Rest des Raumes trennte. Elisabeth war nicht da. Erst als ich auf den Computer zuging, hörte ich ihre Stimme. Hinter mir. Sie war außer Atem.

»Herr Walder, entschuldigen Sie, ich weiß, die Stunde ist fast um. Ich musste nur eben schnell mein Auto woanders hinstellen, die Parkuhr war abgelaufen. Aber ich kann Ihnen den Anfang der Geschichte schon einmal ausdrucken.«

»Nicht nötig«, sagte ich generös. »Ich wollte nur einmal sehen, ob Sie Hilfe brauchen. Ich bin dann wieder hinten.«

Elisabeth schrieb endlich weiter.

Ich höre, wie sie die Tür entriegelt. Dann steht sie vor mir. Eine junge Frau mit dem Gesicht eines kleinen Mädchens. Blonde Haare, mit einem roten Gummi zum Pferdeschwanz gebunden. Große, runde, blaue Augen, eine Nase, um die herum sie ein wenig weiß ist. Das gelbe T-Shirt hält dem Druck ihrer Brüste nur mit Mühe stand. Die sind so groß, dass das Oberteil nach unten wie die Öffnung eines Kleides fällt. Was sie noch trägt, kann ich erst sehen, als sie mir in die Wohnung vorausgeht. Einen grünen Faltenrock. Wie alt mag sie sein? Vielleicht 17, vielleicht 27. Wahrscheinlich wird sie immer ein kleines Mädchen bleiben.

Seit sie die Tür geöffnet hat, hat sie kein Wort gesagt. Ich gehe trotzdem hinter ihr her, durch den schmalen Flur, von dem es rechts zur Küche abgeht, in das einzige Zimmer der Wohnung. Bett, Fernseher, kleiner Schminktisch, ein Schafwollteppich. In der Ecke liegt ein großer Haufen Windeln. Ich bin hier richtig. Sie setzt sich auf die Bettkante. Ich bleibe stehen. Es gibt nichts, auf das ich mich setzen könnte.

»Wiegehtesihm?«

Ihre Stimme ist piepsig, ihre Sprache schnell. Es klingt, als hätte sie Angst, das Ende des Satzes bei den ersten Worten zu vergessen. Sie überschlägt sich fast.

»Istergesund? Wannhabensieihngefunden?«

Jetzt guckt sie zum ersten Mal zu mir hoch. Das soll sie nicht. Ich hocke mich vor das Bett auf den Boden.

»Es geht ihm gut. Er ist im Krankenhaus. Wir haben ihn Henri genannt.«

»ErheißtClemens. Ich …«

»Ja?«

»Ichwolltedasnicht.«

Mein Telefon klingelte. Eine Münchner Nummer. Will Michelsen die Auflage noch mal erhöhen? Jetzt nicht.

»Wollen Sie mir alles erzählen?«

»MussichjetztinsGefängnis?«

»Ich glaube nicht. Ist doch alles gutgegangen. Aber ich weiß nicht, ob Sie Ihren Jungen so schnell wiederkriegen.«

Sie sagt nichts, zieht die hellen Beine an ihr Kinn heran, soweit es die gigantischen Brüste zulassen. Die Brüste, an denen jetzt Henri liegen sollte. Ich meine Clemens.

Was hatte sie nur mit den Brüsten? Weiter.

»Ich habe Ihren Kleinen gefunden, weil ich für die Zeitung arbeite. Ich bin eine Reporterin.«

Diese verdammte Ehrlichkeit. Elisabeth!

»WollenSieübermichschreiben?«

»Nur, wenn Sie nichts dagegen haben. Aber nun erzählen Sie erst einmal. Ganz in Ruhe. Ich habe Zeit.«

Dann erzählte sie die Geschichte einer Praktikantin, die eine Affäre mit einem Vorgesetzten hatte. Ich nahm vor Schreck die Füße vom Tisch und drehte den Computer so, dass niemand außer mir den Bildschirm sehen konnte. Das durfte nicht wahr sein. Was musste Elisabeth in diesem Moment gedacht haben? Hatte sie die junge Mutter in den Arm genommen und gesagt: »Ich kann Sie so gut verstehen. Mir wäre fast das Gleiche passiert.« Hatte sie von den entscheidenden Sekunden im roten Blitz gesprochen, in denen sie das Schicksal doch noch hatte wenden können, weg von einer hässlichen Bettszene mit schlimmsten Folgen? Mir wurde schlecht, ich fühlte mich schäbig und wäre in diesem Augenblick bereit gewesen, all meine Ersparnisse für die Gründung einer NFTC-Stiftung (wobei NFTC natürlich für *Never Fuck the Company* steht) herzugeben. Ich musste Elisabeth unbedingt jetzt und sofort sagen, dass ich sie niemals in so eine Situation gebracht hätte, nein, viel mehr, dass es mir gar nicht darum gegangen war, ihre Situation wie auch immer auszunutzen. Sie musste verstehen, dass ich nicht so ein Chef war wie der, über den sie gleich schreiben würde.

Ich öffnete ein E-Mail-Fenster, gab Elisabeths private Adresse bei GMX ein: »Liebe Elisabeth, angesichts Ihrer Erlebnisse am heutigen Tag ist es mir ein Bedürfnis …«

»Herr Walder, ich störe ungern, aber …«

Ich drehte den Bildschirm, so weit es ging, nach links. Elisabeth stand schräg hinter mir. Sie hatte drei A4-Seiten in der Hand.

»Ich wollte Ihnen nur den ersten Teil schon einmal geben. Vielleicht können Sie den redigieren, während ich den Rest schreibe.«

Ich murmelte irgendetwas wie »natürlich, gar kein Problem«, und sie verschwand wieder. Ich beschloss, die E-Mail später in Ruhe zu schreiben. Jetzt wollte ich wissen, wie die Geschichte der Praktikantin weiterging.

Karin Meyer (Elisabeth hatte ihr auch einen ausgedachten Vornamen gegeben, eine selten langweilige Kombination) hatte vor etwas mehr als einem Jahr ein Praktikum bei einem Unternehmen in der Stadt begonnen. Sie wollte nicht sagen, wie es hieß, nicht einmal, aus welcher Branche es stammte. Zuvor hatte sie Angewandte Kulturwissenschaften an einer Uni in Niedersachsen studiert, war, um sich einen Job zu suchen, aber wieder in ihren Heimatort zurückgekehrt. In Wützen konnte sie umsonst in einer Wohnung leben, die ihrem Vater gehörte. Durch dessen Vermittlung hatte sie auch das Praktikum bekommen, von dem sie hoffte, dass es der Einstieg in ihren Traumberuf werden würde.

In der Firma hätte man sich, erzählte Karin Meyer Elisabeth, die *kaum mit dem Notizenmachen hinterherkommt*, wenig um sie gekümmert. Nur einer der Mitarbeiter hätte sich ihr als »Praktikantinnenbeauftragter« vorgestellt und gesagt, dass sie mit allen Fragen zu ihm kommen könne. Der Rest der Kollegen beachtete sie nicht.

Sie sagt: »Deshalb hat es mich natürlich gefreut, dass ich da wenigstens einen Ansprechpartner hatte.« Allmählich hat sich ihr Sprachrhythmus normalisiert. »Der Oberboss hat mich ignoriert. Die anderen Angestellten haben gerade mal guten Tag gesagt. Eigentlich hatte ich nur mit dem Praktikantinnenbeauftragten Kontakt.« Nennen wir ihn Herrn Reinhardt. Welche Rolle er in der Firma genau spielt, will sie nicht sagen.

Auf jeden Fall, mindestens so viel bekam Elisabeth heraus, war Herr Reinhardt etwa doppelt so alt wie Karin Meyer. Die war damals gerade 25 geworden.

»In der ersten Woche beließ er es noch dabei, mich zwei, drei Mal am Tag zu fragen, wie es mir in der Firma gefällt und ob er mir helfen könne. In der zweiten Woche führte er eine halbstündige Besprechung ein, in der er mir vor allem erzählte, wie er zu seinem Job gekommen und wie seine Karriere bisher verlaufen war. Und dass es nur noch eine Frage der Zeit sei, wann er den Sprung ganz nach oben machen werde.«

Elisabeth war dazu übergegangen, nur die Mutter sprechen zu lassen. Die Geschichte wurde zu einem einzigen Zitat.

»Anfang der dritten Woche sagte er mir, dass ich großes Talent hätte und dass ich in seiner Firma etwas werden könnte. Er wollte wissen, ob ich mich schon anderswo beworben hatte. Ich traute mich nicht zu sagen, dass von den 56 Bewerbungen, die ich abgeschickt hatte, 40 abgelehnt worden waren. Von den restlichen 16 Firmen hatte es gar nicht erst eine Antwort gegeben. Also sagte ich: ›Ich habe gerade erst angefangen, mich umzusehen. Deshalb absolviere ich ja das Praktikum bei Ihnen.‹ Er schien fast erleichtert: ›Machen Sie sich keine Sorgen‹, sagte er, ›ich helfe Ihnen. Gemeinsam finden wir was für Sie.‹«

Drei Tage später lud er seine Praktikantin zum Abendessen ein. Hoffentlich hatte er keine Schwäche für Sambuca.

»Wie hätte ich nein sagen können? Mein Praktikum war erst zur Hälfte herum, und ich sah erstmals seit dem Ende meines Studiums eine Chance auf einen Arbeitsplatz. Auch wenn mich der Oberboss immer noch missachtete, hatte Herr Reinhardt mir ja Hoffnung auf eine Zukunft im Unternehmen gemacht. Und er kümmerte sich inzwischen fast rührend um mich.«

Ob sie nicht Angst gehabt hätte, dass der Praktikantinnenbeauftragte für seinen Einsatz eine Gegenleistung erwartet, wollte Elisabeth wissen.

»Nein, warum denn? Er hätte mein Vater sein können, war ver-

heiratet, hatte, glaube ich, sogar zwei Kinder. Ich habe immer versucht, seinen privaten Fragen auszuweichen, und extra so getan, als hätte ich einen Freund, obwohl ich mich von dem schon anderthalb Jahre zuvor getrennt hatte.«

Also durfte Herr Reinhardt mit seiner Praktikantin essen gehen. Natürlich nicht in einem der wenigen guten Restaurants in der Stadt. Sie fuhren gemeinsam in seinem weißen Audi A 6 in einen versteckt liegenden Landgasthof, in dem sie einen Tisch am Kamin für sich allein hatten.

»Er erzählte dann noch mal, wie er zu seinem Job gekommen war und wie wichtig Menschen sind, die einem dabei helfen. Und er erklärte mir genau seine Pläne für mich. Der Oberboss würde wohl nicht mehr lange im Unternehmen bleiben, dann würde er mit hundertprozentiger Sicherheit sein Nachfolger werden. Er würde mir sofort eine Stelle verschaffen. Bis dahin könnte ich entweder mein Praktikum verlängern oder auf Honorarbasis für die Firma arbeiten. Das klang glaubwürdig, zumal ich den Oberboss in den vergangenen Tagen nur noch stundenweise im Betrieb gesehen hatte. Es ging das Gerücht, er würde vorzeitig in den Ruhestand gehen. Trotzdem war mir die Situation unangenehm. Ich saß da mit meinem Chef in einem ziemlich intimen und teuren Restaurant in einer Gegend, in der ich mich überhaupt nicht auskannte, und spürte, dass weder die Kollegen noch seine Frau etwas von dem Treffen wussten. Sein Handy hatte er ausgeschaltet. Können Sie verstehen, wie es mir da ging?«

Ich befürchtete, Elisabeth konnte es verstehen. Aber zum Glück schrieb sie nichts davon. Ich durfte die E-Mail an sie auf keinen Fall vergessen. Der Text ging mit der einfachsten aller Journalistenfragen weiter.

Und dann?

»Dann fragte ich das Blödeste, was man in einer solchen Situation fragen kann: ›Herr Reinhardt, warum tun Sie das eigentlich alles für mich?‹ Es musste für ihn wie eine Aufforderung gewesen sein, mir endlich seine wahren Gefühle zu gestehen. Nur kurz

sprach er noch von dem großen Talent, das er in mir sehe, und von den frischen, jungen Mitarbeitern, die die Firma dringend bräuchte. Dann beugte er sich weit zu mir herüber, schenkte mir etwas Rotwein nach, obwohl ich noch gar nichts getrunken hatte, und sagte: ›Außerdem haben Sie bestimmt auch schon gemerkt, dass zwischen uns etwas ganz Besonderes ist. Wir sind längst mehr als Chef und Praktikantin, das spüren Sie doch auch? Wir können gemeinsam in unserem Unternehmen viel verändern. Ich als die Nummer eins und Sie als meine direkte Assistentin.‹« Sie stockt. »Dann hat er mir mit seiner rechten Hand über die Wange gestreichelt. Ich konnte seinen Ehering spüren. Aber ich habe mich nicht gerührt. Ich habe nur dagesessen und es geschehen lassen.« Ja, erzählt Karin Meyer weiter, auf einmal sei ihr die Situation nicht einmal mehr unangenehm gewesen. Mit jedem weiteren Kompliment über ihre Ausstrahlung, Fröhlichkeit, über ihre Augen, Beine und ihren Geruch sei sie lockerer geworden. »Er bettelte geradezu um Beachtung, um ein kleines Zeichen von Zuneigung. Das gefiel mir. Da saß ein älterer, erfahrener Mann, ein Chef, vor mir, und ich hatte ihn in der Hand. Konnte mit ihm machen, was ich wollte. Und richtig hässlich war er ja auch nicht. Hatte noch einen guten Körper für sein Alter, nur einen kleinen Bauch, war immer modisch angezogen. Irgendwie tat es auf einmal gut, dass ein echter Mann mich umschwärmt. Nicht so ein Bubi wie mein letzter Freund.« Der war zwei Jahre jünger gewesen und hatte sie verlassen, weil sie ihm beim Sex ›nicht experimentierfreudig genug‹ gewesen war.«

Das musste ich nachher rausstreichen. Wir waren immer noch eine Familienzeitung. Der nächste Absatz kam. Elisabeth schien zu merken, dass die Geschichte zu lang wurde und sie allmählich gestrafft werden musste.

In dieser Stimmung fängt Karin Meyer dann doch an zu trinken. In schnellen, schweren Schlucken leert sie das erste Glas Rotwein, dann das zweite, das dritte. Herr Reinhardt bestellt eine neue Flasche, rückt immer dichter an sie heran. Eine halbe Stunde später liegt die Hand des Chefs auf ihrem Oberschenkel. Sie trägt einen weißen, kurzen Rock. »Er hat mich langsam gestreichelt, ganz zart. Ich habe getrunken, gelacht und ihn einmal auf die Nase gestupst. Er sah fast süß aus, der alte Kerl, wie er sich an mich drückte und so nebenbei versuchte, meinen Oberschenkel immer weiter hinauf zu kommen.«

Ich wollte nicht verstehen, dass ein Vorgesetzter und Ehemann so etwas machen konnte, und sah mich selbst, wie ich an Elisabeth herumzerrte. Zum ersten Mal merkte ich, dass ich nie wirklich über mein Verhältnis zu ihr nachgedacht hatte. Ich hatte ihre Gegenwart genossen und mich zu keinem Zeitpunkt gefragt, ob es ihr auch so gegangen war. Dass ich mit ihr zusammen sein wollte, reichte mir als Legitimation für unseren Kontakt. Wahrscheinlich ist dies das wirklich Perfide an einer wie auch immer gearteten Beziehung zwischen einem Vorgesetzten und einer Untergebenen: Der Chef überträgt einfach die Herrschaftsverhältnisse vom Beruf auf das Privatleben. Ich schämte mich, öffnete die E-Mail an Elisabeth und schrieb: »... ein Bedürfnis, mich bei Ihnen zu entschuldigen, sollte ich Ihnen in den vergangenen Monaten einmal (oder mehrfach) zu nahe gekommen sein. Ich habe unsere gemeinsame Zeit am Telefon und bei der Besprechung Ihrer Texte immer sehr genossen, manchmal vielleicht mehr, als es mir als Ihrem Vorgesetzten zusteht. Aber ich hatte zu keiner Zeit vor, das Abhängigkeitsverhältnis, das zwischen uns bestand, in irgendeiner Form auszunutzen. Um ehrlich zu sein, und das war sicherlich mein größter Fehler, habe ich Sie mit der Dauer unserer Zusammenarbeit weniger als Praktikantin denn als Vertraute und, entschuldigen Sie noch einmal diese Anmaßung, als Freundin gesehen. Ich ...«

Ich musste weiterlesen. Es war gleich halb sieben.

Spätestens nach dem sechsten oder siebten Glas Rotwein merkt Karin Meyer nicht mehr, was mit ihr passiert. Normalerweise trinkt sie höchstens mal eine Weinschorle oder ein Alsterwasser. Sie kann sich nur noch daran erinnern, wie sie in Herrn Reinhardts Arm zum Auto torkelt und sie gemeinsam wieder in die Firma zurückfahren, wo ihr Fahrrad steht. »Dort ist es dann passiert.«

O nein.

»Ich hatte meinen Wohnungsschlüssel im Schreibtisch liegen lassen. Herr Reinhardt begleitete mich ins Büro. Als ich die Schublade aufziehen wollte, griff er meinen linken Oberarm, zog mich zu sich und küsste mich. Und dann …« Sie macht eine lange Pause. Die ganze Zeit hat sie mich angesehen oder auf meinen Block geschaut. Jetzt schließt sie die Augen. Wir wissen beide, was kommt. Sie muss es nicht sagen. Ich bin diejenige gewesen, die Clemens gefunden hat. Ich bin es gewesen, die sie gesucht hat. Sie schlägt die Augen wieder auf und sieht mir direkt ins Gesicht: »Unddannhabenwirmiteinandergeschlafen.«

»Herr Walder?«

Elisabeth kam mit den nächsten Seiten.

»Ich bin jetzt fast fertig. Haben Sie schon Gelegenheit gehabt, den Anfang zu lesen?«

Die ersten drei Seiten lagen so auf meinem Schreibtisch, wie sie sie dort hinterlassen hatte.

Ich konnte also nicht lügen.

»Nein, leider noch nicht. Ich musste einen längeren Text von Herrn Batz redigieren.«

Der hatte natürlich mitgehört und schaute irritiert herüber, als würde er denken: Redigieren? Bei mir? Ich bin doch nicht Grainer. Außerdem hatte er seinen Artikel erst vor einer Minute an mich geschickt. Viel konnte ich also noch nicht gelesen haben.

»Okay. Und, Herr Walder …«

Elisabeth zögerte. Sie würde doch nicht hier, vor allen Leuten …

»… kann ich mir ganz schnell etwas vom Bistro holen? Ich habe den ganzen Tag noch nichts gegessen.«

Ich atmete auf.

»Selbstverständlich hole ich Ihnen etwas. Was möchten Sie denn?«

»Irgendwas mit Nudeln und vielleicht einen kleinen Salat. Ich gebe Ihnen das Geld später wieder.«

»Sie geben mir gar nichts wieder. Das ist ja wohl das Geringste, was ich als Entschädigung dafür tun kann, dass Sie …«

Ich sah die Blicke der anderen gespannt auf mich gerichtet, als würden sie alle die Geschichte der Karin Meyer kennen und von mir erwarten, dass ich mich jetzt bei Elisabeth offiziell dafür entschuldigte, dass es ihr beinahe ebenso gegangen wäre.

»… dass Sie für uns diese unglaubliche Geschichte allein recherchiert und damit den Fall des kleinen Cle…, ich meine Henri quasi gelöst haben. Sind Penne arrabbiata okay?«

»Aber nicht zu scharf, bitte.«

Zwanzig Minuten später stellte ich ihr eine große Portion mit einem kleinen Salat und einem halben Baguettebrot auf den Tisch. Da hatte sie gerade den letzten Satz ihrer »Geschichte der Mutter« (Elisabeths Arbeitstitel, der als Schlagzeile natürlich nicht taugte) fertig.

Am nächsten Tag geht Karin Meyer nicht in die Firma. Sie hat sich bis zum Morgen drei Mal übergeben. Der Rotwein pumpt immer noch durch ihren Körper, bläst ihren Kopf zu einem gewaltigen Schmerz auf. Sie muss liegen und darf die Augen nicht öffnen, dann kann sie das Leben zumindest ertragen. Sie denkt in diesen Stunden nicht an das, was passiert ist. Sie denkt nicht an Herrn Reinhardt. Karin Meyer ist nicht wirklich auf dieser Welt. Und natürlich denkt sie nicht eine Sekunde daran, dass sie schwanger sein könnte.

Im Unternehmen ist es offensichtlich niemandem aufgefallen, dass die Praktikantin am Freitag gefehlt hat. Als Karin am Montag ins Büro kommt, fragt keiner, wo sie gewesen ist. Sie hat etwas Angst davor, Herrn Reinhardt wiederzusehen. Am Wochenende haben sie nichts voneinander gehört. Auf ihrem Tisch ist die Schreibunterlage leicht verrutscht, der Locher steht schief. Zeugen der stürmischen Minuten, die ihr Chef und sie hier gehabt haben. Richtig erinnern kann sich Karin auch daran nicht mehr. Wohl aber an die Stelle, die Herr Reinhardt ihr in Aussicht gestellt hat. Sie will gleich heute mit ihm darüber reden. Schließlich endet ihr Praktikum offiziell in vier Tagen. Da ist es nur vernünftig, zumindest über einen Honorarvertrag zu sprechen. Oder gleich über einen festen Job? Den Oberboss hat Karin schon gesehen. Herrn Reinhardt noch nicht. Wahrscheinlich kommt er später, denkt sie. Oder er hat einen Termin außer Haus. Bei den Chefs weiß man ja nie. Karin schaltet ihren Computer ein.

Doch Reinhardt kommt nicht. Weder um zwölf noch um zwei. Karin wird unruhig. Auch weil sie nicht weiß, was sie tun soll. Bisher hat sie Aufträge immer direkt von ihm erhalten. Als es 16 Uhr wird und die ersten Kollegen die Firma schon wieder verlassen, fragt sie die Sekretärin, ob er heute noch kommen würde. »Herr Reinhardt?«, sagt die. »Der hat doch Urlaub.« Oh, fragt Karin, und wann ist er wieder da? »Ich glaube, erst in drei Wochen.«

Danach geht alles ganz schnell, Karins Praktikum endet wie vorgesehen vier Tage später. Der Oberboss drückt ihr stumm die Hand, die anderen Kollegen nicken bloß. Ein Zeugnis werde Herr Reinhardt ihr nachreichen, wenn er wieder da sei, sagt die Sekretärin. Ihre Adresse habe man ja. Auf Wiedersehen.

Wenige Tage später bleibt ihre Regel aus, die normalerweise so zuverlässig kommt wie der Weihnachtsmann am 24. Dezember. Karin hat bis zu diesem Zeitpunkt angenommen, dass Reinhardt ein Kondom benutzt hat. Sie kann sich nicht erinnern, Spuren von ihm in sich gefunden zu haben. Aber an welches Detail von diesem Abend kann sie sich überhaupt erinnern?

In der Apotheke gibt es den billigsten Schwangerschaftstest für 9,99 Euro. Als dieser positiv ausfällt, kauft Karin den teuersten. Das Ergebnis bleibt gleich. Einen Tag später sagt die Frauenärztin, die ihr vor knapp anderthalb Jahren geraten hatte, die Pille abzusetzen, solange sie keinen Freund habe: »Frau Meyer, Sie sind schwanger.«

Furchtbare Wochen beginnen. Karin kann und will mit niemandem darüber sprechen. Außer mit Reinhardt. Als sie knapp zwanzig Tage nach dem Ende ihres Praktikums seinen Wagen erstmals wieder auf dem Firmenparkplatz sieht, ruft sie an. Die Sekretärin würgt sie gleich nach der Begrüßung ab: »Ach, Frau Meyer, ich erinnere mich. Ja, Herr Reinhardt wird in den nächsten Tagen Ihr Praktikumszeugnis schreiben. Wir schicken es dann wie besprochen zu. Auf Wiederhören.«

Sie lauert Reinhardt am gleichen Abend auf dem Parkplatz auf, duckt sich hinter sein Auto. Als er die Fahrertür aufschließt, ist sie auf einmal wie aus dem Nichts da.

»Wir müssen etwas besprechen, Herr Reinhardt.«

»Karin, ich, äh, ich habe leider wenig Zeit«, sagt er. »Dass das mit der Stelle doch nicht geklappt hat, tut mir leid. Ich konnte nichts machen. Wir müssen sparen.«

»Darum geht es nicht, Herr Reinhardt.«

Nicht mehr.

»Fräulein Meyer, ich muss wirklich los. Ich habe noch einen Termin.« Er steigt ein, will die Tür zuschlagen. Karin hält dagegen.

»Herr Reinhardt, ich bin schwanger.«

Er reagiert nicht. Keine Angst in seinen Augen, nicht einmal Überraschung. Nur Gleichgültigkeit.

»Dann sollten Sie mal mit dem Erzeuger darüber reden oder mit Ihrem Freund. Was habe ich damit zu tun?«

»Ich habe keinen Freund, Herr Reinhardt. Ich habe in den vergangenen anderthalb Jahren nur einmal mit einem Mann geschlafen.«

»Genau. Und Elvis lebt. Ich wünsche Ihnen einen schönen Tag.«

Reinhardt zieht die Tür zu, lässt den Motor an und fährt rückwärts aus der Parkbucht. Karin kann im letzten Moment verhindern, dass der linke Vorderreifen über ihren Fuß rollt.

Einmal hat Karin Meyer danach noch versucht, mit einem Mann über die ungewollte Schwangerschaft zu sprechen. Doch ihr Vater rastet aus, als er die Geschichte aus der Firma hört und den kleinen Babybauch sieht: »Wenn es so ist, musst du es wegmachen lassen. Diese Schande kannst du mir nicht antun. Meine Tochter und der Reinhardt, einer von unseren besten Kunden. Nein, ich will nichts mehr davon hören«, sagt er.

Karin fehlt selbst zum Weinen die Kraft. Vier Wochen später kündigt der Vater ihr die Wohnung. Sie hat Glück, findet das kleine Zimmer im Birkenweg. Die Miete, 315 Euro warm, zahlt sie von ihrem Ersparten. Während der Schwangerschaft verdient sie sich etwas dazu, indem sie Fotos für Schwangerenmode macht – und Telefonsex. Einmal hat sie einen »Freier«, sie nennt die Männer wirklich so, dran, der wie Herr Reinhardt klingt. Da hat sie gesagt: »Stell dir vor, ich liege auf deinem Schreibtisch und spreize langsam die Beine. Ich trage nur einen kurzen Rock und nichts darunter. Du kannst mit mir machen, was du willst.« Sie hat gehofft, dass der Anrufer auflegt. Doch er habe gestöhnt und wie ein Marathonläufer gekeucht: »Ich besorg's ... dir ... richtig, du kleine Büroschlampe.«

Es würde später nicht ganz ohne Kürzungen und inhaltliche Umstellungen gehen, um am nächsten Tag einen Sitzstreik sämtlicher Landfrauenverbände der Region vor dem Redaktionsgebäude zu verhindern. Und ein Schreiben des Bürgermeisters an den Presserat. Betreff: »Zunahme perverser, heterosexueller und konservativer Berichterstattung in unserer Lokalzeitung unter der Ägide des gegelten Herrn Walder.«

Clemens kam vor fünf Tagen auf die Welt. Karin Meyer ist allein im Krankenhaus gewesen. Die Geburt hat nur zweieinhalb Stunden gedauert, ein Segen. In der Klinik geht es der jungen Mutter noch gut. Ja, sie habe sich auf ein neues Leben mit ihrem Sohn gefreut. Doch dann, zu Hause, in der engen Wohnung, der Kleine schreit die erste Nacht durch, bekommt sie postnatale Depressionen »oder wie das heißt«. Will selbst schreien ob der Ungerechtigkeit, die ihr widerfahren ist. Und will all die ignoranten Ex-Kollegen, Nachbarn, Eltern und ihm, dem Vater, zeigen, was sie ihr und ihrem Sohn angetan haben. Für Clemens endet diese Nacht auf den Stufen unserer Redaktion.

»Hier ist die ganze Geschichte.« Elisabeth hatte die kompletten acht Seiten ausgedruckt, legte sie auf meinen Schreibtisch und setzte sich neben mich.

»Wollen wir sie gleich gemeinsam durchgehen?«, fragte sie.

»So wie früher?«, fragte ich.

»So wie früher«, sagte sie, und ich musste an Marie und unsere Marotte denken, auf die Frage des anderen mit dessen Frage zu antworten.

Ich las mir alles noch ein Mal durch, dann ein drittes, für Elisabeth das zweite Mal. Sie protestierte dagegen, die schlüpfrigen Szenen zu entschärfen oder herauszunehmen: »Sonst wird nicht klar, was die arme Frau alles durchgemacht hat, Herr Walder. Haben Sie nicht einmal gesagt: Was wahr ist, muss man auch schreiben können?«

»Ja, aber nicht in einer Familienzeitung. Die Geschichte ist auch so sehr gut, Elisabeth. So ein Stück hat lange nicht bei uns gestanden. Wahrscheinlich noch nie. Sie sollten sich damit unbedingt für einen dieser Nachwuchsjournalistenpreise bewerben. Da können Sie dann meinetwegen zusätzlich die ungekürzte Fassung einschicken. Sozusagen den Director's cut.«

»Meinen Sie?«

»Ich habe schon preisgekrönte Reportagen gelesen, die schlechter waren.«

»Wirklich? Vielen Dank.«

Wir druckten pünktlich an. Elisabeths Geschichte nahm fast die komplette Titelseite ein, dazu große Teile der Seiten zwei und drei. In den Abendnachrichten des *Westdeutschen Rundfunks* hielt ein Reporter die *Wützener Zeitung* in die Kamera. Eine Weltpremiere! Die Forderung der CDU, im Kreis endlich eine Babyklappe einzurichten, war landesweit über die Nachrichtenagenturen gelaufen. Mit Nennung der Quelle: »... das berichtet die Wützener Zeitung.«

Batz hatte vor lauter Aufregung die Sitzung seines Ortsvereins vergessen. Volkerts schickte mir eine Mail: »Wenn sich die Ausgabe morgen genauso gut verkauft wie heute, könnte die

Auflage Ihrer kleinen Zeitung zum ersten Mal seit sechs Jahren in einem Quartal wieder steigen. Geht doch.« Er schätzte, um eins Komma zwei bis eins Komma fünf Prozent.

Das hatten wir Elisabeth zu verdanken. Ich beschloss, ihr für die Geschichte der Mutter 400 Euro zu überweisen. Es wurden 300, immerhin.

»Entschuldigen Sie …«

Ich war gerade dabei, aus Elisabeths Text die wichtigsten Passagen zu einer weiteren Meldung zusammenzuschreiben, die an alle Nachrichtenagenturen, an Radio- und TV-Sender rausgehen sollte und die *Wützener Zeitung* hoffentlich in die *Tagesthemen* bringen würde, als plötzlich eine große Frau mit langen blonden Haaren vor mir stand. Sie sah aus wie diese Nicole, die Mitte der neunziger Jahre eine der nachmittäglichen Talksendungen im Fernsehen moderiert hatte. Ihr Lächeln war umwerfend.

»Entschuldigen Sie, wenn ich Sie störe, aber im ganzen Haus scheint sonst niemand mehr zu sein …«

Ich sah mich um und merkte erst jetzt, dass ich allein war. Ich hatte mir vorgenommen, die Kollegen an diesem Abend auf ein paar Flaschen Prosecco einzuladen und diese heimlich vom *Bistro Bianco* anliefern zu lassen. Doch es war niemand mehr da, mit dem ich sie hätte trinken können.

»… aber vielleicht können Sie mir helfen.«

Ich musste mich mal auf die Doppelgängerin von Nicole am Nachmittag, so hieß die Sendung damals, konzentrieren.

»Bestimmt. Was kann ich für Sie tun? Sind Sie von einem Radiosender?«

Sie guckte irritiert.

»Nein, ich bin eine Freundin von Elisabeth Renner und war eigentlich vor einer halben Stunde mit ihr am Bahnhof verabredet. Aber sie ist nicht gekommen, und da dachte ich, vielleicht muss sie länger arbeiten.«

»Das musste sie wirklich. Haben Sie denn nichts von dem Fall des kleinen Henri gehört, der eigentlich Clemens heißt und den Elisabeth …«

Jetzt starrte Nicole am Nachmittag mich an wie einen Angler, der aus dem Wützener See einen Pottwal zieht. Ich brach meine Erklärungen ab.

»Kommen Sie, sie müsste noch dort hinten sein, hinter der Trennwand. Sie hatte heute wirklich viel zu tun, und sie hat es sehr gut gemacht.«

Ich ging voraus, schaute kurz um die Ecke, sah Elisabeth, die sich ihren Text auf den ausgedruckten Seiten noch einmal durchlas, und machte Nicole am Nachmittag ein Zeichen, neben mich zu kommen.

»Ähm«, ich räusperte mich, »Sie haben Besuch, Eli…, Frau Renner.«

Siebenundzwanzig

Ich hatte Sonja völlig vergessen. Sie war die Erste gewesen, die ich nach meiner überstürzten Ankunft in Deutschland angerufen und der ich vom Drama mit Martin erzählt hatte. Sie hatte versprochen, so schnell wie möglich nach Wützen zu kommen, um mich zu trösten. Nun war sie da, hatte eine wichtige Lesereise mit einem Deutschen verschoben, der ein Jahr lang in Dharamsala als Berater des Dalai Lama gelebt und darüber ein Buch geschrieben hatte – und was machte ich? Ich vergaß, sie vom Bahnhof abzuholen. Clemens war schuld, aber das konnte sie nicht wissen, weil wir über den Fall noch gar nicht gesprochen hatten.

»Sonja.«

»Elisabeth, ich …«

»Es tut mir leid, hier ist in den vergangenen achtundvierzig Stunden so viel passiert, da habe ich überhaupt nicht mehr daran gedacht, dass du heute ankommst.«

»Wie, es ist noch mehr passiert als die Sache mit Martin? Du Arme, erst…«

Erst jetzt registrierte ich, dass Walder noch an der Trennwand stand. Ich unterbrach Sonja, bevor sie irgendwelche Mallorca-Details ausplaudern konnte.

»Bevor meine gute Erziehung völlig hinüber ist, muss ich dir wenigstens meinen Chef vorstellen. Das ist Herr Walder, Sonja, der Chefredakteur der Wützener Zeitung. Herr Walder, das ist Sonja Zierow, eine meiner besten Freundinnen.«

Hoffentlich sagte sie jetzt nicht: »Ach, Sie sind das« und: »Von Ihnen habe ich schon viel gehört.«

»Ach, Sie sind das«, sagte Sonja, und, natürlich: »Von Ihnen habe ich schon viel gehört.«

Und ich war mir sicher, Walder würde sich nicht entblöden, mit: »Ich hoffe, nur Gutes« zu antworten.

»Ich hoffe, nicht nur Schlechtes«, sagte er jedoch, sah verlegen und irgendwie ganz süß zu Boden, um uns dann zu einem Glas Prosecco einzuladen.

»Ich habe zwei Kisten bestellt, weil ich heute Abend der Redaktion für die Arbeit in den turbulenten letzten Tagen danken wollte. Wie Sie sehen, sind zwar alle schon weg«, wir waren wieder in den Großraum gegangen, »aber die Hauptperson ist ja zum Glück noch da.«

Er öffnete eine Flasche, holte drei Gläser von einem vorbereiteten Tablett und schenkte uns ein.

»Elisabeth, das haben Sie wirklich großartig gemacht. Vielen Dank für Ihren tollen Einsatz.«

Sonja sah mich fragend von der Seite an und grinste frech. Ich stieß mit Walder, dann mit ihr an und fühlte mich zum ersten Mal seit dem Abflug aus Mallorca wieder richtig gut. Ich leerte das Glas in einem Zug, während Walder Sonja einen Ausdruck der Titelseite in die Hand drückte, auf der unter der Schlagzeile in 12-Punkt mein Name zu lesen war.

»Damit Sie wissen, was wir hier feiern«, sagte er zu ihr, zwinkerte mir mit dem linken Auge zu und schenkte Prosecco nach. Wurde ich rot? Ich trank, Sonja las, und Walder strahlte mich an, als hätte ich heute nicht das Rätsel um ein ausgesetztes Baby, sondern den Mord an John F. Kennedy gelöst. Ein seltsamer Moment, aber er fühlte sich gut an. Als Walder mir zuprostete, wirkten seine Hände gar nicht mehr so klein.

Eine halbe Stunde später saßen Sonja und ich auf der Terrasse meines Elternhauses. Ich hatte kurz überlegt, ob wir gemeinsam mit Walder etwas essen gehen sollten, und dann beschlossen, dass es zu viel gab, was ich mit Sonja allein besprechen musste. Wir hatten die Proseccoflasche ausgetrunken und ihn allein in der Redaktion zurückgelassen. Irgendwie tat er mir leid.

»Das war also der berühmte Herr Walder, der Chef, dem die

Praktikantinnen vertrauen«, hatte Sonja gesagt, kaum dass wir die Redaktion verlassen hatten.

»Pst, nicht so laut, der kann uns bestimmt noch hören.«

»Quatsch, was du immer denkst. Den hast du mir aber ganz anders beschrieben, Engelchen. Von wegen kleine Hände und so blass und gar kein richtiger Mann und so. Also, ich würde den jetzt nicht direkt von der Bettkante schubsen ...«

»Sonja, nicht so laut, bitte. Warte wenigstens, bis wir im Auto sind.«

Während der Fahrt nach Hause hatte meine angeblich beste Freundin (»Wieso hast du eigentlich dem Walder gesagt, ich sei nur EINE deiner besten Freundinnen. Frechheit! Oder haben noch andere alles stehen- und liegengelassen, um zu dir zu kommen und dich aufzumuntern?«) mich mehr über meinen Chef gefragt, als ich über ihn wusste. Selbst jetzt, auf der Terrasse, gab sie keine Ruhe.

»Nachdem ich ihn kennengelernt habe, glaube ich dir nicht mehr, dass du dich mit dem nur abgegeben hast, weil er dir vielleicht einen Job besorgen kann. Elisabeth, das ist doch echt ein sehr sympathischer und gutaussehender Mann ...«

So hatte ich Walder bisher nie gesehen. Für mich war er einfach nur ein kompetenter, aufmerksamer Chef. Als Mann hatte er mich so sehr interessiert wie einen katholischen Priester eine heiratswillige Jungfrau. Was aber weniger an ihm selbst als an mir lag. Wenn ich in einer festen Beziehung war, gab es für mich grundsätzlich nur einen Mann. Allein den Gedanken an einen anderen betrachtete ich schon als Betrug. Das sagte ich Sonja. Sie blickte mich über ihr Rotweinglas ernst an.

»Du bist wirklich einmal eine Frau mit Prinzipien, Kleine. Aber jetzt«, sie kicherte in den Wein hinein, »bist du nicht mehr in einer Beziehung und hast einen Verehrer, den zumindest deine alte Freundin Sonja nicht zu lange zappeln lassen würde.«

»Wieso überhaupt Verehrer? Walder verehrt mich nun wirklich nicht, der hat damals nur einmal über die Stränge geschlagen, weil er zu viel getrunken hatte und vielleicht etwas einsam war …«

»Jetzt verteidigst du ihn ja sogar. Ich kann mich noch an eine Zeit erinnern, da gehörte dein Chef für dich zu den größten Sexualverbrechern des Landes, weil er sich dir einmal für eine Millisekunde im Auto genähert hat.«

Den Vorfall hatte ich dank Martins Auftritt und der Geschichte des Herrn Reinhardt wirklich vergessen. Im Vergleich mit den beiden war Walder der Lordsiegelbewahrer von Anstand und Moral. Und einer, der es verstand, sich für seine Fehlgriffe aufrichtig zu entschuldigen. Martin hatte mir nur eine E-Mail geschrieben, in der stand, dass »so etwas wie mit der Beatrice« nie wieder vorkommen würde, dass sie ihn heimtückisch verführt und zum Oralsex praktisch gezwungen und er sie deshalb jetzt entlassen hätte. Ich hatte meinen Eltern die Mail gezeigt und konnte meinen Vater nur knapp davon abhalten, zusammen mit meinem Bruder nach Warschau zu fahren, um Martin »mal zu zeigen, dass man ihm auch das Licht ausBLASEN kann«.

»Aber spätestens seit dieser Sache im Auto hat sich unser Verhältnis deutlich abgekühlt, und …«

Sonja unterbrach mich. »Deshalb hat er dich heute auch die ganze Zeit so verliebt angesehen.«

»… und außerdem habe ich erst mal die Schnauze voll von Männern und ihren Affären mit Untergebenen.«

Ich erzählte Sonja von Martins E-Mail und dann von Henri/Clemens und Hanna Giese, die ich Karin Meyer genannt hatte, und von Herrn Reinhardt, dessen richtigen Namen ich so schnell wie möglich herausbekommen wollte.

»Ist das nicht eine unglaubliche Geschichte?«

»Und die kleine Elisabeth mittendrin.«

»Ja, und das alles aus purem Zufall. Hätte ich die Fotos von Martin und dieser Schlampe nicht entdeckt, wäre ich nämlich erst heute aus dem Urlaub gekommen, jemand anders hätte den kleinen Henri gefunden …«

»… und du und dein Herr Walder würden immer noch nicht miteinander reden, und ich hätte nie gewusst, was für einen interessanten Mann du dir entgehen lässt.«

Sonja stand auf, hielt ihr Weinglas in Richtung Himmel, als würde von irgendwo dort oben Nachschub kommen: »Das, meine kleine, unschuldige Elisabeth, nennt man Schicksal. Prost!«

Als sie nach drei Flaschen Rotwein und vier Stunden Gespräch über Männer und Zufälle, Liebe und Bestimmung darauf bestand, »kurz in die Badewanne zu gehen, weil wir doch zu Hause keine haben«, setzte ich mich noch einmal an den Computer. Ich wollte sehen, was die Onlinedienste über meinen Fall geschrieben hatten, und fand Zitate aus der *Wützener Zeitung*, aus meinem Text, sowohl auf *Spiegel-Online* als auch auf *Tagesschau.de* und *Welt-Online*. Ich hatte sechs neue Mails bekommen, aber keine Lust, sie zu lesen, sondern gab bei *Google* »Journalistenpreise« als Stichwort ein und bekam eine Liste von mehr als dreißig Treffern. Zumindest bei sechs davon konnte ich meine Geschichte einschicken. Immerhin waren bis zu 5000 Euro zu gewinnen, Geld, das ich gerade jetzt gut gebrauchen konnte. Schon den Rückflug von Mallorca hatte ich mit der Kreditkarte meines Vaters bezahlen müssen.

Sonja sang in der Badewanne »Ein neue Liebe ist wie ein neues Leben« und ließ dazu die Ente quietschen, ohne die ich früher nicht baden gegangen war und die wahrscheinlich so lange am Wannenrand stehen würde, bis ich selber Kinder hatte. Ich surfte weiter im Netz, googelte »Reinhardt« und musste selber darüber lachen, gab »Clemens« ein, »Praktikantinnenbeauftragter«, »Praktikum«, »weißer A 6« und »Landgasthof in der Nähe Wützens«. Ich bekam entweder zu viele oder belanglose Nachrichten und fand mich einmal mehr in meiner Theorie bestätigt, dass das Internet genauso hilfreich wie nutzlos sein konnte. Sonja sang »Griechischer Wein«, als ich »Hanna Giese« in die Suchwortmaske bei Google eintippte, den einzigen Klarnamen – nannten die das damals bei der Stasi nicht so? –, den ich wirklich hatte.

Die Suche dauerte eineinhalb Sekunden. Google fand acht Einträge. Ich klickte den ersten an und konnte nicht glauben, was ich dort las. Beim zweiten rief ich Sonja zu, schnell aus der Badewanne zu kommen, beim dritten schaute ich auf die Uhr. Es war kurz nach eins. Beim vierten stand Sonja splitterfasernackt und tropfend neben mir, beim fünften gab sie mir mein Handy. Als ich den sechsten Eintrag aufmachte, wählte ich schon die Nummer von Walder.

Achtundzwanzig

Ich hatte gehofft, Elisabeth und Nicole am Nachmittag, die Sonja Zierow hieß und damit wenigstens so ähnlich wie eine andere dieser TV-Moderatorinnen, würden auf zwei, drei Flaschen Prosecco bei mir in der Redaktion bleiben. Doch sie verschwanden nach der ersten, und so war ich einmal mehr allein in Wützen, ganz allein sogar, denn der Buddha an der Decke fehlte. Ich rief die Agenturmeldungen auf, klickte die »Volltextsuche« an und gab »Wützener Zeitung« ein. An normalen Tagen wäre nichts passiert. Jetzt ploppte ein Text nach dem anderen auf. »Der Fall des kleinen Henri: Unternehmenschef soll der Vater sein« schrieb *Reuters*, die *Deutsche Presse-Agentur* blieb gewohnt sachlich: »Zeitung: Mutter des ausgesetzten Babys gefunden«. Auch *AP*, *AFP* und *DDP*, und damit die wichtigen Agenturen, zitierten uns, das heißt Elisabeth.

Ich legte alles, in dem der Name meiner Zeitung vorkam, auf den Drucker. Konnte man gut gebrauchen, wenn es bei den Tantiemengesprächen darum ging, die »Verbesserung der journalistischen Qualität« zu beweisen, die mir immerhin 1000 Euro zusätzlich in diesem Jahr bringen konnte. Geld, das ich abgeschrieben hatte, bevor Elisabeth aus dem Urlaub zurückgekommen war und das Baby vor der Redaktion gefunden hatte.

Clemens' Unglück war unser, vor allem mein Glück gewesen und hoffentlich das Ende der Pechsträhne, die mit dem Termin beim alten Michelsen begonnen hatte. So wie der kleine Henri zu Clemens geworden war, konnte ich doch noch vom Chefredakteur der *Wützener Zeitung* zum Chef der *Metro-News* werden und vom fiesen Vorgesetzten, der seine Untergebenen schamlos angrabbelte, zum echten Vertrauten Elisabeths. Ein kleines Was-auch-immer auf Mallorca, ein elternloser Tragekorb vor der Tür, zwei Tage mit Rekordauflagen, und das ganze Spiel begann von vorn.

Ich schaltete den Fernseher rechtzeitig zum Beginn der *Tagesthemen* ein, köpfte die zweite Flasche Prosecco, als der Sprecher (leider nicht Tom Buhrow!) »nach Informationen der Wützener Zeitung« sagte, und rechnete damit, dass jeden Moment mein Handy klingeln und der Professor selber mir zu diesem Scoop gratulieren würde.

Solange es stumm blieb, stieß ich mit mir selber an: »Prost, Johann! Du wirst deine Chance wützen.« Ich zappte auf *n-tv*, wo »laut Wützener Zeitung« alle halbe Minute auf dem Laufband aufblinkte. Ich sah mir im *WDR* eine Sondersendung zu dem Fall an, in der auch noch einmal Passagen aus dem Interview mit mir gesendet wurden. Ein Mitarbeiter des *Medium-Magazins* fragte per Mail an, ob er eine Reportage über die *Wützener Zeitung* als »Lokalzeitung im Fadenkreuz des nationalen Interesses« machen könne. Ich schrieb zurück: »Selbstverständlich« und sah dann die unfertige E-Mail an Elisabeth. Ich musste sie beenden und abschicken.

»Liebe Elisabeth«, hatte ich geschrieben, »angesichts Ihrer Erlebnisse heute ist es mir ein Bedürfnis, mich noch einmal bei Ihnen zu entschuldigen, sollte ich Ihnen in den vergangenen Monaten einmal (oder mehrfach) zu nahe gekommen sein. Ich habe unsere gemeinsame Zeit am Telefon und bei der Besprechung Ihrer Texte immer sehr genossen, manchmal vielleicht mehr, als es mir als Ihrem Vorgesetzten zusteht. Aber ich hatte zu keiner Zeit vor, das Abhängigkeitsverhältnis, das zwischen uns bestand, in irgendeiner Form auszunutzen. Um ehrlich zu sein, und das war sicherlich mein größter Fehler, habe ich Sie mit der Dauer unserer Zusammenarbeit weniger als Praktikantin denn als Vertraute und, entschuldigen Sie noch einmal diese Anmaßung, als Freundin gesehen. Ich …«

Ich musste verrückt sein, auch nur eine Sekunde daran gedacht zu haben, diese E-Mail tatsächlich abzuschicken. Sie war der direkte Weg zur fristlosen Kündigung, das perfekte Plädoyer für einen Rechtsanwalt, das Schuldeingeständnis eines Chefredakteurs, der gerade durch die Geschichte einer ungewollten Praktikantinnenschwangerschaft bundesweit für Schlagzeilen sorgte, und am Ende auch noch eine Art Liebeserklärung an eine junge Frau, die sich gerade von ihrem Freund getrennt hatte. So ging das nicht.

Ich legte eine neue Mail an, gab wieder Elisabeths Adresse ein und schrieb:

Liebe Frau Renner,

selbst in den Tagesthemen wird Ihre Geschichte zitiert. Sie können sehr stolz auf sich sein, und ich bin Ihnen als Chefredakteur der Wützener Zeitung für Ihren Einsatz und Ihren Spürsinn zu außerordentlichem Dank verpflichtet.

Wenn man sich bemüht, so unpersönlich wie nur irgend möglich zu schreiben, schreibt man automatisch wie der Sachbearbeiter im Finanzamt. Perfekt!

Doch bei diesen Dankesworten allein soll es natürlich nicht bleiben. Ich …

Jetzt war ich an dem Punkt, an dem ich bei der ersten E-Mail hatte weitermachen wollen.

… habe Ihnen immer versprochen, Ihnen bei Ihrem weiteren Weg in den Journalismus zu helfen. Es ist jetzt höchste Zeit, dieses Versprechen einzulösen. Ich habe schon während Ihres Urlaubs mit dem Chefredakteur der Metro-News gesprochen und ihn gefragt, ob Sie kurzfristig, sozusagen auf Zuruf, bei ihm ein Praktikum machen könnten, und habe ihm natürlich kräftig von Ihnen …

Nicht schon wieder. Ich löschte die letzten drei Buchstaben.

… Ihren journalistischen Fähigkeiten vorgeschwärmt. Er hat mich an den Ressortleiter der Politik verwiesen, meinen Nachfolger sozusagen, der sich sehr freut, Sie kennenzulernen. Alles Weitere, vor allem natürlich den Beginn und die Dauer Ihres Praktikums dort, aber auch die Möglichkeit eines sich anschließenden Volontariats, können wir jederzeit besprechen.

Ich hoffe, das alles entspricht Ihren Vorstellungen und entschädigt Sie für viele der Anstrengungen, die Sie in den vergangenen Wochen und Monaten gehabt haben.

So würde es gehen. Aus dem letzten Satz konnte Elisabeth, aber eben nur Elisabeth, herauslesen, dass es mir nicht nur um ihre Karriere und mein Versprechen, sondern auch um eine Entschuldigung ging. Ich drückte zwei Mal auf Senden, weil die Mail nach dem ersten Versuch komischerweise noch da war, trank den letzten Schluck Prosecco, machte das kleine Licht an meinem Schreibtisch und die Deckenbeleuchtung aus. Der Kapitän ging als Letzter von Bord. Und er ließ den Fernseher an. Das *RTL*-Nachtjournal hatte begonnen. Hinter Heiner Bremer sah ich den Ausriss einer Titelseite, die ich nur zu gut kannte …

Als ich in mein Apartment kam, war ich so aufgedreht wie lange nicht mehr. Ich konnte nicht schlafen, zumal im Wützener *Lektüre-Lädchen* gegenüber die »Lange Nacht des Lesens« lief. Abwechselnd wollten sich Schüler aus dem neuen *Harry Potter* vorlesen, dem meistverkauften Buch in der Geschichte des *Lektüre-Lädchens*. Der Inhaber, den die Kleinen Onkel Schiller nannten, weil er genauso hieß wie der Dichterfürst, aber mit Vornamen Wolfgang (!), hatte zweihundert Jungen und Mädchen eingeladen.

Ich war auf dem Rückweg kurz in den Laden gegangen und hatte Onkel Schiller gefragt, ob große Kinder bei ihm noch ein Buch kaufen könnten. Er hatte mich angegrinst und gesagt: »Aber Sie wissen schon, dass Hercule Poirot auch in diesem *Harry-Potter*-Band nicht mitspielt, oder, Herr Walder?«

»Mon ami«, sagte ich, »das wusste ich nicht. Dabei ist er doch auch ein Zauberer, oder?«

Ich ging direkt an das Krimiregal, in dem die Auswahl an Romanen von Agatha Christie in den vergangenen Wochen stark gestiegen war. Ich sah wie immer erst auf die Rückseite, wo über dem Klappentext entweder »Ein Hercule-Poirot-Roman« oder »Ein Miss-Marple-Roman« oder gar nichts stand. Ich fand nur einen Hercule-Poirot-Roman, den ich nicht gelesen hatte und den ich eigentlich nie lesen wollte: *Tod auf dem Nil*. Ich hatte die Verfilmung bestimmt an die zwanzig Mal gesehen, fand Peter Ustinov als Poirot glänzend und alle Opfer und Täter und möglichen Opfer und möglichen Täter gruslig. Ich konnte mir nicht vorstellen, dass es in diesem Buch irgendetwas gab, was ich nicht kannte, und hatte deshalb bisher die 8,95 Euro für Geldverschwendung gehalten. Jetzt gab ich Onkel Schiller angesichts einer drohenden schlaflosen Nacht 10 Euro, nahm den Roman und sagte einem Jungen, der mich verdutzt anschaute, weil ich nicht den nächsten Teil der Potter-Serie, sondern so ein schmales Bändchen in der Hand hielt: »Das hier, das ist richtige Literatur. Aber dafür bist du noch zu jung.«

Ich war auf Seite 86 angekommen, als mein Blackberry klingelte. Ich hatte einen neuen Handyton, eine Fuge von Bach. Es war nach eins, fast halb zwei. Die Nummer kannte ich.

»Elisabeth.«

»Herr Walder, es tut mir so leid. Aber ich musste Sie gleich anrufen.«

»Kein Problem, ich schlafe noch nicht, wie denn auch, nach so einem Tag. Was gibt es denn? Haben Sie meine E-Mail gelesen? Oder haben Sie schon wieder ein Kind gefunden?«

»Nein, und welche E-Mail?«, sagte Elisabeth. Es klang irritiert. »Nein, Herr Walder, es geht um etwas anderes. Ich habe mal gegoogelt, was es so für Journalistenpreise gibt ...«

»Prima, und sind ...«

»... und dann auch mal alles eingegeben, was mir im Rahmen der Recherche über den Weg gelaufen ist ...«

Zum Glück schrieb sie nicht, wie sie sprach.

»... unter anderem auch den echten Namen unserer jungen Mutter.«

Ich hatte ganz vergessen, dass wir den ja wussten.

»Wie war der Name noch mal?«

»Hanna Giese, Herr Walder, Hanna Giese.«

»Ja, ich erinnere mich. Und, was hat die Suche gebracht? Irgendwelche neuen Erkenntnisse, irgendeine gute Story?«

»Herr Walder, ich habe sechs Texte gefunden, die Hanna Giese geschrieben hat.«

»Und?«

»Die sind alle in unserer Zeitung erschienen. Herr Walder. Ich glaube, Hanna Giese war Praktikantin bei der Wützener Zeitung.«

Ich fand die Artikel mit ihrem Namen sofort im Internet, dazu nach längerem Suchen noch zehn weitere, unter denen ihr Kürzel stand. HG. Sie hatte über ein Theaterstück an einer Schule geschrieben, über steigende Benzinpreise und war sogar auf einer Sitzung des Stadtrats gewesen. Sämtliche Texte waren im November des vergangenen Jahres erschienen. Danach fand ich von Hanna Giese nichts mehr. Auch HG war verschwunden.

Der Zeitraum kam hin. Doch vielleicht gab es eine zweite Hanna Giese? Ich blätterte das Telefonbuch durch, fand in Wützen aber nur die eine im Birkenweg 20. Oder sie war es doch, hatte danach aber ein anderes Praktikum gemacht, um sich dort auf einen ihrer Chefs einzulassen?

»Das glauben Sie doch selber nicht«, sagte Elisabeth, als ich sie gegen kurz nach 2 Uhr noch einmal anrief. »Das passt doch alles genau: Sie macht bei uns ein Praktikum, lässt sich mit einem Ihrer Redakteure ein, wird schwanger. Und weil der Kerl sie und das Kind im Stich lässt, legt sie ihm seinen Sohn direkt vors Büro. Die wollte nicht an die Öffentlichkeit. Die wollte, dass der Vater das Baby findet.«

»Aber wer soll der Vater sein? Batz? Peperdieck? Grainer? Lenz ja wohl kaum …«

»Ich würde niemanden ausschließen, Herr Walder. Außerdem war ja Ihr Vorgänger auch noch da. Dem sind früher immer Frauengeschichten nachgesagt worden. Ich gehe noch einmal zu Hanna Giese und frage sie direkt, ob sie ihr Praktikum bei uns gemacht hat. Und Sie kriegen heraus, wer damals der sogenannte

Praktikantinnenbetreuer war. Da muss es doch irgendwelche Aufzeichnungen geben. Oder, Herr Walder?«

Es gab keine. Als ich Frau Schmidt am Morgen um die Praktikantenmappe bat und so tat, als würde ich dort ein paar Bewerbungen abheften wollen, sagte sie nur: »So etwas hat Ihr Vorgänger nicht geführt. Außerdem hatten wir ja seit einem halben Jahr keine Praktikanten mehr. Bis Sie kamen.«

»Warum war das eigentlich so? Hat sich denn niemand mehr beworben?«

»Doch«, sagte Frau Schmidt. »Wir hatten immer so zwei, drei Bewerbungen im Monat. Aber der Chef hat alle abgelehnt. Hat gesagt, er habe mit Praktikanten keine guten Erfahrungen gemacht.«

Was meinen Vorgänger nicht unbedingt von der Liste der Verdächtigen verschwinden ließ. Ich hatte Willi Struck nur einmal, bei seiner Verabschiedung, kennengelernt. Ein ruhiger, distinguierter Mann mit wachen Augen. Er hatte sich kurz vor seinem Ruhestand von seiner langjährigen Freundin, die Sekretärin bei von Alsleben war, getrennt. Wegen einer Affäre? Aber warum sollte er Hanna Giese erzählen, dass er sie groß rausbringen werde, wenn er erst einmal der Chef sei? Er war der Chef. Oder hatte die junge Mutter das nur erzählt, damit Elisabeth nicht auf die Spur ihres wahren Geliebten kam? War das Bild, das sie vom Vater ihres Sohnes gezeichnet hatte, absichtlich falsch? Ich hätte gern in Strucks Personalakte gesehen, um herauszufinden, wann er im vergangenen Jahr Urlaub gemacht hatte und wie lange. Aber Frau Schmidt verließ ihre Ecke im Großraumbüro nicht. Als ich es während ihrer Mittagspause versuchte, war der Schrank mit den Akten abgeschlossen. Nur sie hatte einen Schlüssel dafür.

Ich rief Elisabeth an, erreichte aber nur ihre Mailbox. Wir hatten in der Nacht noch mehrmals miteinander telefoniert, immer dann, wenn einer glaubte, eine neue Spur gefunden zu haben. Kurz vor 3 Uhr hatten wir alle Möglichkeiten mindestens einmal durchgespielt und endgültig aufgelegt. Ich schlief erst gegen halb fünf ein, um keine vier Stunden später wieder aufzuwachen und in die Redaktion zu gehen. Ich konnte nicht wie Hercule Poirot tagelang in einem Sessel sitzen und über einen Fall grübeln, bis mein Gehirn sozusagen von selbst die Lösung gefunden hatte. Erstens war ich darin, anders als mein Romanheld, nicht besonders geübt, und zweitens hatte ich dazu keine Zeit. Wenn Clemens' Vater in meiner Redaktion war, musste ich ihn finden, bevor das ein anderer tat. Zum Beispiel einer jener sechs Reporter, die das große Boulevardmagazin *Krass* gestern nach Wützen geschickt hatte.

Wir hatten zwanzig Leserbriefe zu Elisabeths Geschichte bekommen, auch ein Rekord. »Was ist das für ein Mensch, der die Verantwortung für ein Kind nicht übernehmen will?«, schrieb einer. Ein anderer: »Wer Sex mit Untergebenen hat, sollte genauso bestraft werden wie jemand, der sich an Minderjährigen vergreift.« Ich bekam, obwohl unschuldig, eine Gänsehaut. Ein dritter schrieb: »Es wird höchste Zeit, dass der Bürgermeister aus Vorfällen dieser Art die Konsequenzen zieht und die von der CDU zu Recht seit Jahren geforderte Babyklappe in der Stadt einführt. Will er warten, bis ein Neugeborenes auf der Straße erfriert?« Der Unterzeichner war kein Unbekannter. Es war der Bundestagsabgeordnete, den Batz gestern interviewt hatte.

Nachdem ich die Leserbriefe und die Berichte der anderen Zeitungen, die nicht ein einziges Mal über unsere Erkenntnisse hinausgingen, gesichtet hatte, bat ich Grainer, die Konferenz zu leiten. Sie dauerte immer länger, weil wir inzwischen so viele Praktikanten gleichzeitig in der Redaktion hatten. Die *Wützener Zeitung* war zu einer ganz guten Adresse für junge Leute geworden, die Journalisten werden wollten. Weil sie hier nicht nur zugucken und Kaffee kochen, sondern richtig viel machen konnten. Es gab Tage, an denen stammten mehr als die Hälfte aller Texte im Blatt von Praktikanten. Freie Mitarbeiter beschäftigten wir immer weniger, außer Elisabeth natürlich. Die Generation

Praktikum hatte etliche andere, die mit Schreiben Geld verdienen wollten, verdrängt. Ich hatte im vergangenen Monat nur dreißig Prozent des geplanten Honorars ausgegeben. Das Prinzip funktionierte. Nur, wie lange noch?

Grainer hatte meine Frage offensichtlich nicht gehört. Ich wiederholte sie.

»Herbert, kannst du die Konferenz leiten?«

»Natürlich, Johann. Ist denn was Besonderes, dass du nicht dabei sein kannst?«

Ja, einer meiner Redakteure hat einer Praktikantin auf einem dieser Tische ein Baby gemacht, dachte ich. Politisch korrekt hörte sich das so an: »Nein, Herbert, ich habe nur einen wichtigen Termin.«

Ich musste zum Birkenweg.

Hanna Giese war nicht da. Oder zumindest öffnete sie mir nicht. Ich klingelte zwanzig Mal, bis mir jemand von hinten auf die Schulter klopfte.

»Das bringt nichts.« Elisabeth. Sie sah genauso müde aus wie ich, hatte die Haare zu einem Zopf gebunden und trug eine Brille, die sie älter und ernster machte. »Sie ist seit Stunden nicht hier gewesen.«

»Seit wann tragen …«, sagte ich und brach dann ab, weil es Wichtigeres gab als die Frage, seit wann meine Praktikantin eine Brille trug. Wahrscheinlich hatte sie normalerweise Kontaktlinsen. »Ich meine: Wo ist sie hin?«

»Sie ist zur Polizei gegangen«, sagte Elisabeth. »Und wird auf der Wache in der Mohrenstraße vernommen, dann zusammen mit ihrem Sohn an einen geheimen Ort gebracht. Das dürfen wir schreiben, mehr nicht. Ich war eben dort.«

»Konnten Sie noch einmal mit ihr sprechen?«

»Nein, sie haben mich nicht mehr an sie rangelassen. Haben Sie etwas rausgekriegt?«

»Nur, dass es über die Praktikanten vor meiner Zeit in unserem Haus überhaupt keine Aufzeichnungen gibt. Und dass ich dringend einen eigenen Schlüssel für den Schrank mit den Personalakten brauche.«

»Haben Sie den etwa auch nicht?«, fragte Elisabeth.

»Wieso auch nicht?«

»Sie haben doch nicht einmal ein eigenes Büro.«

Mist, sie hatte es gemerkt.

Das Wiedersehen von Mama und Sohn, die Vernehmung bei der Polizei und die gemeinsame Verlegung an einen unbekannten Ort brachten uns die nächste Schlagzeile: »Mutter des ausgesetzten Babys stellt sich der Polizei.« Der Umlauf vom Titel reichte gerade, um eine Spalte auf Seite zwei zu füllen. Den Rest nahm die Debatte um die Babyklappe ein, für die Batz mit zwei Praktikantinnen Stimmen von fast allen Politikern im Stadtrat zusammengetragen hatte. Es war mir schon länger aufgefallen, dass ihm die Arbeit mit den jungen Frauen Spaß machte. »Die süßen Dinger können viel von mir lernen«, hatte er mir einmal zugeflüstert, als ich ihn bat, eine Neunzehnjährige mit auf einen Termin zu nehmen. Er hatte selbst eine Tochter, die kaum jünger war.

Lenz hatte mich vor drei Tagen gefragt, ob das Patenkind der Bekannten seiner Nachbarin mal ein Praktikum bei uns machen könnte, und Peperdieck hatte freiwillig das Projekt »Studenten machen Zeitung« übernommen. In der Gruppe, die eine eigene Sportbeilage konzipieren sollte, waren bis auf einen Kommunikationswissenschaftler nur Frauen.

Ich wurde paranoid. Ein Chefredakteur, umzingelt von Redakteuren, die Praktikantinnen verführen. Ich musste Elisabeth fragen, ob sich einer der Kerle auch an sie herangemacht hatte. Oder lieber nicht. Sonst würde sie am Ende noch sagen: »Außer Ihnen niemand, Herr Walder.« Aber ich war nicht verdächtig. Ich war im vergangenen Jahr noch gar nicht hier gewesen. Der alte Michelsen konnte das bezeugen.

»Lieber Herr Walder, da enthüllen Sie mit Ihrem kleinen Lokalanzeiger ja jeden Tag neue Details dieser Geschichte, die inzwischen ganz Deutschland bewegt«, schrieb Frau Volkmann in seinem Auftrag in einer Mail an mich. »Immer sind Sie vorn dran. Das ist guter Journalismus. Glückwunsch! Sie sind klarer Nachrichtenführer.«

Achtzehn Stunden später waren wir es nicht mehr.

Neunundzwanzig

Ich bekam Sonja nicht wach. Wir hatten nach ihrem Bad noch lange vor dem Computer gesessen und waren jeden Text von Hanna Giese auf versteckte Hinweise durchgegangen, ohne irgendetwas zu finden. Wann immer Johann Walder mich oder ich ihn anrief, drückte Sonja auf die Lautstelltaste, hielt sich den Finger vor den Mund und malte kleine Herzen auf den Rand der Schreibtischunterlage. Als es 3 Uhr geworden war und Walder mir, also uns, gute Nacht gesagt hatte, rollte sie mit den Augen und seufzte: »Das ist alles so romantisch. Der Chefredakteur und seine Praktikantin jagen den bösen Verführer. Heimliche Telefonate bis in den frühen Morgen, konspirative Treffen bis zum großen Showdown. Sie retten die Ehre einer Unschuldigen und heiraten am Ende selbst. Elisabeth«, sie nahm mein Gesicht in die vom Badewasser aufgeweichten Hände, »ich komme mir vor wie in einem Film. Einem sehr schönen Liebesfilm. Habt ihr noch irgendwo eine Flasche Rotwein?«

Ich wollte nichts mehr trinken, aber auch keine schlechte Gastgeberin sein. Ich suchte in Papas Weinkeller, fand aber nur den obligatorischen weißen Landwein. Er musste reichen um Viertel nach drei. Als ich wieder hoch in mein Zimmer kam, saß Sonja vor meinem Computer. Sie hatte eine E-Mail geöffnet.

»Das musst du lesen, Elisabeth, das musst du sofort lesen«, sagte sie. »Allerdings erst, wenn ich fertig bin …«

Ich drückte ihr Landwein und Korkenzieher in die Hand und schob sie ein Stück zur Seite. Die Mail auf dem Bildschirm war von Walder. Er hatte sie vor unserem Telefonat abgeschickt. Ich konnte sie nicht in Ruhe lesen, weil Sonja schon nach zehn Sekunden wieder dazwischenbrabbelte.

»Also, Engelchen, wenn das keine Liebeserklärung ist, dann habe ich nie eine Liebeserklärung bekommen. ›Ich habe Sie nicht als Untergebene, sondern als Vertraute, entschuldigen Sie die Anmaßung, als Freundin gesehen.‹ Das ist so rührend, so niedlich, so entwaffnend ehrlich. Der Typ ist echt komplett in dich verknallt, Elisabeth, und er kann wirklich schreiben.«

Ich war endlich bis zum letzten Satz gekommen und wunderte mich, dass die E-Mail so abrupt endete.

»Was soll das heißen, Sonja: ›Ich …‹, und dann ist Schluss.«

»Mensch, Elisabeth, ist doch klar: Ich liebe dich, soll das heißen, was denn sonst. Das muss er doch nach so einer Mail nicht mehr ausschreiben, das wäre für einen wie den doch viel zu platt. Ich bin mir sicher, dass der Walder deine Nummer neun wird.«

Sonja, Beate und ich hatten am Vorabend unserer inzwischen legendären Pyjamaparty eine sehr private Volkszählung gemacht. Sonja wollte wissen, mit wie vielen Männern wir schon im Bett gewesen waren, und ehe ich noch verschämt gegen so eine Frage protestieren konnte, hatte Beate geschrien: »Zählt nur reinstecken?« Beate kam auf eine Zahl zwischen vierunddreißig und sechsunddreißig, Sonja erinnerte sich an dreiundzwanzig, und ich, ich erzählte mit einem Kopf, dessen Farbe selbst Heinz-Tomatenketchup hätte verblassen lassen, dass es bei mir acht waren.

»Walder wird die Nummer neun, Walder wird die Nummer neun«, sang Sonja zur Melodie von »Ich wär so gerne Millionär« von den Prinzen, während ich seine Mail schloss und dabei bemerkte, dass er mir kurz darauf eine zweite geschrieben hatte. Sie las sich viel sachlicher und distanzierter, hatte aber wenigstens ein Ende. Er hatte mir ein Praktikum bei den *Metro-News* besorgt. Ich nahm Sonja den Landwein weg und zeigte ihr die zweite Nachricht.

»Und was sagst du jetzt, du Romantikexpertin?«

»Das passt nicht zu ihm, die beiden Mails passen nicht zusammen. Vielleicht wollte er dir eine offizielle und eine inoffizielle schreiben.« Sonja gluckste. »Die zweite Mail ist eine Enttäuschung, echt.«

Das fand ich auch. Ich hatte alles, was ich mir von Walder erwartet hatte, ein Praktikum bei den *Metro-News* und die Aussicht auf ein Volontariat. Aber irgendwie war mir das in diesem Moment nicht mehr genug. Ich druckte nur die erste Mail aus.

Dreissig

Es war Batz, der mir die Zeitung auf den Tisch legte. »Na, heute schon den Rundblick gelesen?« Der *Rundblick* war eines der fünf Anzeigenblätter, die in unserem Einzugsbereich erschienen. Eine furchtbare Zeitung, gemacht von einem ehemaligen Gastwirt, der sich jetzt Verleger nannte, und einem Redaktionsleiter, der von einer großen überregionalen Tageszeitung hinausgeworfen worden war, weil er für mehrere äußerst positive Berichte über einen Stromanbieter Geld kassiert hatte. Man sprach von 20000 Euro.

Der *Rundblick* hasste uns. Wir ignorierten den *Rundblick*. Nur Batz blätterte ihn durch, weil er mit dem Verleger einmal im Monat Skat spielte: »Da muss ich doch zumindest wissen, was die für einen Quatsch schreiben.« Ich glaubte ihm kein Wort. Ihm ging es vor allem um die CDU-Pressemitteilungen, die der *Rundblick* wortgenau abdruckte, während GAL und SPD so gut wie nie den Weg ins Anzeigenblatt fanden.

»Ich kann Ihnen meine Ausgabe gern mal dalassen, Herr Walder«, sagte Batz.

»Interessiert mich nicht, der Schund.«

»Sollte es aber, Herr Walder. Ich leg die Zeitung genau hier hin.« Er schmiss den *Rundblick* auf meinen Schreibtisch. »Nicht, dass Sie hinterher sagen, ich hätte Sie nicht gewarnt.«

»Herr Batz, warum …?« Weiter kam ich nicht. Rita Bolzen stürmte herein.

»Herr Walder, Sie müssen mir glauben, von mir haben die das Foto nicht. Ich hätte es niemals herausgegeben. Das muss gestohlen worden sein.« Die Betriebsratsvorsitzende rannte wie ein Nordic Walker mit extralangen Stöcken auf mich zu. Ihr Gesicht glühte, die Digitalkamera baumelte ihr wie ein Schwert am linken Arm. Erst als sie dicht neben mir stand, hörte sie auf zu schreien.

»Das wollte ich nicht, Herr Walder. Es tut mir so leid. Haben Sie schon mit Herbert gesprochen?«

»Wieso sollte ich mit Herbert sprechen?«

»Haben Sie denn noch nicht den *Rundblick* gesehen, Herr Walder? Mich haben die Leute schon im Getränkemarkt angesprochen.« Lenz. Das passte.

»Der Herr Chefredakteur interessiert sich offensichtlich nicht dafür, was sein Stellvertreter so macht«, sagte Batz.

Ich verstand überhaupt nichts mehr.

»Herr Walder, haben Sie …« Elisabeth war die Letzte, die hereinstürzte. Auch sie mit dem *Rundblick* in der Hand. »Oh, ich störe wohl. Aber ich müsste Ihnen dringend etwas zeigen, Herr Walder …«

»Vielleicht hört er ja auf dich, Elisabeth«, sagte Lenz.

»Wenn nicht auf die Praktikantin, auf wen dann?«, sagte Batz.

Als Peperdieck zu seinem Kommentar ansetzen wollte, haute ich mit der flachen Hand auf meinen Schreibtisch. Ich hatte kurz überlegt, den Feuerlöscher neben Grainers Schreibtisch aus der Verankerung zu reißen und damit wild um mich zu sprühen, wie es ein ehemaliger Chefredakteur von mir einmal getan hatte. Allerdings hatte damals auch ein Computer gebrannt.

»Kann mir endlich mal einer sagen, was hier los ist?«, brüllte ich in den Raum.

»Der *Rundblick*, Herr Walder, Seite 3«, sagten alle Anwesenden im Chor.

Elisabeth reichte ihr Exemplar langsam von hinten durch. Ich nahm das Drecksblatt in die Hand und blätterte es zum ersten Mal auf. Schon von der ersten Berührung hatte ich Druckerschwärze an Daumen und Zeigefinger. Auf Seite drei stand in großen, roten Buchstaben: »Erwischt: Der Vater des Findelkindes.« Darunter ein vierspaltiges Bild. Es zeigte einen Mann, der gerade ein Mehrfamilienhaus im Birkenweg verließ.

Es zeigte Herbert Grainer. Meinen Stellvertreter. Neben dem Foto stand: *Foto: Rita Bolzen.*

Ich wollte durchdrehen, schreien, mit Elisabeth abhauen. Aber ich stand auf, ignorierte Batz' dämliches Grinsen, Peperdiecks Glucksen und die Träne, die Rita Bolzen aus dem linken Auge lief. Ich schob die Fotografin in ihr Fotoeck und schloss die Glastür. Ich sah, wie sich die anderen dahinter versammelten.

Rita Bolzen hatte sich auf ihren uralten Holzdrehstuhl gesetzt. Sie konnte mir nicht in die Augen sehen.

»Frau Bolzen, ich glaube, Sie sind mir eine Erklärung schuldig.« Sie schaute immer noch auf den Boden, als sie langsam anfing, zu sprechen. Zum ersten Mal klang ihre Stimme wie die einer Frau.

Es sei vor drei Tagen gewesen, sagte die Fotografin. An dem Morgen, an dem Elisabeth sie angerufen und gebeten hatte, zum Birkenweg zu kommen. »Erinnern Sie sich? Ich sollte da sein, falls die Mutter sich fotografieren lassen würde.«

»Natürlich erinnere ich mich. Und?«

»Ich habe Ihnen doch erzählt, dass ich vor Elisabeth da war, weil ich gleich um die Ecke wohne. Ich habe mich einfach in mein Auto gesetzt und gewartet, dass was passiert. Und dann ist was passiert, womit ich nicht gerechnet hatte.« Sie machte eine kurze Pause. »Ich stellte gerade meine Kamera auf die Haustür scharf, um ein Foto machen zu können, falls eine junge Frau aus dem Haus herauskommen sollte, da öffnete sich die Tür. Heraus kam – Herbert. Er sah sich kurz um, ich duckte mich hinter das Lenkrad. Er stapfte die paar Schritte zum Gartentor, setzte sich in seinen Mercedes und verschwand.«

»Hat er den eigentlich schon länger?«

»Wen?« Bolzen sah zum ersten Mal wieder auf.

»Na, den Mercedes.«

»Nein, ich glaube, erst ein halbes Jahr. Hat ihn gekauft, nachdem sie ihm damals seinen Audi gestohlen haben. Wieso?«

»Nur so. Und Sie haben Bilder gemacht?«

»Ja, fast automatisch, ohne nachzudenken. Vier Hochformate, immer mit Herbert drauf. Auf einem kann man das obere Fenster sehen. Und dahinter eine Frau, die leicht die Gardine zur Seite zieht und Herbert hinterherschaut. Das ist sie wohl, die Karin Meyer. Oder wie auch immer sie heißt.« Sie zeigte mir die Fotos auf dem Display ihrer Kamera.

»Sie heißt in Wirklichkeit Hanna Giese, Frau Bolzen.«

»Hanna Giese? Der Name kommt mir bekannt vor.«

»Sie war vor etwas mehr als einem Jahr Praktikantin bei der Wützener Zeitung.«

»Genau. Sie war die letzte Praktikantin. Danach hat der Chef keine mehr genommen. Was ich sehr schade fand, weil Frauen oft die besseren Journalistinnen sind und …«

Auf eine Lehrstunde in Feminismus konnte ich jetzt gut verzichten.

»Frau Bolzen, warum haben Sie mir die Bilder nicht gleich gezeigt?«

Sie sah wieder gen Boden, auf dem unzählige Fotoausdrucke lagen.

»Ich wollte nicht, dass Herbert Ärger kriegt. Es ist doch bald Betriebsratswahl, und ich bin auf jede Stimme angewiesen. Er hat immer zu mir gehalten und …«

Ich konnte nicht glauben, was ich da hörte: »Wie sind die Fotos dann zum Rundblick gekommen?«

»Keine Ahnung, Herr Walder. Ich hatte sie die ganze Zeit auf der Kamera, habe sie extra nicht ausgedruckt oder ins System eingespeist.«

»Und die Kamera?«

»Die lag wie immer in meinem Fotoeck.«

»Okay, Frau Bolzen. Das reicht erst mal. Bleiben Sie bitte hier, bis ich Sie rufe.«

Ich verließ den Raum, sagte alle Termine für den Rest des Tages ab und bat Elisabeth, mich mit dem Chef des *Rundblicks* zu verbinden, weil Frau Schmidt noch nicht da war. Zehn Minuten später gab sie mir von Grainers Schreibtisch aus ein Zeichen: »Ich habe ihn dran, Herr Walder.« Dann, sehr offiziell: »Moment, ich verbinde mit Herrn Walder.«

»Sonnemann.«

»Walder. Ich will es kurz machen. Sie haben in dem, was Sie eine Zeitung nennen, Fotos gedruckt, die uns gehören und die wir nicht freigegeben haben und niemals freigegeben hätten. Sie wissen, was das bedeutet?«

»Das bedeutet, dass Sie offensichtlich keine Ahnung haben. Diese Fotos sind uns ganz normal per E-Mail angeboten worden. Wir haben uns auch erst gewundert, als wir als Absender die Adresse Ihres Käseblatts sahen, haben dann aber gern zugegriffen. Ist doch eine recht schöne Geschichte für ein kleines Anzeigenblatt, nicht wahr, Herr Walder? So etwas erwartet man normalerweise in einer Tageszeitung. Aber es ist ja nicht das erste Mal, dass wir eine wichtige Nachricht vor Ihnen haben. Außerdem haben wir peinlichst genau darauf geachtet, dass die junge Dame, die dem Herrn auf dem Foto so traurig hinterherschaut, nicht zu sehen ist.«

Tatsächlich war aus Bolzens extremem Hochformat im *Rundblick* beinahe ein Quadrat geworden. Grainer hatte man damit noch weiter in den Mittelpunkt gerückt.

»Herr Sonnemann, ich will nur eins wissen: Wer hat Ihnen die Fotos geschickt?«

»Das sollten Sie doch besser wissen als ich, verehrter Herr Walder. Sie sind schließlich der große Chefredakteur. Ich bin nur ein ehemaliger Gastwirt. Schönen Tag noch.« Er legte einfach auf.

Ich schaute Elisabeth an. Sie sah ratlos zurück. Batz legte mir ein Fax auf den Tisch. Es kam von Herbert Grainer. Er meldete sich krank. Natürlich. Ich würde ihn später anrufen müssen. Es würde ein unangenehmes Gespräch werden.

Doch vorher musste ich den Postausgang des redaktionellen Mailsystems durchsehen. Elisabeth hatte während meines Gesprächs schon angefangen. Knapp zweihundert E-Mails hatten gestern das Haus verlassen, aber keine war dabei, die an den *Rundblick* adressiert war. Auch unter den gelöschten Mails: nichts. »Wenn die Fotos wirklich hier rausgegangen sind, hat einer die Mail sofort danach vernichtet«, sagte Elisabeth. »Dann können wir nichts mehr machen, außer …«

»Bevor hier alle zu Detektiven werden, sollten wir vielleicht auch zwischendurch mal an die Zeitung denken, die wie in den sechzig Jahren seit ihrer Gründung auch morgen erscheinen muss«, rief Peperdieck zu uns herüber. Es war das erste Mal, dass ich ihn einen derart langen Satz sagen hörte. Es war fast 13 Uhr, und wir hatten bis auf den Sport noch nicht eine Seite geplant.

»Sie haben recht, Herr Peperdieck. Lassen Sie uns kurz Konferenz machen. Herr Lenz, Herr Batz, kommen Sie auch?«

Lenz schreckte von seinem Schreibtisch auf, Batz hatte den Layoutbogen für die Seite eins in der Hand.

»Ich habe schon mal den Titel von morgen entworfen«, sagte er. »Überschrift: ›Ausgesetztes Baby: Der Vater ist ein Freund des Bürgermeisters.‹«

Er konnte kaum sprechen vor Lachen.

»Müssen wir Grainer eigentlich pixeln? Ich frage mich …«

Ich fragte mich nichts mehr, als ich die von Batz skizzierte Titelseite sah. Ich nahm sie ihm aus der Hand, faltete sie zusammen und blickte in die Runde.

»Meine Herren«, sagte ich, »ich denke, die Zeitung wird doch noch etwas warten müssen. Ich möchte mit Ihnen zunächst einmal über das Ende dieses Falles sprechen.«

»Welches Ende, Herr Walder? Für Herbert …«

Ich ließ Batz nicht ausreden.

»Herr Batz, Herr Peperdieck, Herr Lenz, wenn Sie so nett wären und schon einmal in den Konferenzraum vorgehen würden. Ich komme gleich nach.«

Die drei gingen voran, ich bat Elisabeth, die Bolzen aus dem Fotoeck zu holen, und winkte schließlich Frau Schmidt zu uns, die gerade in die Redaktion kam. »Auf ein Wort, meine Damen«, sagte ich und hielt ihnen die Tür auf. Elisabeth flüsterte mir irgendetwas zu, doch ich hörte sie nicht. Am liebsten hätte ich jetzt etwas auf Französisch gesagt, so wie Hercule Poirot es immer tat, ehe er vor sämtlichen möglichen Tätern auch den schwierigsten Fall aufklärte.

»Mon amis, äh ich meine, werte Kollegen«, ich ging an der Längswand des Konferenzraumes entlang, »dank Elisabeths Hilfe wusste ich seit gestern Abend, dass der Vater des kleinen Henri aus dieser Redaktion stammt. Die Mutter, die wir in dem Text zu ihrem Schutz Karin Meyer genannt haben, heißt in Wirklichkeit Hanna Giese. Sie war vor einem Jahr Praktikantin bei der Wützener Zeitung. Als Frau Schmidt«, ich sah zu ihr hinüber, »mir erzählte, dass Hanna Giese die letzte Praktikantin in der Redaktion war und mein Vorgänger, Herr Struck, danach keine weiteren mehr nehmen wollte, hatte ich zunächst ihn in Verdacht. Doch am Ende sprach ein winziges Detail gegen ihn als möglichen Vater: Hanna Giese hatte betont, dass der ›Oberboss‹ sie von Anfang an ignoriert habe. Also musste ein anderer der Täter, der Geliebte der Praktikantin sein.«

»Mann, Herr Walder, Sie müssen hier nicht einen auf Herbert Pirott machen oder wie dieser dicke Detektiv heißt. Wir wissen jetzt alle, dass Grainer …« Weiter kam Batz nicht.

»Ja, wir wissen jetzt, dass Herbert Grainer, mein Stellvertreter, ein Verhältnis mit der Praktikantin Hanna Giese hatte. Aber woher wissen wir das? Von den Fotos, die Rita Bolzen durch Zufall vor dem Haus im Birkenweg gemacht hat und mit denen sie, das kann man jetzt wohl so sagen, Herrn Grainer in einer bestimmten Sache unter Druck setzen wollte.«

Batz begann keifend zu lachen. »Nein, Rita«, sagte er und japste nach Luft, »sag nicht, dass du von Herbert auch ein Kind erwartest, das …«

»Herr Batz, Sie kommen gleich dran.«

Er war sofort still.

»Nur hatte Rita Bolzen Herbert Grainer die Bilder noch nicht gezeigt. Sie ließ sie auf ihrer Kamera, damit ja niemand anderes sie sah. Das Letzte, was sie gemacht hätte, wäre, sie unter ihrem eigenen Namen an den Rundblick zu schicken. Bleiben also nur drei Verdächtige.«

»Und Elisabeth …« Peperdiecks Stimme war leise.

»Elisabeth hat leider als Einzige von Ihnen ein Alibi.« Ich redete wie Poirot, ich hatte die Arme hinter dem Rücken verschränkt wie er, ich zwirbelte sogar an meinem kaum vorhandenen Oberlippenbärtchen, während ich im Konferenzraum wie ein Tiger in seinem Käfig auf und ab schritt.

»Elisabeth war in den vergangenen zweiundsiebzig Stunden fast immer in meiner Nähe.«

Die tiefere Bedeutung begriff zum Glück niemand.

»Also zu Ihnen, meine Herren.« Ich drehte mich um und sah von einem zum anderen. »Erst hatte ich Herrn Lenz im Verdacht, dass er auf der Suche nach etwas zu trinken im Fotoeck die Kamera gesehen, an ihr herumgespielt und dabei die Fotos entdeckt hat.«

Lenz lief rot an.

»Sie wissen besser als ich, dass Frau Bolzen immer eine Flasche Baileys im Tisch unter dem Scanner gelagert hat. Manchmal auch zwei.«

In Lenz' linkem Auge war eine Ader geplatzt.

»Aber Sie konnten nicht derjenige sein, der die Bilder von der Kamera heruntergeladen und per E-Mail an den Rundblick geschickt hat. Sie wissen ja nicht einmal, mit Verlaub, wie man eine Mail mit Anhang versendet.«

Ich wendete mich Kalle Peperdieck zu.

»Das weiß unser werter Sportchef natürlich viel besser. Sie kennen sich wie kein anderer mit der Technik im Haus aus, für Sie wäre das Ganze eine Sache von zwei Minuten gewesen.«

Peperdieck sah mich mit weit aufgerissenen Augen an und fing an zu stammeln: »Aber, ich … Herr Walder, ich habe nicht …«

»Ich weiß, dass Sie nicht die Fotos an den Rundblick geschickt haben. Sie haben sie auf Wunsch eines Kollegen nur von der Kamera geholt und sie sich wahrscheinlich nicht mal richtig angeguckt. Der Einzige, der neben Frau Bolzen jedes der Bilder genau kannte, war ...«

Ich machte eine Pause, die nicht nötig gewesen wäre, weil jeder im Raum wusste, was kommen würde, und alle Blicke in die gleiche Richtung gingen.

»... der Kollege Batz. Sie haben sich in Ihrer Schadenfreude selbst verraten.«

Ich faltete die Titelseite, die Batz entworfen hatte, wieder auseinander.

»Auf Ihrer Seite eins haben Sie ein extremes Hochformat eingeplant, Herr Batz, auf dem Sie wohl nur zu gern das Konterfei Ihres Erzfeindes Grainer sehen würden.«

»Ja, und?« Batz blieb so cool, wie ich es erwartet hatte.

»Aber das Foto im Rundblick, das wir jetzt alle kennen, ist quadratisch, weil die dort den oberen Teil des Hauses, in dem man Hanna Giese erkennen kann, weggeschnitten haben. Nur die Originalbilder sind Hochformate, und das konnte nur derjenige wissen, der sie an den Rundblick verschickt hatte. Wobei Sie die Bilder wahrscheinlich nur durch Zufall entdeckt haben, als Sie wieder einmal die Kamera von Frau Bolzen manipulieren wollten.«

Ich blieb abrupt stehen. Elisabeth guckte zwischen mir und dem Hauptverdächtigen hin und her, als würde gleich einer von uns einen Revolver aus der Hosentasche ziehen.

»Geben Sie es zu, Herr Batz: Ihr Freund vom Rundblick hat die Bilder mit Grainer von Ihnen.«

»Ich, ich ... Er hat es nicht anders verdient, diese linke Sau.«

Ich hatte recht gehabt und Rita Bolzen auch. An ihrer Kamera war in den vergangenen Wochen tatsächlich herumgespielt worden. Batz hatte während seiner Spätdienste immer wieder Einstellungen verändert, weil er sich an der Fotografin rächen wollte.

Die hatte er wegen ihrer Betriebsratstätigkeit und der Mitgliedschaft in der Gewerkschaft ebenso wenig leiden können wie dafür, dass sie nun einmal eine Frau war. Hassen lernte er sie, als Bolzen das Rauchverbot in der Redaktion durchsetzte – und Kettenraucher Batz sich seine Zigarette auch beim schlimmsten Gewitter auf dem Balkon anzünden musste. Er versuchte, sich zu rechtfertigen.

»Es sollte nur ein Scherz sein, Herr Walder, wirklich. Ich hätte doch nie gedacht, dass Sonnemann die Fotos veröffentlicht. Ich wollte mich nur zusammen mit ihm ein bisschen über den Schwuchtelfreund lustig machen.«

Ich glaubte Batz nicht. Er wurde mit sofortiger Wirkung beurlaubt. Noch am Abend formulierte ich mit Hilfe der Rechtsabteilung eine Abmahnung. Am nächsten Morgen erfuhr ich von Frau Schmidt, dass es die dritte war. Batz würde für diese Zeitung nicht mehr arbeiten.

Auch Grainer kam nicht wieder zurück. Ich hatte versucht, ihn gleich im Anschluss an die Sitzung zu erreichen. Doch weder an sein Handy noch unter der Festnetznummer ging jemand ran. Erst am Abend brachte ein Kurier einen Brief vorbei, der an »Herrn Johann Walder, persönlich« adressiert auf. Er war von meinem Stellvertreter.

Lieber Johann,

ich weiß, dass es für mich kein Zurück in die Redaktion gibt. Ich habe viele Fehler gemacht. Der schwerwiegendste war, nicht gleich die Verantwortung für Hanna und meinen Sohn zu übernehmen. Das will ich jetzt tun. Ich werde den beiden eine angemessene Wohnung besorgen und für ihren Unterhalt aufkommen. Ich werde mit Hannas Vater reden und ihm alles erklären. Meine Frau weiß Bescheid. Sie hat alles aus der Zeitung erfahren. Sie hat mir trotzdem verziehen. Sie hatte damals, als die Sache mit Hanna und mir passierte, eine Affäre mit einem zehn Jahre jüngeren Mann. Ich habe ihr sechs Monate Zeit gegeben, das Ganze zu beenden. Sie hat fast ein Jahr dafür gebraucht. Dann hat er sie für eine Jüngere verlassen. Jetzt wollen wir es noch einmal zusammen versuchen. Sie will für Clemens eine Art Oma sein. Wir hoffen, dass das Jugendamt und die Polizei uns bald zu ihm und zu Hanna lassen.

Ich werde zum nächstmöglichen Termin kündigen. Ich würde mich sehr freuen, wenn Du mir diese Chance ließest. So habe ich vielleicht die Möglichkeit, woanders einen neuen Job zu finden. Struck, Dein Vorgänger, wird mir ein gutes Zeugnis schreiben. Ich werde meine Kündigung damit begründen, dass Du mir vor die Nase gesetzt worden bist. Wenn Du ehrlich bist, war es so ja auch.

Struck hat immer zu mir gesagt: Herbert, Du kannst alles machen. Aber lass Dich nie mit einer Untergebenen ein. Sonst kannst Du kein guter Chef werden.

Ich werde nicht nur kein guter Chef. Ich werde überhaupt kein Chef.

Vielen Dank für Dein Verständnis

Herbert

Ich dachte nicht lange darüber nach, was ich jetzt machen musste. Ich suchte die alte Visitenkarte, fand sie in der zweiten Schreibtischschublade unter den Stundenzetteln und fragte Elisabeth, ob sie wüsste, wo die Adresse ist. Sie nickte und bot an, mich hinzufahren. Vielleicht hatte ich ja Glück, und Willi Struck war zu Hause.

Einunddreissig

Er stand im Garten und zupfte an einem Strauch Rosen. Oder waren es Nelken? Ich verstehe von Blumen so viel wie ein Kleinkind vom Autofahren. Oder noch weniger.

»Grüß Gott, Herr Walder.«

Willi Struck sah mir direkt in die Augen. Ich blieb stehen. Elisabeth hatte mich an der Straßenecke rausgelassen und wartete dort.

»Wollen Sie zu mir? Ich habe leider wenig Zeit. Muss gleich noch weg und vorher den Garten machen.«

»Es geht schnell.«

»Das sagen Sie, junger Mann. Halten Sie mal den Gartenschlauch.«

Wenn es sein musste.

»Ich bin wegen Grainer hier. Er hat …«

»Vorsicht, gut festhalten. Ich drehe jetzt langsam das Wasser auf«, sagte Struck, und seine halbrunde Brille rutschte bis an die äußerste Spitze seiner langen, dünnen Nase. »Ich kenne den Brief, Herr Walder. Ich habe lange mit Herbert darüber gesprochen. Ich hätte ihn damals schon rausschmeißen müssen.«

»Sie wussten davon?«

Mit dem ersten Wasserstrahl hatte ich die Blätter einer Blüte vollständig rasiert.

»Ich hatte zwei Wochen vor der Sache eine Videokamera installieren lassen, weil wir die Putzfrauen im Verdacht hatten, nachts stundenlang Privatgespräche ins Ausland zu führen.« Zwei von ihnen kamen aus der Türkei. »Außer mir und Frau Schmidt wusste niemand davon. Ich habe mir die Bänder jeden zweiten Tag angeguckt. Herbert und die Praktikantin waren voll drauf. Er ist über sie hergefallen, als hätte er noch nie in seinem

Leben Sex gehabt. Aber wahrscheinlich hatte er tatsächlich lange nicht mehr … ähm … Na ja, das von seiner Frau hat er Ihnen ja selbst geschrieben.«

»Ja, das hat er.«

Wir zogen gemeinsam von Strauch zu Strauch. Ich an der Spritze, er schleppte die Mitte des Schlauchs. Zwei Führungskräfte trugen wirklich mal Verantwortung.

»Was haben Sie danach gemacht?«

»Das Band gelöscht, die Videokamera abbauen lassen und Herbert in den Urlaub geschickt. Er sollte erst wiederkommen, wenn die Kleine ihr Praktikum beendet hatte. Ich habe ab sofort keine Praktikanten mehr genommen.«

»Hat er sich nicht geschämt, entdeckt worden zu sein?«

Meine Güte, war der Garten groß. Mein rechter Schuh war nass, es ging bis auf die Socke.

»Ehrlich gesagt, Herr Walder, hat Herbert geweint, können Sie sich das vorstellen? Er hat gefleht, dass ich niemandem etwas erzähle, und versprochen, er werde so etwas nie wieder machen.«

»Hat er nicht Angst gehabt, dass Frau Giese schwanger sein könnte?«

»Er war fest davon überzeugt, dass sie die Pille nimmt. Die hat doch einen festen Freund, Willi, hat er gesagt. Darüber müssen wir uns keine Sorgen machen.«

»So kann man sich irren.«

»Ja, so kann man sich irren. Nun muss er für diese eine Nacht bezahlen – im wahrsten Sinne des Wortes. Ein teurer Spaß.«

»Und das Ende einer Karriere.«

Er hatte den Wasserhahn wieder zugedreht.

»Dafür steht Ihre erst am Anfang, Herr Walder. Sie haben die Zeitung auf Vordermann gebracht. Jetzt sind Sie zwei der teuersten Mitarbeiter losgeworden. Das dürfte dem alten Michelsen gefallen.«

»Trotzdem hätte ich allen die vergangenen Tage lieber erspart.«

»Für Hanna Giese waren es über zehn Monate. Vergessen Sie das nicht.«

Wir standen am Gartentor. Keine Ahnung, wie wir wieder hierhin gekommen waren.

»Ich will Sie nicht länger stören, Herr Struck. Wir sehen uns bestimmt bald mal wieder.«

»Da bin ich mir nicht so sicher.«

Ich wollte fragen, wieso, machte es aber nicht. »Also, einen schönen Tag noch. Und vielen Dank.«

»Herr Walder?« Er ging hinter dem Jägerzaun einen Schritt auf mich zu. »Machen Sie nicht den gleichen Fehler wie Herbert.«

»Was? Wie meinen Sie das?«

»Das wissen Sie schon. Glauben Sie nicht, dass Sie nicht beobachtet werden, auch ohne Videokameras. Was der Chef macht, sehen viele Augen. Denken Sie daran.«

Er meinte Elisabeth. Wen sonst. Meine Praktikantin, die zwar nicht mehr meine Praktikantin war, aber immer noch beziehungsweise wieder eine meiner Untergebenen, dazu noch meine engste Vertraute in der Redaktion, in der Stadt. Das hatten natürlich längst alle gemerkt, Struck eingeschlossen. Ich musste sie loswerden, zumindest beruflich, je schneller, desto besser. Zu meinem eigenen Schutz.

Sie hatte die weißen Collegeschuhe ausgezogen, ihre nackten Füße lagen auf dem schwarzen Armaturenbrett. Aus dem offenen Fenster hörte ich »Can't help falling in love«. Elvis, auch das noch. Ich ging um das Auto herum, sie nahm die Füße herunter, öffnete mir die Beifahrertür.

»Und, Herr Walder?«

Ja, und? Sollte ich von dem Gespräch mit Struck erzählen? Lieber nicht. Jetzt ging es darum, Elisabeth das zu geben, worauf sie die ganze Zeit gewartet und was sie sich wirklich verdient hatte. Ich machte die Musik leiser und drehte mich zu ihr.

ZWEIUNDDREISSIG

Erst als ich Walder an der Straßenecke vor dem Haus abgesetzt hatte, in dem sein Vorgänger lebte, hatte ich nach den Tagen voller Hektik, Aufregung und Empörung endlich mal wieder ein paar Minuten für mich. Ich legte eine CD in den Player, die ein Ex-Freund für mich zusammengestellt hatte, schob den Sitz nach hinten, zog die Schuhe aus und streckte die Füße auf das Armaturenbrett. Ich sah Walder hinter einem Gartenzaun verschwinden und schloss die Augen. Was war das für eine seltsame, unglaubliche Woche gewesen: das Ferienhaus auf Mallorca, Esmeralda, die Fotos dieser Büroschlampe, die Rückkehr nach Wützen, das kleine Baby vor der Redaktion, die ganzen TV- und Radioteams, der Sambuca-ohne-Kaffeebohnen-Abend mit Walder, der Besuch bei Hanna Giese, die Fotos von Grainer im Rundblick, Walders großer Auftritt, seine E-Mails, sein Angebot, seine Blicke. Er hatte sehr männlich gewirkt in den Stunden der Entscheidung, trotz seiner kleinen Hände, die er altherrenmäßig auf dem Rücken verschränkt hielt. So entschlossen, so stark und selbstsicher hatte ich ihn noch nicht erlebt. Als er da so stand, mindestens einen Kopf größer als alle anderen, mit seinen breiten Schultern und den dunklen, nach hinten gegelten Haaren, konnte ich erstmals verstehen, dass Sonja, also eine Frau, ihn attraktiv fand. Walder war ein stattlicher Mann, nur war mir das bisher egal gewesen.

Und jetzt? Jetzt lag ich hier in meinem Auto, Elton John sang »I'm still standing«, und wartete auf meinen Chefredakteur. Ich hatte die eine, seine liebe E-Mail in meine Handtasche gesteckt. Ich holte sie raus, las sie einmal, zweimal und immer wieder. Ja, ich war plötzlich berührt, von seinen Worten, seinem Verhalten, seinem Auftreten. Hinter Herrn Walder, meinem Vorgesetzten, gab es eben doch Johann, einen Menschen, der mir nahe gekommen war, ohne dass ich es richtig gemerkt hatte. Er hatte es geschafft, sich mir vertraut zu machen. Und wie heißt es im *Kleinen Prinzen* von Saint-Exupéry: Wenn du dir jemanden vertraut gemacht hast, bist du für ihn verantwortlich. Ob ich ihm das sagen würde, sagen könnte, sagen müsste? Ob er verstehen würde, dass ich das diesmal nicht rein beruflich, sondern anders meinen würde?

Sonja hatte mir kurz nach ihrer Abfahrt aus Wützen eine SMS geschickt: »Danke für die schöne Zeit. Ich mache mir keine Sorgen mehr um dich, Engelchen. Hast du eigentlich gemerkt, dass wir überhaupt nicht über Martin gesprochen haben? Die Sache hast du zum Glück schnell hinter dich gebracht. Jetzt hast du nur noch ein Problem: Du siehst den Wald(er) vor lauter Bäumen nicht. Sei gedrückt, deine S.«

Sah ich den Walder vor lauter Bäumen nicht? Und wer oder was waren in diesem Fall die Bäume? Meine Vorstellungen von der strengen Trennung zwischen Beruf und Privatleben, mein Pflichtbewusstsein, meine Autoritätsgläubigkeit oder doch mein Egoismus und die so oberflächliche Abneigung gegen kleine Hände, das Kainsmal der Männer? Mama würde sagen, »warum in die Ferne schweifen, wenn das Gute liegt so nah«. Ich mochte diese Plattitüden nicht, und Walder hatte sie mir in meinen Texten sogar verboten. Aber in diesem Moment fühlte sich der Satz wahr an. Ich hatte in meiner vermeintlich großen Liebe zu Martin alles andere, nein, alle anderen ausgeblendet. Nun war Martin weg und mein Blick auf die Welt ein anderer. Und wer stand da, ganz vorn, in der ersten Reihe: Herr Walder. Johann.

Da stand er wirklich. Vor dem Gartentor, schüttelte eine Hand, die wahrscheinlich zu Herrn Struck gehörte, drehte sich um und kam wieder auf das Auto zu. Ich tat, als bemerkte ich ihn nicht. Ausgerechnet jetzt begann »Can't help falling in love« von Elvis. Ich wusste, dass Johann Elvis liebte. Ich konnte diese Stimme, die sich anhörte, als hätte der Sänger eine mittelgroße

Kartoffel im Mund, nur schwer ertragen. Als er neben dem Auto stand, machte ich ihm die Beifahrertür auf.

»Und, Herr Walder?«

Ich hatte kurz überlegt, »und, Johann, wie war's?« zu sagen, traute mich aber doch nicht, nannte ihn wie immer Herr Walder und vergaß den Rest. Johann machte die Musik leiser und drehte sich zu mir.

Dreiunddreissig

»Elisabeth, jetzt, wo der Fall geklärt ist …« Kam es mir nur so vor, oder rückte sie tatsächlich etwas in meine Richtung? Egal. Ich wusste, was ich zu tun und was zu lassen hatte.

»… also, wo der Fall geklärt ist und Sie dabei mehr als gute Arbeit geleistet haben, ist es Zeit, dass Sie, wie besprochen, den nächsten Schritt machen. Sie haben meine E-Mail ja sicherlich gelesen.«

»Ja, das habe ich, und zwar beide Mails, lieber Jo… Herr Walder, und ich muss sagen, dass mich Ihre Worte sehr …«

Ich unterbrach Elisabeth. Warum riss sie beim Reden die Augen so weit auf? Warum hatte sie von zwei Mails gesprochen? Und warum hatte sie »Jo, Herr Walder« gesagt? Nicht vom Kurs abbringen lassen.

»… beruhigt haben, das kann ich verstehen. Sie müssen zwischenzeitlich gedacht haben, dass ich nicht zu meinem Versprechen stehe und dass es mir um ganz andere Dinge gehen würde. Nun …«

Jetzt unterbrach sie mich, indem sie ihre rechte Hand auf mein Knie legte. Diesmal zuckte ich zurück.

»Nein, das habe ich nicht gedacht, und wenn, dann nur einmal ganz kurz, nachdem …«

Was war das für ein komisches Punkt-Punkt-Punkt-Gespräch.

»… nachdem ich Ihnen alles schon in der Mail geschrieben habe, will ich es kurz machen. Sie können jederzeit bei den *Metro-News* anfangen, ein Telefonat mit dem Chef der Politikredaktion genügt. Was meinen Sie, wollen wir ihn schnell gemeinsam anrufen?«

»Hier, jetzt, ich dachte, dass wir …«

Ich hatte die Nummer schon gewählt.

»Ulf, hier ist Johann. Hast du eine Minute? Ich will dich kurz mit Frau Renner verbinden. Ja, genau, der Praktikantin, über die wir neulich gesprochen haben. Moment.«

Ich gab Elisabeth das Telefon. Sie sah mich an, als wolle ich ihr ein heißes Bügeleisen mit der flachen Seite zuerst in die Hand drücken.

»Aber …«

»Nun machen Sie schon, Elisabeth. Der Mann hat nicht ewig Zeit.«

»Okay, aber …«

Sie meldete sich artig mit Elisabeth Renner, sagte etwas wie, dass alles ganz plötzlich käme, sie sich aber sehr über die unerwartete Chance freue, und verabredete, in der kommenden Woche mit dem Praktikum zu beginnen. Als sie fertig war, reichte sie mir das Handy wieder herüber. »Ich gebe Ihnen Herrn Walder noch einmal. Bis nächste Woche und vielen Dank im Voraus«, hatte sie zum Schluss gesagt.

»Ulf, du wirst deine Entscheidung nicht bereuen. Frau Renner ist wirklich ein großes Talent. Wir sehen uns.« Ich drückte auf die rote Taste und sah Elisabeth direkt ins Gesicht.

»Und, zufrieden?«

»Ja, nein, natürlich, aber …«

»Was aber, was nein?«

Was würde sie jetzt sagen? Aber es ist schon schade, dass wir künftig nicht mehr zusammenarbeiten? Aber es tut weh, dass wir uns bald nicht mehr sehen? Das waren meine Gedanken, immer noch, trotz Grainer, der Herr Reinhardt gewesen war, trotz Strucks unmissverständlicher Warnung, trotz all der Beziehungen zwischen Chefs und Untergebenen, für die ich nie Verständnis gehabt hatte. Für einen Moment drohte ich die so mühsam erarbeitete Kontrolle zu verlieren, für einen Moment schien der Johann den Chefredakteur Walder verdrängen zu können. Dann antwortete Elisabeth.

»Aber, so schnell finde ich doch nie eine Wohnung in München.«

Ich griff in meine Hosentasche, holte das viel zu schwere Schlüsselbund heraus und fummelte die zwei größten Schlüssel ab.

»Daran soll es nicht scheitern. Sie können gern vorübergehend in meiner alten Wohnung leben, Elisabeth. In der nächsten Zeit komme ich sowieso erst einmal nicht nach München. Und wenn …«

»Dann schlafen Sie selbstverständlich …«

»… bei einem Freund oder im Hotel. Wollen wir losfahren? Nicht, dass der Kollege Struck uns hier noch so zusammen sieht. Was soll der denken?«

Wahrscheinlich das, was alle dachten, Elisabeth eingeschlossen. Dass ich mich in meine Praktikantin verliebt hatte.

»Herr Walder …«

Elisabeth sah nicht aus wie eine junge Frau, für die gerade ein großer Wunsch in Erfüllung gegangen war. Ihre Höflichkeit hatte sie trotzdem nicht verloren.

»… vielen Dank, dass Sie mir das Praktikum in München besorgt haben. Und vielen Dank, dass ich erst einmal Ihre Wohnung benutzen darf. Ich weiß gar nicht, wie ich das wiedergutmachen soll. Vielen, vielen Dank für alles.«

Sie beugte sich zu mir herüber, aber ich war schneller und hatte den rechten Arm schon ausgefahren. Wir schüttelten uns die Hände. Aus dem Augenwinkel glaubte ich, Willi Struck sehen zu können.

Vierunddreissig

Meine letzten Tage bei der *Wützener Zeitung* waren ernüchternd. Wenn Johann in der Redaktion war, beachtete er mich kaum. Ein, zwei Mal fragte ich ihn etwas wegen der Wohnung, wollte wissen, was ich mitnehmen sollte. Er antwortete knapp und sachlich, wirkte seltsam gehetzt. Ich hatte das Gefühl, dass er sich absichtlich von mir fernhielt. Am vorletzten Tag sprach ich ihn direkt darauf an.

»Herr Walder, haben Sie etwas gegen mich? Nerve ich Sie? Sie sind in der letzten Zeit so komisch. Und telefoniert haben wir seit der Sache mit Clemens und Grainer auch nicht mehr.«

»Quatsch«, sagte er, »ich habe einfach nur viel zu tun, habe schließlich keinen Stellvertreter mehr und einen Redakteur weniger. Das ist alles.« Leider müsse er auch jetzt dringend weg, angeblich zu einem Vorstellungsgespräch mit einem Bewerber für die vakanten Stellen. Warum hatte er mich eigentlich nicht gefragt, ob ich daran Interesse hätte? Ich hielt ihn am Ärmel fest.

»Aber mir fehlt wirklich etwas, wenn wir nicht hin und wieder abends telefonieren. Oder uns treffen.«

»Ihnen fehlt wirklich etwas?«

»Ja, Herr Walder, mir fehlt wirklich etwas. Es ist echt schade, dass wir auf einmal nicht mehr so viel Kontakt wie früher haben. Habe ich irgendetwas falsch gemacht?«

»Nein, überhaupt nicht. Es ist nur, es ist …«

»Was?«

»Ach nichts. Ich muss los.«

»Wollen wir nachher noch einmal sprechen?«

Johann sah auf einmal unendlich traurig aus. Aus dem Hintergrund hörte ich Frau Schmidt rufen, dass sein Gast im *Bistro Bianco* auf ihn warte.

»Ich muss wirklich los, Elisabeth. Entschuldigen Sie.«

Am nächsten Tag war er weg. Auf einer Dienstreise, von der niemand etwas gewusst hatte. Ich schrieb ihm eine Mail und bekam eine Abwesenheitsnotiz. »Vielen Dank für Ihre Mail. Ich bin erst am Montag wieder erreichbar. In dringenden Fällen wenden Sie sich bitte an die Redaktion unter Telefon …« Es kam die Nummer von Frau Schmidt.

Ich räumte meine Sachen zusammen, verteilte Omas selbstgebackenen Butterkuchen und Sekt in Plastikbechern unter den verbliebenen Kollegen. »Es war schön, dass du bei uns warst«, sagte Kalle Peperdieck, der sich offenbar berufen fühlte, Johann zu vertreten.

»Schade, dass der Chef ausgerechnet heute nicht dabei sein kann«, ergänzte Rita Bolzen. »Aber ihr werdet euch ja bestimmt nicht aus den Augen verlieren.«

Das hoffte ich. Doch Johann war auch am Wochenende nicht zu erreichen, zumindest für mich nicht. Frau van Daggelsen hatte er gesagt, er müsse kurzfristig weg und komme erst am Montag wieder. Am Sonntagnachmittag, mein Zug nach München fuhr in einer halben Stunde, schrieb ich ihm eine SMS.

»Lieber Herr Walder, warum sind Sie so plötzlich verschwunden und melden sich nicht mehr? Wenn ich Sie ab sofort duze, rufen Sie dann heute noch einmal an?«

Keine Reaktion. Auf dem Bahnhof probierte ich es wieder.

»Lieber Johann (Sie sehen, ich mache Ernst), sag mir doch bitte, was ich falsch gemacht habe und warum du auf mich böse bist. Mein Zug nach München fährt gleich, und ich habe jede Menge Zeit zu telefonieren. Meld dich!«

Erst kurz vor München bekam ich eine SMS. Sie war von Sonja. Wir hatten seit ihrer Abreise nicht miteinander gesprochen, weil sie beruflich in den USA gewesen war.

»Hallo, Engelchen. Gibt es etwas Neues? Kuss, S.«

Ich wartete, bis der Zug in München angekommen war und der Taxifahrer mich zu der Adresse gebracht hatte, die Johann mir gegeben hatte, als er noch mit mir redete. Dann rief ich Sonja an.

»Du bist wo?«, war ihre erste Frage.

»Du hast doch gehört, wo ich bin: in München, in der Wohnung von Johann.«

»Von Johann? Was ist denn aus Herrn Walder geworden, deinem Chef mit den schlimmen kleinen Händen?« Sonja juchzte. »Der ist wohl noch einmal schnell unter die Dusche geschlüpft, bevor …«

»Er ist überhaupt nicht hier.«

»Wie, er ist nicht da? Ich denke, ihr seid in seiner Wohnung, und …«

»Ich bin in seiner Wohnung, Sonja. Er hat sie mir überlassen, bis ich in München etwas anderes gefunden habe. Morgen fange ich bei den *Metro-News* an.«

»Jetzt verstehe ich überhaupt nichts mehr. Warte mal, ich bin gleich wieder da.«

Es dauerte zehn Sekunden, dann hörte ich Sonjas Stimme erneut.

»Ich musste mir ein Glas Wein holen. Also, ich fasse zusammen: Der Herr Walder, der auf einmal Johann ist, hat dir einen Job bei den *Metro-News* …«

»… erst einmal ein Praktikum …«

»… ein Praktikum bei den *Metro-News* besorgt, dir seine Wohnungsschlüssel übergeben, dich nach München fahren lassen und ist allein in Wützen geblieben.«

»Ich weiß nicht, wo er ist, Sonja.«

»Wie, du weißt nicht, wo er ist? Ihr habt doch quasi eine Standleitung und …«

»Ich habe seit drei Tagen nichts mehr von ihm gehört. Er antwortet nicht einmal auf SMS, in denen ich ihn duze.«

Ich erzählte Sonja von dem Besuch bei Struck, dem seltsamen Abschied im Auto, dem steifen Händedruck und Johanns plötzlicher Zurückgezogenheit.

»Ich habe ihn gefragt, was mit ihm los ist, aber …«

»O nein, Elisabeth, mein Akku ist leer. Kann ich dich in einer halben Stunde …«

Dann war sie weg. Ich zog meine Jacke aus, hängte sie an die Garderobe, von der sonst nur ein Regenschirm herunterbaumelte. Ich hatte mir die Wohnung noch gar nicht richtig angesehen. Der Flur war lang und mit dunklem Laminat ausgelegt. An der einen Wand hing ein Bild, auf dem ich erst nichts und beim näheren Hinsehen Goethes Gartenhaus in Weimar erkennen konnte (okay, es stand rechts unten in der Ecke). Vom Flur gingen sechs Türen ab. Durch die erste war ich gegangen, als das Gespräch mit Sonja begonnen hatte. Ich hatte mich in der Küche auf einen dieser Designerstühle aus Holz und Korb gesetzt, deren Namen ich immer vergesse. Im Kühlschrank gab es naturtrüben Apfelsaft, Wasser mit Kohlensäure und eine unüberschaubare Auswahl an Smoothies. Ich nahm einen mit fünfzig Prozent Bananen- und fünfzig Prozent Erdbeerkonzentrat, staunte über die vielen anderen Lebensmittel, die hier lagerten und von denen die meisten längst abgelaufen sein mussten, und ging mit meiner Vitaminbombe durch die Wohnung.

Die hatte etwas von einem Themenpark. Johann schien jeden Raum unter ein Motto gestellt zu haben. Der Mittelpunkt des Schlafzimmers war nicht ein zwei Meter breites Bett, sondern eine alte Kommode, aus der er eine Art Altar mit sechs verschiedenen Buddhastatuen gemacht hatte. Die größte war bestimmt dreißig Zentimeter hoch. An den Wänden hingen asiatische Schriftzeichen, unter der Decke baumelte ein Windspiel. Frau van Daggelsen hätte den Raum nicht besser einrichten können.

Das Esszimmer war ganz in Blau und Weiß gehalten. Auf dem massiven Tisch stand eine längliche Schale mit weißem Sand, in der Muscheln, Robben aus Plastik, Holzfische und flache Steine lagen. An den Wänden hingen Bilder von sechs verschiedenen Leuchttürmen, ein kleines Exemplar war auf der Fensterbank.

Ich drückte auf den Knopf am Sockel, und das Licht begann sich zu drehen.

Von der Küste ging es über den Flur in den Orient. Der Boden des Wohnzimmers war komplett mit Schaffellen bedeckt, an denen noch die Preisschilder klebten. Auf dem niedrigen Tisch stand eine Auswahl afrikanischer Holzschnitzereien, aus der ein Kamel herausragte. Der letzte Raum vor dem Badezimmer war mit Naturrasen ausgelegt und ansonsten, bis auf einen Liegestuhl und eine kleine Stereoanlage, leer. Ich hatte mich gerade hingesetzt, als mein Handy klingelte. Sonja.

»'tschuldigung, Engelchen, aber das Aufladen hat so lange gedauert. Also, wo waren wir stehengeblieben?«

Ja, wo?

»Ich glaube, ich hatte dir gerade erzählt, dass Johann in der letzten Zeit mir gegenüber sehr zurückhaltend und kurz angebunden war und ich seit drei Tagen überhaupt nichts mehr von ihm gehört habe.«

»Genau. Und warum ist das so?«

»Ich weiß es nicht, Sonja. Die ganze Zeit war er immer so nett zu mir, manchmal sogar zu nett ...«

»Bitte nicht schon wieder die Szene im Auto, diese schlimmste Vergewaltigung in der Geschichte Wützens.«

»Du bist doof. Na ja, und kaum bin ich einmal etwas netter zu ihm und sage, dass ich gern mit ihm weiter Kontakt haben würde und dass mir etwas fehlt, wenn wir nicht regelmäßig miteinander sprechen, da meldet der sich einfach nicht mehr. Ehrlich gesagt, verstehe ich das nicht, Sonja.«

»Engelchen, das ist seine neue Taktik, und die geht offensichtlich voll auf. Er hat gesehen, dass er mit der offensiven Methode bei dir nicht landen kann. Also zieht er sich zurück und lässt dich kommen. Uralter Trick, den ich bisher aber nur von Frauen kannte.«

»Ich hatte manchmal eher den Eindruck, dass ihn die ganze Sache mit Grainer und der anderen Praktikantin nachdenklich gemacht hat und dass er nicht selber in solch eine Situation hineingeraten will, was ja auch fast …«

»Elisabeth!«

»Okay, so weit waren wir im Auto damals noch nicht. Aber könnte das nicht der Grund dafür sein, dass er mich auf einmal ignoriert: Dass er nicht seinen Posten als Chefredakteur verlieren will …«

»… und deshalb mit aller Macht versucht, seine Gefühle zu unterdrücken?« Sonja war mehrfache Deutsche Meisterin im Beenden von Sätzen, die ihre Freundinnen angefangen hatten. »Kann sein, kann alles sein. Aber warum besorgt er dir dann ein Praktikum bei den *Metro-News*? Warum überlässt er dir einfach seine Wohnung in München? Das macht man doch nicht, wenn man jemanden endgültig aus seinem Leben haben will, oder?«

»Eher nicht, aber …«

»… wahrscheinlich hast du nicht ganz unrecht. Es ist eine Mischung aus beidem: Dein Johann weiß, dass er sich in seiner Position eigentlich nicht mit einer wie dir einlassen sollte, und er hat gesehen, dass seine bisherigen Annäherungsversuche wenig erfolgreich waren. Also zieht er sich zurück und hofft, dass du die Initiative ergreifst, und gibt dir alles, was du von ihm haben wolltest, und noch mehr. Wenn sich jetzt etwas zwischen euch ergeben sollte, kann ihm zumindest niemand den Vorwurf machen, dass er euer Abhängigkeitsverhältnis ausgenutzt hat. Zumal du ja nicht mehr von ihm abhängig bist.«

Sonja atmete tief durch.

»Mensch, Engelein, dass wir nicht gleich darauf gekommen sind. Jetzt ist er doch gar nicht mehr dein Chef. Dein schlauer Herr Walder hat den Weg für euch beide frei gemacht und dich sicherheitshalber gleich schon mal bei sich einziehen lassen. Der Mann ist genial.«

»Ja, er ist so genial, dass er die Frau, die er ja angeblich so verehrt, fünf Bahnstunden entfernt von sich untergebracht und seitdem nicht mehr angerufen hat. Wenn das keine Liebe ist, dann weiß ich auch nicht.« Ich wurde langsam sauer.

»Ach, ist damit jemand enttäuscht? Fühlt sich da jemand vernachlässigt? Hattest du nicht mal gesagt, dass du dich mit, ich zitiere, ›dem Herrn Walder nur über meine Leiche‹ einlassen würdest?« Sie fing an zu kichern. »Elisabeth, ich mache mir große Sorgen. Nicht, dass du auf einmal lebensmüde wirst und ...«

»Keine Angst, vorher würde ich noch die eine oder andere beste Freundin rituell strangulieren, dann zerstückeln ...«

»... und unter all den Männern verteilen, zwischen denen sie sich nie entscheiden konnte. Wer eine solche Freundin hat, braucht keine Feinde mehr. Elisabeth?«

»Ja, Sonja?«

»Willst du ihn nun, oder willst du ihn nicht?«

»Ich glaube, die Frage solltest du besser jemand anderem stellen.«

Fünfunddreissig

Als Elisabeth mir eine SMS schickte, sie mache sich jetzt auf den Weg nach München, war ich gerade damit fertig geworden, das letzte Zimmer mit Naturrasen auszulegen und eine Strandliege von Obi in die Mitte zu stellen. Mehr war mir nicht eingefallen.

So gut ich das Praktikum für Elisabeth bei den *Metro-News* geplant hatte, so spontan war die Entscheidung gewesen, ihr meine Wohnung in München zu überlassen. Bevor ich darüber nachdenken konnte, was ich da tat, hatte sie den Schlüssel schon in der Hand. Erst fühlte ich mich gut, befreit von allen Sünden. Doch als Elisabeth mit ihrem Auto und meinen Schlüsseln verschwunden war, kam ich mir selten dämlich vor. Normalerweise lassen Chefs ihre, wenn auch ehemaligen Praktikantinnen nämlich nur aus einem Grund in ihren Wohnungen leben, oder? Mein unüberlegtes Angebot war deshalb ein Rückschritt bei meinem Bemühen, ein anständiger Vorgesetzter zu werden.

Viel schlimmer und geradezu fahrlässig war aber, dass ich Elisabeth den Schlüssel zu einer Wohnung gegeben hatte, die Marie nahezu leergeräumt und die ich seit Wochen nicht mehr betreten hatte. Außer einem Bett, in dem ich nie geschlafen hatte, und einem Kühlschrank, in dem eine Flasche Heinz-Ketchup stand, gab es wenig, das eindeutig Kategorien wie Möbeln, Einrichtungsgegenständen oder gar Lebensmitteln zuzuordnen war. Elisabeth würde zwar nicht verhungern, dafür war der türkische Imbiss um die Ecke zu gut, aber auf dem Boden essen müssen. Vor allem würde sie denken, dass ich ein ziemlich gestörter Typ sein musste. Außerdem würde sie die vier Packungen mit jeweils achtzehn Kondomen finden, die im Badezimmer auf der Ablage neben der Wanne standen und die ich in der leichtsinnigen Vorstellung gekauft hatte, bald Ehemann einer Frau zu sein, die die Pille genauso ablehnte wie den Einsatz einer Spirale oder das vorsichtige Aufsprühen von Vaginalschaum. »Verhütung ist Männersache«, hatte Marie gesagt, und da ich davon ausgegangen war, dass dies keine Aufforderung war, meiner Zeugungsfähigkeit ein für alle Mal ein Ende zu setzen, hatte ich bei Rossmann Kondome gekauft. Natürlich immer zusammen mit Duftkerzen, Haargel, verschiedenen Deos, Tees und Badezimmerreinigern. Nichts ist schlimmer als eine Kondompackung, die allein auf dem Kassenband liegt. Aber ich schweife ab.

Ich konnte die Wohnung nicht so lassen, wie sie war. Ich musste sie einrichten, ich hatte dafür knapp vier Tage Zeit und zum Glück noch einen Ersatzschlüssel. Ich erfand eine Dienstreise und erzählte Frau van Daggelsen in meiner Verzweiflung, dass ein guter Freund von mir einen thailändischen Massagesalon in der Nähe von München eröffnen wolle und dafür jede Menge asiatisches Zeug brauche. Ein paar Buddhas, irgendetwas mit chinesischen Schriftzeichen, Räucherstäbchen und so weiter. Sie packte ein komplettes Schaufenster in zwei große Kartons, die ich früh am nächsten Morgen und in größter Panik, jemand könne mich sehen, zum Bahnhof schleppte. Acht Stunden später hatte ich aus dem Schlafzimmer eine Art Buddhatempel gemacht. Nur der Hinweis, dass man am Eingang bitte seine Schuhe ausziehen möge, fehlte.

Ich beschloss, alle Zimmer zu Themenräumen umzugestalten, weil ich in irgendeiner Zeitschrift mal gelesen hatte, dass das jetzt hip sei. Ich kaufte am nächsten Tag bei *Ikea*, dem *Home of Trends* und *Marroko-Möbel* für mehr als 3 000 Euro ein und bestach den ägyptischen Besitzer von *Marokko-Möbel*, den angeblich aus Marrakesch stammenden Esstisch noch am Abend anzuliefern. Im *Home of Trends* hatte es vier Regale mit allem möglichen Nord- und Ostseezeug gegeben, weswegen ich auf die Idee kam, aus einem Zimmer einen Meerzweckraum zu machen. *Ikea* hatte Schaffelle im Angebot oder zumindest Teppiche, die wie Schaffelle aussahen und von denen fünfzehn Stück komplett den Boden des dritten Raums bedeckten, der dank der Marokko-Möbel mein Orientzimmer wurde. Für Raum Nummer vier fehlten mir dann Phantasie und Zeit. Er wurde durch den Naturrasen etwas zwischen Fußballplatz und Liegewiese. Ich kaufte bei *Edeka* noch so viele Lebensmittel ein, wie in den Kühlschrank passten, und war froh, dass Marie mir wenigstens das alte Geschirr und die Gläser von Urgroßtante Else dagelassen hatte.

Als mir Elisabeth per SMS schrieb, sie sei im Zug, und plötzlich anfing, mich zu duzen, stand ich selbst am Bahnhof München. Auf meiner Rückfahrt nach Wützen kamen mir zwei ICE entgegen. In einem musste Elisabeth sitzen und sich fragen, warum ich nicht antwortete. Sie schien nicht froh darüber zu sein, denn je länger ich nichts von mir hören ließ, desto lieber wurden ihre SMS und die Botschaften auf meiner Mailbox. Es war das alte Spiel, wie meine Mutter sagen würden: »Nur wer sich rarmacht, wird vermisst« (oder so ähnlich, es war einer dieser Sprüche aus der Reihe: »Andere Mütter haben auch hübsche Töchter« und »Jeder ist seines Glückes Schmied«), aber daran dachte ich damals nicht. Ich war stolz auf jede Stunde, in der ich nichts zurückgeschrieben hatte, so wie ein frischer Nichtraucher stolz über jede Minute ist, die er keine Zigarette in der Hand hat.

Leider waren auch die Qualen ähnlich. Ich fühlte mich abwechselnd als Held und Versager. Als ich auf dem Wützener Bahnhof ausstieg und sich direkt vor mir eine Frau, die aussah wie Loki Schmidt, eine Zigarette anzündete, hielt ich es nicht mehr aus. Ich nahm mein Blackberry, rief Elisabeths Nummer auf, tippte in einem Zug: »Hoffe, es gefällt Ihnen in München. Liebe Grüße aus W.« und schickte die SMS ab. Hinterher ärgerte ich mich, auch darüber, dass ich nicht erkannt hatte, dass die Frau vor mir tatsächlich Loki Schmidt gewesen war und der Mann daneben ihr Helmut, unser Altkanzler. Die beiden waren mit einem Wagen abgeholt worden und im dunklen Wützen verschwunden. Ich kam mir vor wie Lenz, der selbst dann keine Geschichte gewittert hätte, wenn sich der Dalai Lama auf dem Wützener Bahnhof mit dem chinesischen Staatspräsidenten getroffen hätte.

Elisabeth antwortete am nächsten Morgen (»Du hast ja eine interessante Wohnung«), und ich schrieb am Nachmittag zurück, weil, Achtung, Mutter, du bist schuld!, »ein Mal ja kein Mal« ist, und am Abend kam eine E-Mail von ihr, und ich dachte wieder an meine Mutter (»Aller guten Dinge sind drei«). Am Ende simsten und mailten wir ganz normal hin und her. Um mein Gewissen zu beruhigen und einen Grund für den Kontakt zu haben, bot ich Elisabeth an, ihre Texte für die *Metro-News* zu lesen, bevor sie sie an den Politikchef schickte. Sie nahm an, und wir hatten noch mehr Verkehr, Mailverkehr natürlich. Ich war rückfällig geworden und machte mir so viele Gedanken darüber, wie der gescheiterte Nichtraucher über die 44., 45. und 46. Zigarette nach der letzten Zigarette.

Ich liebte Elisabeths E-Mails und dass ich es auf einmal war, der allein siezte. Sie schien das zu nerven.

»Lieber Johann, kannst Du den Text mal schnell durchlesen? Ich muss ihn in einer halben Stunde abgeben.«

Ich las das Stück über sechs Familien, die gemeinsam eine Kindertagesstätte gegründet hatten und dafür von Bundesfamilienministerin Ursula von der Leyen ausgezeichnet worden waren. Die Geschichte war gut, bis auf eine Kleinigkeit.

»Elisabeth, das haben Sie sehr gut gemacht. Nur würde ich auf achtzig Zeilen nicht zwölf Mal das Wort hervorragend verwenden.«

»Habe es zehn Mal gestrichen. Danke. Übrigens sagt man entweder Elisabeth und Du oder Frau Renner und Sie.«

»Entschuldigen Sie, Frau Renner.«

»Sie sind doof, Herr Chefredakteur.«

Vier Stunden später war das Du dann zurück.

»Hier ist noch ein allgemeiner Text über Kindertagesstätten in Deutschland. Kannst du schnell noch mal drübergucken? Ist das so okay? Ich will mich ja nicht blamieren!«

Ich las, redigierte, mailte zurück. Bis zum frühen Abend ging es um journalistische Stilfragen, danach wurde es persönlich.

»Duhu, es ist schon verrückt, wie wir uns kennengelernt haben, nicht?«, schrieb Elisabeth einfach.

»Was hat das jetzt mit Ihren Texten zu tun?«, schrieb ich zurück.

»Du kannst es nicht lassen, was?«, antwortete Elisabeth. »Wollen wir nicht auch mal wieder telefonieren?«

Wenigstens dabei war ich stark geblieben. Wir hatten seit ihrem Wechsel nach München nicht miteinander gesprochen, obwohl ich mindestens zehn Mal pro Abend sieben der acht Ziffern meiner Münchner Festnetznummer gewählt hatte. Ich war wie ein Alkoholiker, der sich jede halbe Stunde ein Glas Bier einschenkt, es weggießt und stattdessen ein Mon Cheri isst. Meine Mon Cheris waren die SMS. Die zehn schönsten von ihr hatte ich gespeichert.

Ich hatte den Sprachboykott fast zwei Wochen durchgehalten, als in der Redaktion das Telefon klingelte. Hier konnte ich sorglos rangehen, denn hier hatte Elisabeth seit unserer Trennung (unserer Trennung?) noch nie angerufen. Wahrscheinlich, weil sie Angst hatte, dass einer der Kollegen rangehen würde.

»Ja, bitte?«

»Johann, hier ist Elisabeth. Du ...«

Ich legte die Hand halb über die Muschel.

»Elisabeth, wir sollten nicht ...«

»Johann, du wirst nicht glauben, was passiert ist.«

Sie musste das Bernsteinzimmer gefunden haben. Es hatte all die Jahrzehnte unter Omas Kleiderkammer gelegen.

»Ich habe den Nachwuchs-Journalistenpreis der deutschen Medien-Akademie gewonnen. Für meine Geschichte über Hanna. 5000 Euro! Wir haben gewonnen, Johann.«

Ich hatte das Zittern von rechter Hand und beiden Lippenhälften wieder im Griff.

»Da gratuliere ich aber recht herzlich, Frau Renner!«

»Jetzt kannst du echt mit diesem Siezen aufhören. Das ist doch nicht mehr witzig.«

»Finden Sie, Frau Renner? Aber als Sie damals ...«

»Johann, es reicht.«

Ihre Stimme hörte sich an, als seien wir seit sechs Jahren verheiratet. Keine schlechte Vorstellung.

»Elisabeth ...«

»Elisabeth was?«

»Elisabeth, das ist sehr schön, dass das geklappt hat. Das freut mich wirklich für alle Beteiligten, insbesondere natürlich für die Autorin.«

Ich vermied die direkte Anrede, wie man es sonst bei Personen tut, von denen man nicht mehr genau weiß, ob man sie siezt oder duzt. Oder bei den Schwiegereltern, die einem gerade das Klaus und Ulrike angeboten haben.

»Wenn du nicht sofort irgendeinen Satz mit Du sagst ...«

»Dann?«

»... dann lade ich dich nicht zur Preisverleihung ein.«

»Wann ist die denn?«

»In einem Monat.«

»Und wo?«

»In Hamburg. Du musst kommen, Johann. Kommst du?«

»Aber nur, wenn du mich den ganzen Abend siezt.«

Sechsunddreissig

Ich könnte jetzt so tun, als wäre ich nach diesem einmaligen Ausrutscher zu meinem Telefonzölibat zurückgekehrt. Es wäre die größte Lüge auf den vergangenen 244 Seiten. In Wahrheit war mir kein Anlass zu gering, um Elisabeths Nummer zu wählen. Vor allem, nachdem sie in einem unserer neuen nächtlichen Telefonate die entscheidenden Worte gesagt hatte.

»Ist es nicht schön, Johann, dass wir jetzt ganz ungezwungen miteinander sprechen können? Jetzt, wo du nicht mehr mein Chef bist?«

Darüber hatte ich noch gar nicht nachgedacht. Für mich war sie immer meine Praktikantin geblieben.

»Stimmt eigentlich, Elisabeth, aber wenn man den Verlag als Ganzes betrachtet, bin ich immer noch ein Chef und du …«

Ja, du. Ich hatte das Sie nach dem ersten Gespräch, das über die psychologisch wichtige Dreistundengrenze hinausgegangen war, endgültig abgelegt.

»… und du bist eine Praktikantin.«

»Aber wenigstens haben wir völlig verschiedene Kostenstellen. Und befehlen kannst du mir gar nichts mehr, du toller Chefredakteur.«

Das war leider auch richtig. Der neue Mann in ihrem Leben war ausgerechnet Ulf, mein Nachfolger in der Politikredaktion der *Metro-News*. Er hatte mich zwei Wochen nach ihrem Praktikumsstart angerufen und sich überschwänglich für Elisabeth bedankt. »Wir sehen hier viele junge Leute durchlaufen, Johann, das kennst du ja noch von früher.« Er machte eine Pause. »Aber so eine wie die Elisabeth, also ich meine die Frau Renner, die trifft man nur sehr selten.«

Ich befürchtete, dass sich Geschichte eben doch wiederholte

und Ulf sich nicht daran halten würde, Kolleginnen derselben Kostenstelle in Ruhe zu lassen. Als ich Elisabeth darauf ansprach, sagte sie nur: »Man darf nicht immer von sich auf andere schließen, Johann.«

»Aber er hat von dir als Elisabeth gesprochen.«

»Der Ulf ...«, sie lachte dreckig.

»Der was?«

»Mein neuer Chef spricht alle mit Vornamen und Sie an. Also auch *seine* Praktikantinnen.«

Mir wurde schlecht.

»Aber zur Preisverleihung nehme ich trotzdem nur dich mit. Ich habe dich offiziell als meine Begleitung angegeben.«

Damit gab es für unser Verhältnis den ersten schriftlichen Beweis. Ich sollte sicherheitshalber eine Rechtschutzversicherung abschließen.

»Und deine Eltern?«

»Die können nicht, zum Glück.«

Ihre Mutter war mir übrigens am Tag nach meiner Rückkehr aus München in der *Welt von Buddha und Shiva* begegnet, als ich Frau van Daggelsen um die Rechnung für meinen Freund bat (der teuerste Buddha kostete 585 Euro!).

»Herr Walder, schön, dass ich Sie einmal treffe«, hatte sie gesagt.

»Ebenso«, antwortete ich, wie ich es immer tue, wenn ich einem Menschen gegenüberstehe, der mich offensichtlich kennt, den ich aber noch nie gesehen (oder schon wieder vergessen) habe.

»Sie kennen mich nicht. Ich bin die Mutter von Elisabeth, und ich wollte mich bei Ihnen ganz herzlich für alles bedanken, was Sie für meine Tochter getan haben.« Sie strahlte mich an, als hätte es die schlimme Beinahe-Vergewaltigung im roten Blitz nie gegeben. »Es ist ein großes Glück, dass Elisabeth Sie getroffen hat.«

»Das ist es für uns beide«, antwortete ich und sah, wie sich Frau Renner senior und Frau van Daggelsen verschwörerische Blicke zuwarfen.

»Meine Mutter war von Anfang an davon überzeugt, dass du etwas von mir willst«, sagte Elisabeth, als ich ihr später von der Begegnung erzählte.

Nicht dumm, die Frau. Hatte mir ja auch lange genug am Telefon zugehört. Elisabeth hatte mir nämlich auch gebeichtet, dass sie früher zumindest bei jedem zweiten Gespräch auf laut gestellt und ihre Mutter, um ja nichts zu verpassen, sogar ihre Toilettengänge verschoben hatte. »Die war und ist ein ganz großer Fan von dir.«

»Ganz anders als die Tochter«, sagte ich.

»Wer weiß, wer weiß«, sagte Elisabeth. »Hast du eigentlich schon ein Hotelzimmer reserviert?« Es war noch eine Woche bis zur Preisverleihung in Hamburg.

»Nein, warum, ich dachte, ich schlafe bei dir im Zimmer.«

»In deinen Träumen vielleicht.«

»Gut, dann leg ich jetzt auf.«

»Neihein, noch nicht auflegen. Wir haben doch gerade mal …«

»… zwei Stunden miteinander telefoniert.«

»Genau. Erzähl mir was. Ich mag so gern deine Stimme hören. Kannst du gleich noch mal anrufen?«

Musste sie schon wieder auf Toilette? War der Akku leer? Oder wollte sie ihre Mutter zuschalten?

»Warum denn?«

»Ich will mich bettfertig machen. Dann kann ich gleich einschlafen, wenn wir aufgelegt haben.«

Ich wusste, was jetzt kommen würde.

»Du musst dich auch bettfertig machen.«

Das hieß übersetzt: Zähne putzen, Gesicht eincremen, Schlaf-T-Shirt anziehen.

»Na gut …«

»Rufst du in fünf Minuten wieder an? Aber nicht vergessen.«

Tatsächlich klingelte schon drei Minuten später bei mir das Telefon. Ich hatte mich noch nicht einmal ausgezogen.

»Ich bin's, die Praktikantin. Hast du dich bettfertig gemacht?«

»Ja, natürlich«, log ich.

»Du kannst dir aber nicht ordentlich die Zähne geputzt haben«, sagte sie.

»Nächste Woche mache ich das auf jeden Fall.«

»Warum gerade nächste Woche?«

»Weil ich doch bestimmt ein Siegerinnenküsschen kriege.«
Während ich das sagte, wurde mir klar, dass ich seit einem halben Jahr keine Frau mehr geküsst hatte. Ein neuer, trauriger Rekord.

»Der Herr Chefredakteur scheint seine zwischenzeitliche Zurückhaltung mir gegenüber ja wieder aufgegeben zu haben«, sagte Elisabeth.

»Wie man in den Wald hineinruft, so schallt es heraus, sagt meine Mutter.«

»Wie man was?«

»Vergiss es. Ich habe übrigens das letzte Zimmer im *Le Meridien* bekommen. Wir verbringen also tatsächlich zum ersten Mal die Nacht unter einem Dach. Das kann was werden.«

»Klingt ja richtig gefährlich«, sagte Elisabeth. »Aber ich weiß ja, dass ich dir vertrauen kann.«

»Warum denn das?«

»Ganz einfach: Hunde, die bellen, beißen nicht.«

Sie musste auch mit meiner Mutter gesprochen haben.

Finale

Ich kam erst eine Stunde vor Beginn der Preisverleihung im *Le Meridien* an. Ausgerechnet an dem Tag, an dem ich Elisabeth nach mehr als einem Monat endlich wiedersehen sollte, hatte die Gewerkschaft der Lokomotivführer mal wieder die ICE-Verbindungen zwischen Köln und Hamburg bestreikt. Ich musste verschiedene Regional- und Bummelzüge nehmen und brauchte für die Strecke statt vier fast sieben Stunden. Ich schrieb Elisabeth eine SMS, dass wir uns vor dem Festakt wohl nicht mehr sehen könnten und ich direkt dorthin kommen würde. Der Medien-Award wurde nicht im *Le Meridien* verliehen, sondern fünfhundert Meter entfernt im Hotel *Atlantic*. Fünf Sterne hatten beide.

Ich zog für den Abend den dunkelblauen Boss-Anzug an, den ich mir in einem früheren Leben für die Hochzeit mit Marie gekauft und bisher nicht angehabt hatte, und bat den Concierge, mir die neue, tiefrote Krawatte zu binden. Das hatte ich noch nie gekonnt. Im Hotelshop musste ich für 5,65 Euro eine Tube Gel kaufen, weil ich meine in Wützen vergessen hatte. Es war fünf vor acht, als ich im *Atlantic* ankam. Zum Glück gab es eine Gästeliste. Ich hatte nämlich auch meine Eintrittskarte zu Hause gelassen.

Ich war, ohne je selbst etwas gewonnen zu haben, auf vielen Preisverleihungen gewesen. Der Medien-Award war mit Abstand die größte. Vierhundert Gäste drängten sich vor der kleinen Bühne im Saal mit den mächtigen Kronleuchtern. Hamburgs Bürgermeister hatte gerade mit der Begrüßungsrede angefangen. Ich nahm ein Glas Sekt, das auch Champagner gewesen sein kann, und stellte mich in eine der letzten Reihen.

Elisabeth sah ich erst, als sie direkt vor mir stand.

»Da sind Sie ja endlich«, sagte sie und drückte mich, bevor ich mich über den Rückfall in die Siezerei wundern konnte, kurz an sich. Erst dachte ich, dass sie mir einen Kuss auf die Wange geben wollte, und setzte zu einem ebensolchen bei ihr an, bis ich merkte, dass sie mir nur etwas ins Ohr flüsterte: »Vor all den wichtigen Leuten hier sollten wir uns lieber wieder siezen, oder was meinst du?«

Ich ließ es bei der Andeutung des Wangenkusses und nickte kurz.

»Ich muss nach vorn, die Preise werden gleich vergeben. Treffen wir uns danach wieder hier?«

Nicken.

»Hat der Herr Chefredakteur das Sprechen verlernt?«

Kopfschütteln. »Bis nachher, und flirten *Sie* nicht zu offensichtlich mit dem Juryvorsitzenden.«

Eine Stunde später hatte Elisabeth ihren Preis in der Hand und ich mittlerweile das vierte Glas Sekt intus. Nachdem sie mit dem Bürgermeister und Laudator Siegfried Lenz fotografiert worden war, kam sie direkt zu mir zurück. Sie trug ein langes, violettes Kleid, dazu eine Perlenkette und keinen BH.

Leider hatte sich während der Verleihung Ulf Siebert neben mich gestellt, der Politikchef der *Metro-News*, der seinerseits ein junges Talent auf den Festakt begleitet hatte. Sagte er zumindest. Der freie Mitarbeiter war für seine Reportage über Feuerwehrleute, die zu Brandstiftern geworden waren, mit einer lobenden Erwähnung bedacht worden. Elisabeth hatte mir ihren Scheck über 5000 Euro Preisgeld in die Sakkotasche gesteckt.

Während ich artig die Geschichte, die ich nie gelesen hatte, und die Originalität ihres Autors lobte, dessen Namen ich wieder vergessen habe, verwickelte mein ehemaliger Kollege meine ehemalige Praktikantin in ein Gespräch. Ich konnte nicht hören, was die beiden besprachen, sah nur, dass sich Ulf immer tiefer zu Elisabeth hinunterbeugte und sein Blick nicht auf das ging, was ein Humanmediziner als Augen bezeichnen würde. Das gefiel mir nicht, auch wenn sie einmal zu mir herüberblinzelte und leicht mit den Schultern zuckte, als wolle sie sagen: Was soll ich machen? Der ist jetzt mein Chef.

Als Elisabeth für ein Radiointerview in einen der Nebenräume verschwand, zog mich Ulf auch noch dicht zu sich heran. Er war von Sekt auf Rotwein umgestiegen und stieß mit mir an, als seien wir seit Jugendzeiten alte Saufkumpane.

»Mensch, Johann, du großer Chefredakteur, das war echt das Beste, was du uns geben konntest.«

Bitte was?

»Ich verstehe nicht ganz. Was habe ich euch denn gegeben?«

»Na, die Elisabeth. Die ist wirklich eine Granate, viel zu schade für Wützen. Nicht, dass du mich falsch verstehst, Johann, aber die hat bei uns natürlich ganz andere Möglichkeiten.«

»Aha.«

Warum hatte ich diesem Lehramtsstudenten ohne Referendariat, der sich seit vier Jahren »politischer Journalist« nannte, bloß jemals das Du angeboten? Ich sah mich nach Elisabeth um, aber die Tür zum Nebenraum blieb geschlossen.

»Die hat Talent, Johann, Mann, hat die Talent. Nicht nur journalistisch, sondern auch sonst. Ist ein echter Blickfang in unserer Redaktion, die alten Säcke sind gar nicht wiederzuerkennen, selbst der steife Richardsen ... Ganz ehrlich und unter uns, Johann: Die Frau ist der Wahnsinn. Sag mal, weißt du eigentlich ...«

Er trank den Rest des Rotweins in einem Schluck aus. Ich starrte ihn an, wie dieser russische Boxer in *Rocky IV* Apollo Creed angesehen hatte, bevor er ihn für ewig k. o. schlug. (»Wenn er tot ist, ist er tot.« Jetzt weiß ich auch wieder, wie der Russe hieß: Ivan Drago.)

»... ob die Elisabeth einen Freund hat? Auf mich wirkt sie ja eher wie eine, die auf der Suche ist, so freundlich und offen, wie sie zu allen ist, und da dachte ich, na ja, auf einen Versuch könnte man das ja mal ankommen lassen, wir ...«

»Ich glaube ...« Er war offenbar noch nicht fertig mit den Sätzen, die ihn längst große Teile seines Unterkiefers gekostet hätten, wenn wir nicht in einem der vornehmsten Hotels Hamburgs gewesen wären. »... wir, also Elisabeth und ich, waren von Anfang an auf einer Wellenlänge. Und neulich waren wir ...«

Ich wollte nichts mehr hören. Ich wollte Ivan Drago sein. »Ich muss dich leider enttäuschen, Ulf. Ich weiß sicher, dass sie einen Freund hat und sehr glücklich ist. Ich glaube, sie hat sogar mal davon erzählt, dass sie ihn heiraten will.«

»Ehrlich? Auf mich hat sie einen anderen Eindruck gemacht. Außerdem ...«

»Na, die Herren, so allein?« Elisabeth. Sie sah erst mich an, dann Siebert, dann wieder mich. »Sie scheinen sich ja angeregt zu unterhalten.«

»Wir haben über Sie gesprochen, Elisabeth.« Siebert nahm einer vorbeilaufenden Kellnerin ein Rotweinglas vom Tablett und drückte es Elisabeth in die Hand. Seinen koketten Augenaufschlag hätte er sich sparen können. Ich musste dringend etwas unternehmen.

»Ihr alter Förderer aus Wützen und ich ...«

... der junge Stecher aus München ...

»... sind der Meinung, dass Sie wirklich eine einmalige Frau sind, und ...«

Er würde ihr doch nicht jetzt und hier, vor mir, eine Liebeserklärung machen? Ich räusperte mich laut, Elisabeth merkte es, reagierte aber nicht. Wenn das Ganze vorbei war, musste ich unbedingt ...

»... und dass Sie eine große Zukunft als Journalistin vor sich haben. Darüber habe ich neulich mit dem Chefredakteur ...«

Er guckte mitleidig zu mir herüber.

»... also, ich meine natürlich den Chefredakteur der *Metro-News*, gesprochen, und er ist meiner Meinung, dass wir Ihnen sofort ein Volontariat anbieten sollten. Na, was sagen Sie jetzt?«

»Was soll sie schon sagen?« Meine Stimme klang barsch. »Darauf haben wir schließlich immer hingearbeitet, nicht, Elisabeth? Herzlichen Glückwunsch.«

Ich stieß mit ihr an und drehte dabei meinen Oberkörper zwischen Elisabeth und Siebert.

Er war so klein und schmal, dass er seine neue Volontärin nicht einmal mehr sehen konnte.

»Danke, Johann«, flüsterte sie, »was wäre ich nur ohne dich?«

Sie war eben doch nicht wie die anderen. Sie war meine Praktikantin, und wir mussten hier ganz schnell weg.

»Auch von mir herzlichen Glückwunsch.« Siebert musste durch meine Beine geschlüpft sein. Er streckte beide Arme vor Elisabeth aus, als müsse er sie im nächsten Moment auffangen. Diesmal war sie es, die eine Kellnerin anhielt, ein Rotweinglas nahm, es dem widerlichen Kerl gab und ihm zuprostete.

»Auf Ihr Wohl, Herr Siebert.«

Besser hätte ich es nicht sagen können.

Leider begriff der Zwerg den Wink mit dem Zaunpfahl, der die Größe eines Betonpfeilers hatte, nicht und verschwand endlich genauso unauffällig, wie es sein freier Mitarbeiter getan hatte. Er blieb zwischen Elisabeth und mir stehen, erzählte von seinem letzten Interview mit irgendeinem Minister, von seinen Reisen nach Bosnien und Afghanistan und wie der Bundespräsident ihn auf einem Empfang als einzigen Journalisten mit Namen begrüßt habe. Elisabeths Erziehung verbot ihr offenbar, ihn zu unterbrechen. Ich gähnte zwei, drei Mal, ohne mir auch nur ansatzweise die Hand vor den Mund zu halten, und als Siebert gerade ansetzen wollte, von einem Abendessen im Haus des bayerischen Ministerpräsidenten zu erzählen, stieß ich Elisabeth sanft in die Seite.

»Ich glaube, ich mache mich allmählich auf ins Hotel. Kommen Sie mit, Elisabeth?«

Bevor sie irgendetwas sagen konnte, hatte Siebert schon seine Garderobenmarke gezogen.

»Johann hat recht, wir sollten den Abend besser allein ausklingen lassen. Das Hotel hat unterm Dach eine Bar mit einem sensationellen Blick über die Alster. Gehen wir?«

Würden wir Siebert nie wieder loswerden? Er wohnte auch im *Le Meridien*, auf der gleichen Etage wie ich. Elisabeth hatte als Preisträgerin eine Juniorsuite zwei Stockwerke über uns bekommen. Auf dem Weg von Hotel zu Hotel hatte ich sie immer wieder angestupst und verschiedene Zeichen gemacht, von denen jenes, bei dem der Zeigefinger den Hals zerschneidet, noch das harmloseste war. Sie schien verstanden zu haben, reagierte aber wieder einmal nicht.

Erst als wir in den Fahrstuhl einstiegen, unterbrach sie Sieberts Wen-ich-noch-so-alles-kenne-und-wie-toll-ich-bin-Monolog.

»Das ist wirklich sehr interessant, Herr Siebert«, sagte sie. »Aber ich glaube, ich schaffe es nicht mehr auf einen Absacker an die Bar. Ich muss ins Bett.«

»Aber …«

»Noch einmal vielen Dank für den schönen Abend. Müssen Sie hier nicht raus?«

Wir waren im dritten Stock angekommen. Siebert sah Elisabeths rechte Hand vor sich und meine linke, die ihm beide den Weg aus dem Fahrstuhl wiesen. Als sich die Tür schloss, zog Elisabeth ihre Augenlider hoch. Ich hoffte, dass sie das Gleiche meinte wie ich.

Ich wünschte Siebert eine gute Nacht, verschwand kurz in meinem Zimmer, holte eine Halbliterflasche Piper-Heidsieck aus der Minibar, horchte an der Tür und schlich dann so schnell und leise wie möglich zurück zu den Fahrstühlen. Eine Minute später stand ich vor der Nummer, die Elisabeth mir per SMS geschickt hatte.

»Elisabeth, ich bin es, Johann.«

»Komme gleich. Ich …«

»Ja?«

»… dusche nur schnell und ziehe mich um.«

Ideal.

»Mach auf.«

»Einen Moment.«

Erst fünf Minuten später ließ sie mich in das Zimmer hinein, in dessen Mitte die Dusche stand. Die gläsernen Wände waren voller Wasser. Sie hatte ein hellblaues Poloshirt und eine kurze Hose an.

»Ich dachte schon, wir werden Ulf nie mehr los«, sagte ich.

Elisabeth setzte sich auf den Rand des Kingsizebettes, ich mich auf den Sessel davor.

»Ein komischer Typ ist das, Johann. Müssen denn alle Chefs …«

Ich wollte den Satz nicht zu Ende hören. »Weißt du, was der von mir wissen wollte?«, fragte ich.

»Nein, was denn?«

»Ob du einen Freund hast.«

»Du spinnst.«

»Doch, das hat er mich gefragt.«

»Na prima, jetzt, wo der weiß, dass ich Single bin, werde ich den bestimmt nicht mehr los. Das werden schöne zwei Jahre als Volontärin.«

»Das glaube ich auch.«

»Wie, das glaubst du auch, Johann? Ich habe echt keine Lust, mir ständig meinen Chef vom Leib halten zu müssen.«

»So wie mich damals …«

»Gegen den warst du harmlos.«

»Von der Vergewaltigungsszene im roten Blitz mal abgesehen. Habe ich mich dafür eigentlich schon …«

»… ja, du hast dich jetzt hundert Mal entschuldigt, und ich habe dir hundert Mal gesagt, dass ich damals so reagiert habe, weil ich einen Freund hatte. So, und jetzt schenk lieber mal was von dem Champagner ein.«

Ich öffnete die Flasche, verschüttete ein Fünftel und füllte zwei Gläser.

»Verrückt. Jetzt sitzen wir hier, du und ich. Die Praktikantin und ihr ehemaliger Chef.«

»Immer noch besser als die Volontärin und ihr künftiger Chef«, sagte ich.

»Da hast du recht. Wollte der Siebert echt wissen, ob ich einen Freund habe?«

»Er hat sogar gesagt, dass er das Gefühl habe, du seiest auf der Suche nach einem Mann …«

»O nein.«

»… und dass ihr auf der gleichen Wellenlänge wäret.«

»Das habe ich auch gedacht.«

»Wie, das hast du auch gedacht?« Der Champagner schmeckte irgendwie faul.

»Das habe ich auch gedacht, damals, als wir uns kennenlernten. Der Herr Walder und ich, habe ich gedacht, das passt irgendwie. Rein beruflich natürlich.«

»Und was hast du von mir als Mann gedacht?«

Elisabeth fing an zu kichern, wie eine Frau kichert, wenn sie zu viel Alkohol getrunken hat. Sie mochte den Champagner offenbar. Ich schenkte ihr nach.

»Willst du das wirklich wissen?«

»Ist es so schlimm?«

»Na ja, schlimm nicht, aber …«

»Nichts aber. Sag es!«

»Also, ich habe gedacht: Für einen Mann hat der sehr kleine Hände.«

»Ist nicht dein Ernst.«

»Doch. Das habe ich auch meiner Mutter erzählt. Also, Mama, habe ich gesagt, der Herr Walder, der hat so kleine Hände, der wäre nie was für mich. Und dann hast du immer in der Nase gebohrt.«

»Wie bitte?«

»Oh, das war so eklig. Außerdem fand ich deine Haut viel zu blass.«

Weiß ich selbst. Nackt vor einer hellen Wand bin ich unsichtbar.

»Noch was?«

»Ja, diesen komischen Ziegenbart kannst du dir ruhig mal abrasieren.«

Ich fand ihn topmodisch. Bis jetzt.

»Möchtest du noch Champagner?«

»Natürlich. Aber trinkt der Herr Walder denn gar nichts mehr?«

»Nein, der Herr Walder trinkt gar nichts mehr, weil die Frau Renner die Flasche fast allein geleert hat.«

»Dann nimm eine neue aus meiner Minibar und mach sie auf.«

»Ich?«

»Ja, du. Oder soll ich den Siebert hochrufen?«

»Ist vielleicht besser. Meine Hände sind einfach zu klein für so was. Viel zu klein.«

Ich hielt sie ihr vor das Gesicht.

»Wahrscheinlich ist es dir noch gar nicht aufgefallen, aber ich habe die kleinsten Hände der Welt.«

Sie hielt ihre dagegen. Sie waren tatsächlich eine halbe Fingerkuppe größer.

»Johann?«

»Elisabeth?«

»Was ist denn nun mit dem Siebert? Ich glaube, ich kann das Volontariat nicht antreten.«

»Mach dir keine Sorgen.«

»Was heißt hier, mach dir keine Sorgen. Du musst ja auch nicht mit einem Mann zusammenarbeiten, der dich für Freiwild hält, nur weil du eine Praktikantin …

»Volontärin!«

»… eine Volontärin und Single bist.«

»Wie gesagt, du musst dir keine Sorgen machen.«

»Warum nicht, verdammt?«

»Weil ich ihm gesagt habe, dass du einen Freund hast.«

»Du hast was?«

»… und dass du sehr glücklich bist und die Beziehung sehr ernst ist, und …«

»Du spinnst schon wieder.«

»… und ihr auch schon mal übers Heiraten nachgedacht habt.«

»Aber das stimmt doch alles gar nicht.«

»Abwarten.«

Epilog

Ich bin kein Chef, der sich mit einer Untergebenen einlässt. Ich bin ein Mann, der sich in eine wundervolle Frau verliebt hat. Mag sein, dass sie damals, ganz, ganz am Anfang, noch Praktikantin war. *Meine* Praktikantin. Aber jetzt ist sie es nicht mehr. Ich bei der *Wützener Zeitung*, sie bei den *Metro-News*. Ich bei einem winzigen Lokalblatt in einer Stadt, die kaum einer kennt, sie bei einer der wichtigsten Zeitungen in einer der reichsten Regionen Deutschlands. Weiter kann man beruflich kaum voneinander entfernt sein, oder? Elisabeth ist nicht mehr meine Untergebene. Sie ist eine freie Frau. Meine Frau. Ich werde sie heiraten. Nicht jetzt. Aber bald. Sehr bald.

Denn der nächste Chef wartet schon.

Anhang

An: sonjamail
Von: Elisabeth Renner

Nummer neun hat sehr kleine, aber auch sehr schnelle Hände …

Von: Volkmann, Rita, im Auftrag von Prof. Michelsen
An: Walder, Johann
Betreff: Neue Aufgaben

Lieber Herr Walder,

vor einem Jahr habe ich Sie zur *Wützener Zeitung* geschickt. Ehrlich gesagt, hatte ich gedacht, dass Sie das Käseblatt nur abwickeln und wir innerhalb eines Jahres die Redaktion schließen.

Und was machen Sie? Auflagensprünge und Gewinne! Die *Wützener Zeitung* wird es weiter geben. Aber ohne Sie. Ich würde mich freuen, wenn wir morgen in aller Ruhe in meinem Büro über Ihre neuen Aufgaben bei den *Metro-News* sprechen könnten.

Beste Grüße
Professor Michelsen

Von: kressexpress
An: Walder, Johann

Wechsel bei *Metro-News*

Generationswechsel bei den *Metro-News*: Nach Informationen von kress soll Johann Walder neuer Chefredakteur der *Münchner*

Zeitung werden. Er löst Heinz Wenninger ab, der in den Ruhestand geht. Walder war zuletzt Chefredakteur der *Wützener Zeitung*, die wie die *Metro-News* zu *Michelsen Media* gehört. Verleger Michelsen will den Wechsel morgen offiziell verkünden.

Von: Marie.Boehmer@gmx.de
An: Walder, Johann
Betreff: Lange nichts gehört

Lieber Johann,

da haben wir so lange nichts voneinander gehört, und plötzlich muss ich in allen Branchendiensten von Dir lesen. Wenn das stimmt, und davon gehe ich aus, kann man Dir ja wirklich nur recht herzlich gratulieren. Das hast Du Dir redlich verdient.

Wenn Du Lust hast, können wir uns doch mal wieder treffen, oder? Vielleicht bei unserem Stammitaliener …

Ganz liebe Grüße von Deiner
Marie

Von: Personalabteilung
An: Walder, Johann
Betreff: ????

Alter,

hab ja schon viele ungewöhnliche Anfragen von Chefredakteuren bekommen, auch von solchen, die es noch gar nicht richtig sind – aber Deine toppt echt alles. Wieso willst Du wissen, wer aktuell mit wem bei den *Metro-News* verheiratet, verlobt oder sonst wie liiert ist? Was hat das mit Journalismus zu tun?

Darüber führt selbst der Personalchef keine Akten, und deshalb kann ich Dir nur sagen, was ich so aus Gesprächen weiß.

Also: Der stellvertretende Wissenschaftschef lebt seit Kurzem mit so einer Blonden aus der Wirtschaft zusammen, der Literaturkritiker ist immer noch mit der Kunstexpertin aus seinem Ressort verheiratet. Die Sekretärin aus dem Sport hat ein Verhältnis mit dem stellvertretenden Lokalchef, der Layouter von der Seite eins vögelt irgendeine Fotografin, die Frau Friedrichsen, Du kennst sie noch, hat den alten Brodersen geehelicht. Noch was? Ach ja: Eine aus dem Allgemeinen hat ein Verhältnis mit dem Chef vom Dienst, der sich vorher von seiner Freundin aus der Kultur getrennt hat. Und dieser Polizeireporter, ich glaube er heißt Dietrich, ist mit einer Volontärin aus den Extra-Journalen gesehen worden. Du weißt, das ist der, den sie mal beim Fummeln mit einer freien Mitarbeiterin in der Kaffeeküche erwischt haben. Von der wollte er wiederum nichts mehr wissen, nachdem die bei einer Feier mit dem Ulf rumgeknutscht hat.

Du siehst, alles ganz normal. Wir freuen uns auf Dich!

Liebe Grüße, Sebastian

Von: Juwelier Wempe
An: Walder, Johann
Betreff: Auftragsnummer 090908

Sehr geehrter Herr Walder,

wir haben den gewünschten Ring jetzt in der Größe 52 bekommen und reservieren ihn zehn Tage lang für Sie.

Mit freundlichen Grüßen
P. Großer
Filialleitung

Meine Frau hatte die Idee, diese kleine Geschichte an einen Verlag zu schicken. Ohne sie hätte es sowieso nicht ein Wort gegeben. Mein Lektor wusste, wie man aus dem unverlangt eingesandten Manuskript einen richtigen Roman macht. Er brauchte dafür nur ein Frühstück. Meine Freunde und Familie haben immer wieder probegelesen, meistens gelacht und manchmal (zu Recht) kritisiert. Und mein Verlag? Er bleibt, was er ist: eine der wichtigsten Adressen der deutschen Literatur.

Danke für alles.

Tom Liehr: *»Ein Autor, den man in einem Atemzug mit Nick Hornby nennen kann.«* Radio M 94,5

Radio Nights

Roman

265 Seiten. atb 2437-2

Donald Kunze hat ein loses Mundwerk, eine Stimme, die unter die Haut geht, und einen Traum: Radiomoderator sein. Er riskiert alles, geht on Air, wird der Star eines Berliner Senders – bis er an die falschen Leute gerät und sogar Liddy, seine große Liebe, verliert. Erst in letzter Minute kapiert er: Ganz unten sein und dann den Traum von vorn beginnen, das ist Rock'n'Roll!

»Eine rasante Liebeserklärung an die Stimme on Air.« Playboy

Idiotentest

Roman

243 Seiten. atb 2183-8

Sie leben in einer chaotische Männer-WG und tummeln sich abends bei alten Hits und Fassbier in einer skurrilen Kneipe im Erdgeschoss ihres Neuköllner Hauses: Henry, Walter und Gonzo. Eines Morgens traut Henry seinen Augen kaum: Andrea, die allseits angehimmelte Tresenfrau, liegt neben ihm – an mehr kann er sich nicht erinnern. Doch es bringt alles durcheinander ...

»Eine unverschämt freche Geschichte.« Subway

Geisterfahrer

Roman

330 Seiten. atb 2382-5

Als der frühere DJ Tim Köhrey endlich zu sich kommt, ist es fast zu spät – Berlin ist weit weg, die große Liebe längst vorüber, und seine Zukunftsaussichten sind trübe: Provinzleben, Reihenhaus, zerrüttete Ehe. Doch dann kehrt er zurück in die neue Hauptstadt und sucht nach dem Glück seiner Jugend. Eine rasante Geschichte über verpasste Chancen, Liebe, Freundschaft, Musik und die goldenen Achtziger – frei nach dem Motto: Das Leben ist zu kurz, um einfach davor wegzulaufen.

Stellungswechsel

Roman nach dem Drehbuch von Meggie Peren und Christian Bayer.

228 Seiten. Mit 18 Filmfotos. atb 2387-0

Fünf Männer haben ihre liebe Not mit dem Leben, dem Geld und ganz besonders mit dem anderen Geschlecht. Zur Lösung all ihrer Probleme gründen sie einen Escort-Service für Frauen – und bekommen es nicht nur mit anspruchsvollen Kundinnen und Problemzonen jeglicher Art zu tun, sondern auch mit der komplexen Frage: Wie macht man Frauen glücklich?

Mehr unter www.aufbau-verlag.de oder in Ihrer Buchhandlung

atb aufbau taschenbuch

SUSANNE FENGLER
Fräulein Schröder
Roman
380 Seiten
ISBN 978-3-7466-2218-7

»Ein amüsanter Blick hinter die Kulissen der großen Politik.«

NÜRNBERGER NACHRICHTEN

Was tut eine junge Frau, wenn sie an ihrem dreißigsten Geburtstag erfährt, dass ihre Doktorarbeit abgelehnt worden ist? Miriam Schröder versucht ihr Leben zu ändern und nimmt einen Job an – ausgerechnet in der Zentrale einer großen Partei. Unermüdlich werden hier Strategien entworfen, wie man an die Macht gelangen kann. Auch Miriam ist bald mitten im Spiel – bis sie bemerkt, dass das Schicksal der Vorsitzenden ihrer Partei eng mit dem Leben einer antiken Königin verwoben scheint, der einst ein skrupelloser Herausforderer den Untergang brachte.

»Was für eine herrlich schräge Geschichte! Diese intelligente Mischung aus Krimi und Parodie hilft, die täglichen Hiobsbotschaften aus der Politik zu überstehen, weil man einfach mal drüber lachen kann.«
FÜR SIE

Mehr Informationen erhalten Sie unter www.aufbau-verlag.de oder in Ihrer Buchhandlung

atb aufbau taschenbuch